Sonya Friedman

Un homme au dessert

traduit de l'américain
par
Sylvie Dupont

 le jour,
éditeur

© 1984 LE JOUR, ÉDITEUR,
DIVISION DE SOGIDES LTÉE

Ce livre a été publié en américain sous le titre:
Men are just desserts
chez Warner Books, Inc., New York

Bibliothèque nationale du Québec
Dépôt légal — 1er trimestre 1984

ISBN 2-89044-152-0

Table des matières

Remerciements

À mon oncle Jack, juste parce que...
À la doctoresse Leah Hecht, rencontrée à l'âge de 14 ans, longtemps avant qu'elle devienne ma belle-mère, et qui a su dire oui au succès et à l'instruction à une époque où beaucoup d'autres disaient non. À mon mari, le docteur Stephen Friedman qui m'a dit: « J'ai toujours cru en ton potentiel », et qui m'a soutenue dans mes efforts. À mes enfants, maintenant des adultes, Sharon et Scott, qui m'ont toujours témoigné de la fierté de m'avoir comme mère. À Diane Braun, mon bras droit qui, au cours des sept dernières années, a su me réconforter dans les jours les plus sombres. À C.B. Abbott, qui a mis de l'ordre dans mes idées décousues et m'a aidée à les rendre publiables. Aux docteurs Andy Yang, Bill Baker, Phil Bergman, Henry Baskin et Alan Frank qui m'ont gracieusement et généreusement aidée dans ma carrière. Et aux milliers d'hommes et de femmes qui ont partagé leur vie avec moi. J'espère avoir raconté vos histoires comme vous auriez voulu qu'elles le soient.

Introduction

À vingt ans, ma situation de femme mariée avec un étudiant en médecine, de mère et de soutien de famille ne me permettait plus de croire que le mariage pouvait régler tous mes problèmes; même s'il m'a fallu des années pour en comprendre toutes les implications pratiques, cette découverte a changé le cours de ma vie. À l'époque, je cherchais encore comment j'allais orienter mon existence mais j'avais au moins acquis une certitude: la meilleure chose que puisse faire une femme, c'est d'apprendre à s'occuper d'elle-même.

La vie conjugale s'accompagne presque toujours de déceptions, de désillusions et de ressentiments mais, surtout, elle nous force généralement très vite à renoncer au beau mythe du prince charmant — celui qui devait changer notre vie, la combler à lui seul et nous garantir une éternelle sécurité.

En général, avec le temps, nous nous résignons tant bien que mal à voir notre homme descendre de son piédestal; nous finissons par accepter qu'il ait parfois mauvais caractère, qu'il tombe malade juste au moment où nous avons besoin de lui ou qu'il se lamente interminablement sur un malheureux dollar dépensé. Par contre, ce qui est beaucoup plus difficile à admettre, c'est qu'aucun homme ne puisse nous donner une vie ni la vivre à notre place. Cela, nous sommes seules à le pouvoir. Vivre notre propre vie, avoir du contrôle sur notre existence, cela signifie renoncer au fantasme d'être prise en charge et faire face à la réalité: nous devons nous occuper de nous-mêmes. Et, soit dit en passant, cette nouvelle réalité a de quoi nous réjouir.

Nous sommes nombreuses à chercher dans le passé les causes profondes de nos problèmes d'autonomie. Nous y trouvons à la fois de quoi nous plaindre et de quoi nous justifier: « J'ai toujours été comme cela et je ne peux pas changer », « J'ai été élevée à m'occuper des autres et c'est la seule chose que je sache faire. » Mais la vie est d'abord et avant tout une question de perceptions. En tant qu'adulte autonome, nous pouvons réexaminer les limites et les lacunes de notre enfance et en tirer des conclusions très différentes. Souvent, vu sous un autre angle, un événement que nous avions toujours considéré comme une blessure précoce et marquante prend soudainement un tout autre sens. Permettez-moi de vous en donner un exemple.

J'étais très jeune quand mes parents ont divorcé et ce n'est qu'à l'âge de quarante ans que j'ai vraiment connu mon père. J'étais allée le voir avec l'intention de faire le point sur tous les traumatismes dont j'avais souffert et dont, à tort ou à raison, je le rendais responsable. Notre rencontre m'a permis de faire une découverte passionnante grâce à une anecdote en apparence anodine. Il m'a raconté qu'un jour — je devais avoir trois ans — il est venu me chercher pour passer la journée avec moi. Nous attendions l'autobus à un coin de rue, à Brooklyn, et je le tenais par la main; quand l'autobus est arrivé, j'ai resserré mon étreinte, m'attendant à ce qu'il me hisse sur le marche-pied. « Alors, poursuivit mon père, je t'ai retiré ma main et je t'ai dit: « Si tu veux monter dans cet autobus, fais-le toute seule. Allons, tu es capable! » Tu n'en revenais pas que je ne veuille pas t'aider mais finalement tu as quand même réussi. »

Tout d'abord, en entendant cette histoire, la professionnelle quadragénaire qu'était devenue cette enfant est entrée dans une colère indescriptible: comment mon père avait-il pu manquer de coeur au point de refuser son aide à une petite fille de trois ans qui comptait sur lui? Je me disais que cet incident avait dû me marquer profondément et qu'inconsciemment, je devais traîner ma colère depuis plus de trente-sept ans.

Ce n'est qu'une fois partie de chez mon père que le message de son anecdote m'a frappée tout à coup: me lâcher la main était probablement le plus beau cadeau qu'il pouvait me faire. À trois ans, je ne pouvais évidemment pas comprendre la générosité de son geste mais, de toute évidence, son sens avait fait sur moi une impression indélébile. Si tu veux quelque chose, m'avait fait comprendre mon père, compte sur toi pour l'obtenir. Il y a quelqu'un à qui tu pourras toujours te fier: toi-même.

Ce livre a pour point de départ une attitude qu'à un moment ou l'autre toutes les femmes adoptent: rendre les hommes responsables de tout ce qui va mal dans leur vie et, par conséquent, ne rien faire pour elles-mêmes. Quand j'étais encore une de ces femmes, je reprochais non seulement aux hommes, mais aussi à ma vie de famille, à ma mère, à mes amies, et plus souvent qu'à son tour, au destin, de ne pas me donner ce que je voulais. À l'âge de vingt et un ans, une petite lumière s'est allumée dans mon esprit et m'a indiqué une voie vers l'autonomie. Je me suis posé des questions. Qu'allais-je faire de ma vie? Comment pouvais-je l'enrichir et enrichir celle de mon entourage? Allais-je rester piégée par mon passé et continuer à vivre en fonction des plans, des règles et des ordres de quelqu'un d'autre ou allais-je me fabriquer un avenir qui me convienne? Comment pourrais-je bien faire ce dont j'avais envie tout en gardant un mariage solide et des enfants sains? J'ai eu de la chance. J'ai trouvé ma voie.

L'objectif de ce livre est de vous aider à trouver la voie qui vous convient. En réexaminant les messages que vos parents vous ont transmis, en essayant de comprendre la complexité de vos relations avec vos parents, amants et maris, vous apprendrez beaucoup, du moins je l'espère, sur vous-même. Vous constaterez que le simple fait d'abandonner vos perceptions négatives de vous-même pour des perceptions plus positives peut créer des conditions vous permettant d'agir pour vous-même.

On répète souvent aux hommes qu'il est bon de prendre femme mais qu'il ne faut pas qu'elle devienne toute leur vie. Quand les hommes ne sont que des desserts, c'est-à-dire quand l'homme représente un luxe agréable dans la vie déjà remplie et satisfaisante d'une femme décidée et active, cette femme pourra se choisir un partenaire sans pour autant renoncer à ce qu'elle est. Et surtout, quand les hommes ne sont que des desserts, vous pouvez décider d'être dans les bras d'un homme sans jamais avoir à craindre de tomber entre ses mains.

Chapitre 1

Les hommes ne sont que des desserts

Il me semblait qu'il y avait deux moi. L'un était une femme sensible, d'âge moyen, attachée par les liens les plus simples et les plus agréables à une famille qu'elle aimait et qu'elle voulait rendre heureuse; une personne bien, normale, saine. Mais il y avait un autre moi dans les coulisses, une autre femme, celle-là tourmentée, solitaire, égoïste, faible, habitée de désirs violents et de rêves étranges et chimériques.

Barbara Goldsmith, citant Gertrude Vanderbilt Whitney dans Little Gloria: Happy at last.

Si je n'avais pas été obligée de gagner ma vie, je me serais contentée de ne pas valoir grand-chose.
Helen Lawrenson, Stranger at the party.

La plupart des romans que je lisais se terminaient par un mariage et dans un état de félicité si absolue qu'il était inutile de continuer le récit (...) J'étais profondément émue par l'injustice de cet état de choses dont souffraient les femmes, et, rapprochant de mes lectures l'histoire de mon père et de ma mère, je décidai une fois pour toutes que je consacrerais ma vie à combattre le mariage, à lutter pour l'émancipation des femmes, pour le droit de toutes les femmes d'avoir un ou plusieurs enfants quand elles le voudraient, et de conserver leur droit et leur honneur.
Isadora Duncan, Ma vie

Il y a quelques années de cela, assise dans une église, j'écoutais le sermon d'un ministre du culte bien intentionné à un jeune couple sur le point de prononcer ses voeux de mariage. L'essentiel du prêche s'adressait à la mariée: on l'enjoignait explicitement de cesser, à partir de ce jour, d'être Jane Roberts pour devenir Jane Brooks. À partir de ce jour, précisait le pasteur, elle devait renoncer à tout ce qui avait été associé à l'existence de Jane Roberts, afin que l'on puisse désormais la reconnaître comme madame Richard Brooks. En prenant le nom de son mari, elle se verrait dotée d'une autre identité. Dorénavant, ils partageraient tous deux un même nom, une même chambre, un même but dans la vie et se confondraient l'un dans l'autre pour réaliser cette exaltante « osmose » qu'est le mariage. Dorénavant, elle devait oublier le mot « individu », surtout en ce qui la concernait.

Je m'agitais sur mon banc: le message insistant de ce pasteur me mettait hors de moi. À quoi rime cette glorification de l'osmose, ce renoncement d'une femme à son identité au profit d'un homme? Ce message ne sert qu'à obscurcir la réalité, à nier l'importance cruciale du développement personnel dans le mariage de deux êtres qui, comme individus distincts, poursuivent un même but.

Toute femme qui ajoute foi à cette idéologie de l'osmose vivra sa vie comme si elle appartenait à quelqu'un d'autre qu'à elle-même: elle ne saura jamais vraiment qui elle est.Les pièges de l'osmose feront grandir en elle la dépendance, la désillusion et la frustration ainsi qu'un

13

besoin incessant de l'approbation de celui dont elle est devenue une partie. L'osmose peut sembler romantique, mais elle se transformera en une réalité sinistre dès que la magie de la cérémonie se sera dissipée.

Faites d'un homme la priorité de votre vie, placez-le au centre de votre existence, et vous perdrez probablement non seulement votre identité mais aussi l'estime de vous-même. Vouez-lui un culte parce qu'il est un homme: vous vous soumettrez à lui et vous attendrez comme une enfant qu'il vous complimente. Pensez que vous n'êtes rien sans un homme, et cette pensée se transformera en une prophétie qui s'accomplira d'elle-même.

Considérez l'homme comme un dessert — une récompense pour être devenue une femme adulte, autonome et émotivement mûre — et vous retirerez de la vie tout ce qu'elle peut vous donner.

Toute femme a le devoir de se rendre économiquement et émotivement indépendante avant de choisir un partenaire. Si une femme pense qu'un homme lui apportera ce dont elle manque elle-même — l'esprit de décision, le courage, la sécurité économique, l'épanouissement, la satisfaction personnelle — elle risque d'être déçue. En faisant d'un homme son unique raison de vivre, elle se prive elle-même, elle s'empêche de développer ses propres forces et ses propres capacités. Elle devient alors non plus une partenaire à part égale dans le mariage mais une personne dépendante, une victime, et parfois un bourreau.

La femme qui a appris à s'occuper d'elle-même pourra ensuite chercher un homme qui sera la *récompense* de ce travail, c'est-à-dire le dessert. Cet homme enrichira sa vie, lui apportera une oasis où se reposer la nuit, mais il n'en sera pas le but principal. Aucun homme ne pourra vous rendre heureuse ou vous donner une raison de vivre. Vous seule le pouvez.

Comment abandonnons-nous le pouvoir aux hommes pour faire d'eux notre raison de vivre? En croyant que c'est ce qu'il faut faire, puisque c'est ce que les femmes ont toujours fait. Et il n'y a pas que les traditionalistes qui souffrent du « syndrome de l'osmose ». Regardez dans quel guêpier est tombée cette femme...

Linda est une très jolie brune qui, comme cadre supérieur, gagne environ 60 000 $ par an. Divorcée, sans enfant, Linda s'est engagée dans une aventure avec un homme qui passe en ville une ou deux fois par mois. Ce qui avait commencé comme une amitié a dégénéré en une relation frénétique et humiliante.

« La dernière fois que nous nous sommes vus, raconte-t-elle, il est parti trop tard pour prendre son avion. Le lendemain, je lui ai téléphoné pour savoir s'il était arrivé à temps. Il m'a répondu qu'il avait raté son vol et il a ajouté: « Quelle soirée gâchée ». Son ton me laissait clairement entendre que j'avais perturbé son horaire et qu'à cause de moi, il avait dû attendre un autre avion. Il regrettait cette heure et demie de travail perdu, plutôt que de regretter que nous n'ayons pas passé ce temps ensemble.

« Je reviens toujours au même point, poursuit-elle, maussade. Je croyais pouvoir prendre la sexualité à la légère, mais j'en suis incapable. Je m'aperçois que j'agis encore comme une adolescente: j'attends ses coups de téléphone, je me morfonds quand il n'est pas là, je me sens vide quand il part et j'accepte qu'il ne me donne qu'une très faible partie de ce que je voudrais. »

Linda est une de ces nouvelles femmes qui, en regardant leurs soeurs prisonnières dans leurs maisons, se sont juré que cela ne leur arriverait jamais. Mais le sentiment d'être incomplète sans homme est tout aussi fort chez elle que chez la femme qui se l'avoue *et qui a un homme*. Linda a modifié son statut économique — elle a réussi, selon les critères habituels — mais, sur le plan

15

émotif, elle se confine dans une attitude destructrice en rendant l'homme responsable de ce qu'elle ressent et en faisant de l'homme sa principale raison de vivre.

Voyons le cas d'Anna. Maintenant âgée de cinquante ans, Anna s'est mariée jeune; c'était une belle et douce jeune fille de la classe ouvrière qui a valu à sa famille « l'honneur » d'avoir un médecin pour gendre. Un an plus tard, elle était mère. Quatre ans plus tard, son mariage s'avérait un échec et elle demandait courageusement le divorce. Elle envisagea de retourner à l'école pour apprendre la comptabilité mais sa famille s'y objecta en faisant valoir que son emploi de bureau lui convenait très bien. Marie-toi, ne cessait-on de lui répéter, marie-toi vite avant d'être trop vieille, avant que ta fille ne soit trop grande, avant qu'il ne soit trop tard et qu'aucun homme ne veuille plus de toi. »

Soumise à un véritable lavage de cerveau de la part de ses parents qui craignaient avant tout qu'elle reste seule, et frustrée dans ses aspirations professionnelles, Anna se remaria donc. Elle se convainquit qu'elle aimait son mari et, pour lui, elle quitta son emploi. Trois ans plus tard, elle avait deux autres enfants. Ses enfants et son second mari ne profitèrent jamais de son bon caractère, du moins de ce qui en restait. Elle avait un homme, mais une fois de plus, ce n'était pas le bon. Et elle ne s'appartenait plus. Elle ne savait plus ce qu'elle voulait et rien ne la satisfaisait; mère et épouse médiocres, elle ne se sentait ni aimée ni appréciée. Elle n'arrivait pas à communiquer avec sa famille, sauf par la colère. Elle a déprécié ses enfants, cherché querelle à son mari et maudit son sort: « Pourquoi moi? ».

Maintenant, au milieu de la cinquantaine, Anna a peur que son mari la quitte. Elle s'inquiète s'il n'est pas dans la même pièce qu'elle et s'affole quand il part travailler. Elle est dans un tel état qu'elle ne peut plus s'occuper de sa maison, de son mari et encore moins d'elle-même. Elle croit que la vie lui a porté un coup fatal qui l'a irrémédiablement paralysée.

Sans la capacité et la possibilité d'apprendre à vous occuper de vous-même financièrement et émotivement, vous êtes prisonnière des caprices et des lubies des autres. Si une femme refuse, comme Anna, d'assumer ses propres choix, elle devrait comprendre qu'elle prend le risque de se remettre entre les mains d'un homme. Selon ses parents, Anna n'était rien sans un homme. L'épanouissement, lui disaient-ils, lui viendrait du mariage et non de ses propres efforts...

S'attabler devant le plat de résistance

Trop souvent, les femmes se marient pour échapper à leur véritable identité, croyant que le mariage aplanira pour elles les difficultés de la vie. Une femme convaincue d'être incomplète, inculte, incapable de pourvoir à des besoins financiers et émotifs cherchera un homme pour en faire à la fois son protecteur, son bienfaiteur, son amant et son héros. Une femme qui se marie parce qu'elle se sent incomplète — la petite moitié cherchant sa grosse moitié — considère l'homme comme le meilleur moyen de trouver son intégrité.

Il est vrai que, d'une certaine façon, le mariage peut être merveilleux, mais cette union sacrée devrait donner à la femme la liberté plutôt que l'esclavage au nom du principe destructeur de la « complémentarité ». Nous avons appris que nous n'étions pas grand-chose, et certainement pas « une vraie femme », tant que nous n'avions pas fait la preuve de notre valeur en nous mariant. Il arrive souvent qu'après le mariage, notre sentiment de départ ne soit que légèrement modifié, que nous ayons toujours l'impression de ne pas valoir grand-chose. Que s'est-il passé? Pourquoi le mariage ne nous a-t-il pas rendues heureuses?

D'où vient toute cette frustration? Qu'est-ce qui n'a pas marché?

En ne développant qu'une faible partie d'elle-même, la femme se précipite dans le mariage et se met à la merci d'un homme. En abandonnant ses propres objectifs pour permettre à son mari de réaliser ses aspirations, elle place les intérêts, les besoins et les buts de celui-ci au centre de sa vie. En retour de ce sacrifice, elle attend de lui dévouement, respect, attention et félicité conjugale. Mais les choses ne sont pas aussi simples. Dans bien des cas, le mari n'est pas à la hauteur de ce qu'elle voudrait qu'il soit et de ce qu'elle voudrait représenter dans sa vie. Elle en ressent de la colère mais redoute encore davantage l'abandon. Pour se convaincre qu'elle a vraiment rempli son rôle de bonne épouse et de partenaire loyale, et qu'il ne la quittera pas, elle exige une reconnaissance de plus en plus importante qu'elle risque de ne pas recevoir.

L'état de besoin entraîne la vulnérabilité et cette vulnérabilité peut renforcer encore la dépendance.

Si vous croyez avoir besoin d'un homme pour être sûre que votre vie a un sens, arrêtez-vous dès maintenant. Il est temps de réaffirmer vos aptitudes et votre personnalité, de retrouver l'estime de vous-même. La vérité, c'est que *plus vous êtes quelqu'une, moins vous avez besoin d'un autre.* Plus vous êtes quelqu'une, moins vous risquez de vous laisser piéger par ceux qui vous plaisent, et mieux vous comprenez que personne d'autre que vous-même ne pourra vous rendre heureuse ou vous compléter. Plus vous êtes quelqu'une, plus vous constatez que même si un homme peut contribuer à votre bonheur, il ne pourra jamais combler tous vos besoins. Plus vous êtes quelqu'une, plus il devient clair que ce n'est pas lui le plat de résistance, mais vous.

Je dis: « Les hommes ne sont que des desserts », et j'ajoute: « On a le dessert qu'on mérite. » À mon avis, ce ne sont pas les hommes qui choisissent leurs partenaires, ce sont les femmes. Et le plus absurde, c'est que les femmes choisissent le mauvais homme, et répètent leur erreur une fois, deux fois, dix fois, à cause de ce qu'elles ne sont pas et non à cause de ce qu'elles sont.

Si vous pensez que vous n'êtes qu'une demi-personne, souvenez-vous que vous ne trouverez probablement jamais un homme qui en soit une et demie, ce qui ferait deux. Vous choisirez plutôt une autre demi-personne. Si vous croyez que vous ne valez rien, l'homme que vous choisirez, sous ses dehors sublimes, et malgré son charme, sa douceur et tout ce qu'il prétend, ne vaudra rien. Si vous croyez que vous devrez passer votre vie à vous battre, l'homme que vous choisirez vous en donnera la preuve. Si vous pensez que vous souffrirez inévitablement de négligence émotive, quelle que soit votre acharnement à réclamer l'intimité dont vous avez besoin, l'homme que vous épouserez se fera un plaisir de rester ce qu'il est avec vous — un homme distant. Si vous vous percevez comme une faible créature qui a besoin d'une épaule solide sur laquelle s'appuyer, vous vous jetterez dans les bras d'un tyran autoritaire qui voudra décider de tout, y compris de la couleur de vos sous-vêtements et du moment où vous devrez les porter.

PRÉCEPTE NUMÉRO UN: Vous vous mariez selon votre degré de santé psychologique.

Même si vous faites tout ce que vous pouvez pour trouver quelqu'un qui possède les qualités qui vous manquent, vous finirez par vous retrouver avec un homme qui vous ressemble comme un jumeau. Qu'est-ce qui vous manque? La plupart des femmes passent du berceau à l'école, de l'école au collège (si elles ont de la chance), du collège à un début de carrière puis au lit conjugal, sans jamais s'être définies comme être humains. Leur intégrité repose sur le fait de trouver un homme.

Se définir signifie se poser quelques questions fondamentales. Qui suis-je? Qu'est-ce qui me fait plaisir? Qu'est-ce qui me fait mal? Quels sont mes atouts dans la vie? Quelles sont mes aptitudes? Quel but ai-je envie de poursuivre et comment puis-je l'atteindre? Puis-je renoncer à mes vieux griefs contre mes parents et les accepter comme ils sont? Quels traits de mon caractère mériteraient d'être améliorés? Comment est-ce que je m'enferme toujours dans les mêmes comportements auto-destructifs? Puis-je apprendre à modifier ces comportements?

Dans son ouvrage *Reason and Emotion in Psychotherapy*, le docteur Albert Ellis dresse une liste de douze idées auto-destructrices qui nous empêchent de nous définir clairement et de devenir des adultes. Celles-ci, entre autres, me semblent cruciales:

- « Les choses ne se passent pas comme je le voudrais: c'est une catastrophe. »
- « Ma souffrance est causée par des individus et des événements sur lesquels je n'ai aucun pouvoir. »
- « Il est plus facile d'éviter les difficultés et les responsabilités de la vie que d'y faire face. »
- « Je peux être heureuse en restant passive. »
- « Je ne peux pas changer grand-chose à ce que je ressens. »

Ces cinq idées ont une base commune: « J'ai peu ou pas de pouvoir sur ma vie et je dois ou je devrais être ce que les autres veulent que je sois, et vivre comme ils le voudraient. » Mais il ne suffit pas de nier ou de fuir les responsabilités et les difficultés pour les faire disparaître. Le bonheur ne tombe pas du ciel. Comme le disait Eleanor Roosevelt: « Personne ne peut me faire sentir inférieure sans que j'y consente d'abord. »

Le mariage n'est pas la source du parfait bonheur, n'est-ce pas? En fait, le parfait bonheur est un mythe parce qu'en nous mariant nous ne nous sommes rien donnés d'autre que de quoi nourrir nos attentes et nos rêves qui commencent tous par « un jour... ». Un jour, j'aurai tout ce que je veux. Un jour, mon mari changera. Un jour, on m'aimera vraiment. Un jour, je serai quelqu'une et le monde entier s'en apercevra.

L'affirmation « les hommes ne sont que des desserts » n'est pas du tout désobligeante pour les hommes. Je ne cherche pas à diminuer l'homme ou à déprécier son importance ou ses qualités. Je cherche au contraire à lui accorder de la crédibilité en vous incitant à le voir tel qu'il est, et non tel que vous voudriez qu'il soit. Si, comme vous, il est « incomplet », comme vous, il peut se mettre au travail et parvenir à son intégrité. « Les hommes ne sont que des desserts » est une phrase qui nous aide à nous rappeler que l'homme n'est pas le plat de résistance, que la vie d'une femme ne doit pas tourner autour de l'homme. Si vous faites du dessert votre raison de vivre, vous vous bourrerez de calories vides; vous deviendrez grosse, paresseuse, négligente et intoxiquée par vos comportements autodestructifs. Vous deviendrez malade, physiquement et psychologiquement. Si un homme prend une importance démesurée dans votre vie, vous perdez votre véritable identité pour essayer de lui plaire. Faites d'un homme le centre de votre vie, et vous serez toujours furieuse de constater qu'il ne vous rend pas la pareille!

La pire leçon qu'un parent puisse inculquer à sa fille est la suivante: « L'amour est tout dans la vie d'une femme et très peu dans la vie d'un homme ». Apprendre à sa fille à rechercher une relation d'esclave à maître, c'est lui demander d'échanger sa vie contre celle d'un homme et de faire de cet homme son plat de résistance.

Il y a bien des façons de faire des hommes le plat de résistance mais l'un de ces scénarios est vraiment typique: beaucoup de femmes choisissent leurs maris alors qu'elles sont encore adolescentes et la route est ensuite tracée d'avance. La femme travaillera pendant un certain temps pour permettre à son mari de terminer ses études et de consolider sa carrière, puis elle abandonnera son métier pour ménager son orgueil de mâle: « Ma femme n'a pas besoin de travailler », tient-il à affirmer.

L'homme est à l'extérieur, il rencontre des gens, il explore diverses avenues, il affronte des situations où il doit se conduire en adulte; la femme, elle, reste en coulisses et s'occupe de lui. S'il ont un enfant et qu'il étudie ou brasse des papiers pendant la soirée, elle doit rester à l'écart de tout cela. Elle se retrouve dans l'impossibilité de vivre en interaction avec lui ou de lui raconter ce qui se passe dans sa vie à elle; elle doit se contenter des quelques heures d'attention qu'il lui accorde au compte-gouttes et, la plupart du temps, en pensant à autre chose parce que son travail continue à le préoccuper. Peu à peu, la femme a l'impression d'être une intruse et sa solitude commence à lui peser. Mais comment pourrait-elle lui reprocher ce qu'il fait pour eux deux?

L'homme pourra être propulsé en droite ligne vers un certain succès; pendant ce temps, sa femme en est toujours là où elle en était lorsqu'il l'a rencontrée vers l'âge de quinze ou seize ans: une petite fille qui n'a pas développé ces aptitudes ni acquis cette confiance en soi qui ne viennent qu'avec l'expérience du monde extérieur. Elle ne serait pas en mesure de s'occuper d'elle-même si quelque chose arrivait à son mari ou si son mariage ne tenait pas le coup.

À mesure que l'homme avance dans sa carrière, il est de moins en moins souvent à la maison et délègue de plus en plus de corvées à son épouse. Comme celle-ci n'a aucune vie à l'extérieur de son foyer, elle est mal placée pour dire: « Partageons cette corvée », ou « Je te laisse t'en occuper. J'ai des choses importantes à faire moi aussi. » « Ah oui? répondra-t-il. Quoi donc? Qu'as-tu d'autre à faire toute la journée *à part* des corvées? » Et puis, un jour, voilà que *cela* arrive.

Sa secrétaire ou une collègue lui semblent beaucoup plus attirantes que son épouse, parce qu'elle comprend mieux ce qu'il vit. C'est elle qui devient sa partenaire de tous les jours et, de plus en plus, sa femme; sa femme, elle, lui apparaît de plus en plus comme une étrangère qui reçoit un salaire toutes les semaines. Alors il quitte sa femme pour l'autre. L'épouse, assommée par le choc, furieuse et blessée, se retrouve soudainement abandonnée à elle-même, et sans compétence pour assurer sa survie. Ils étaient peut-être mariés mais leur couple ressemblait davantage à une relation parent-enfant, et la plupart des enfants n'ont pas les ressources nécessaires pour affronter le fait d'être brusquement livrés à eux-mêmes.

Existe-t-il une solution? Je le pense. Si vous n'avez pas d'objectifs communs pour vous rapprocher, pas d'intérêts communs pour avoir du plaisir ensemble et pas de plans très précis pour passer du temps ensemble, vous n'arriverez pas à maintenir une relation vivante. À mon avis, peu d'hommes se passionnent pour les nouveaux mots de bébé une fois qu'il a appris à dire *papa*. Les avantages d'un nouvel assouplisseur de tissus ou votre conversation téléphonique quotidienne avec maman n'intéressent pas monsieur, sauf de façon très superficielle; la routine du foyer donne rarement lieu à des conversations stimulantes à la fin de la journée. Même si sa propre journée comporte du travail de routine, un petit incident vient toujours y mettre un peu d'imprévu. Le mari d'une ménagère à plein temps peut généralement prédire à un détail près ce qui se passera quand il rentrera chez lui à la fin de la journée. Trop souvent, cela ne l'intéresse pas et il « ferme le poste ».

Je ne dis pas cela parce que je sous-estime la valeur de la maternité à plein temps; je ne dis pas non plus qu'une mère ne devrait pas être plus disponible pendant les premières années de la vie de son enfant. Cette période peut être passionnante parce qu'il s'agit de former et de cultiver la personnalité d'un autre être humain; l'enfant change de jour en jour et cette évolution peut être fascinante. Cependant, il est extrêmement important de choisir un homme qui s'occupe de l'éducation des enfants, qui accepte de partager les corvées et qui n'est pas obnubilé par les rôles conjugaux traditionnels. Une fois que vous avez établi une division des rôles — le travail féminin et le travail masculin — l'homme maintiendra cette distinction jusqu'au bout, ce qui vous éloignera de lui sur le plan émotif et même dans tous les petits détails pratiques de la vie. Vous vous entendrez dire: « Si moi je surveille les enfants, tu dis que je m'en occupe. Si toi tu surveilles les enfants, tu dis que tu les gardes! » Ou encore: « Si moi, j'ai un emploi, je ne suis ni une bonne épouse ni une bonne mère et je détruis la famille. Mais quand il s'agit de toi, avoir un emploi devient un droit fondamental! »

Dernièrement, je parlais à un homme qui a une profession prestigieuse et dont la femme ne travaille pas à l'extérieur. Par curiosité, je lui ai demandé ce qu'elle pensait de sa vie. « Elle est horriblement jalouse » m'a-t-il répondu avec un grand sourire. Puis, son sourire a disparu et il a ajouté: « Dès que je mets les pieds à la maison, elle s'en prend à moi et me harcèle sans pitié. Elle m'aime peut-être, mais elle me déteste aussi. Je ne la comprends pas très bien... »

Moi, au contraire, je la comprends très bien. Elle trouve insupportable de savoir qu'il passe ses journées avec des gens qui font tourner le monde. Elle est blessée par son empressement à la quitter le matin pour se rendre à son travail et elle est malheureuse parce qu'il pense sans cesse à son travail. Pourquoi est-il ainsi? Parce que son travail est la source de sa vitalité.

D'où vient la vitalité? Quel degré de satisfaction retirez-vous de vos enfants avant qu'ils ne vous quittent pour voler de leurs propres ailes? Tant qu'ils sont jeunes et qu'ils ont besoin de vous, passe encore, mais ensuite? Combien de fois vous êtes-vous lancée dans un grand ménage ou avez-vous inventé une tâche urgente pour vous prouver que l'on a besoin de vous? Ce repas que vous avez mis des heures à préparer sera avalé en dix minutes, et il n'y aura pas grand-chose à dire ensuite. Que ferez-vous du reste de votre vie?

Un jour, j'assistais à un dîner de femmes où l'on nous avait servi un ragoût de boeuf fort peu appétissant; à ma grande surprise, les femmes ont fait venir le chef de la cuisine et se sont levées pour applaudir son désastre culinaire. Combien de ménagères reçoivent une ovation pour avoir servi un ragoût de boeuf, surtout s'il est aussi mauvais que celui-là? À certains égards, nous apprécions les bêtises des hommes et nous les couvrons d'éloges pour des choses que nous trouvions inexcusables pour nous-mêmes ou pour d'autres femmes. Mais nous continuons à « suivre le courant »: nous portons les hommes aux nues et nous nous déprécions nous-mêmes.

Une partie du problème vient de ce que beaucoup d'entre nous ont fondé leur mariage sur des illusions romantiques. Il fut un temps où l'on se mariait pour des raisons économiques, pour obtenir des faveurs politiques ou pour unifier des familles, et des tribus. Le couple s'engageait alors dans le mariage avec une vision plus pragmatique de la vie; ils étaient deux contre le reste du monde, marchant côte à côte. Souvent, cette union leur procurait un havre où ils pouvaient trouver sécurité, stabilité et tranquillité. Dès le moment où le mariage s'est transformé en une relation dans laquelle chaque partenaire cherchait son bonheur personnel; dès le moment où il a cessé d'être un rapport dans lequel les partenaires formaient une équipe pour le bien de leurs intérêts réciproques, le taux de divorce a grimpé en flèche. Voyons ce qui se passe quand la passion s'empare de nous.

Les pièges de la conquête et de la passion romantique

Il n'est pas certain que la passion ait quelque chose à voir avec l'amour; il est certain, par contre qu'elle en emprunte l'allure et les mots. Qu'est-ce que la passion? Sa principale caractéristique est un détachement temporaire de la réalité, un état où chaque partenaire entretient ses illusions sur l'autre et va jusqu'à lui ériger un piédestal. La passion exige un parti-pris de distanciation par rapport à l'environnement immédiat et une concentration particulière sur les conditions atmosphériques qui activent le romantisme et la tension sexuelle — le vin, les fleurs, les regards langoureux, les compliments, les éclairages tamisés et, comme musique de fond, le crescendo d'un violon langoureux.

La passion, ce sont les billets doux, les câlineries, les cadeaux sans oublier ces engueulades orageuses qui se terminent au lit, à faire l'amour pendant des heures. La passion repose sur le désir de conquérir, de posséder et — il n'est pas interdit d'espérer — de sauvegarder.

Si vous avez déjà été l'objet d'une cour romantique vous avez peut-être cru que vous étiez aimée. Comme cette passion était merveilleuse alors! Comme il était merveilleux! Comme vous vous sentiez merveilleusement bien! Que désirer d'autre?

Une fin heureuse! La fin heureuse est indissociable du prélude romantique. Et si l'homme vous courtise non seulement pour vous séduire mais pour vous épouser, vous croyez avoir atteint le but de votre vie: vous vous retrouvez dans les bras d'un homme qui vous aime assez pour faire de vous sa femme.

Les premières féministes ont souligné qu'autrefois, la passion amoureuse était la seule chose qui pouvait donner aux femmes l'impression de s'accomplir. Nous savons que ce n'est plus tout à fait vrai, compte-tenu du pouvoir que les femmes commencent à avoir dans des domaines jusqu'ici réservés aux hommes, et pourtant bien des femmes s'accrochent encore au rêve romantique. Nous cherchons la passion éternelle, l'amant héroïque qui nous délivre et nous assure toute une vie de regards langoureux et de dévotion inlassable. Et si en retour le prince charmant exige la soumission, nous nous soumettons. Est-ce là l'amour? Certainement pas! C'est le piège romantique sous sa forme la plus insidieuse.

La passion est une diversion très agréable pour une fin de semaine, une lune de miel, un rendez-vous en plein mardi après-midi, ou pour un moment privilégié dans une relation, mais ce n'est pas un mode de vie. Si nous pouvions vivre de la passion, l'humanité en serait encore à l'horloge solaire. Vivez d'amour et d'eau fraîche et vous crèverez de faim après avoir renoncé à gagner votre pain, à avoir un toit sur la tête, à apprendre, à avoir d'autres objectifs, d'autres intérêts, tout cela pour votre dose quotidienne d'extase. Résultat? Vous périrez tous les deux, trop étroitement enlacés pour trouver le temps et l'énergie nécessaire à la simple survie et, à plus forte raison, à la croissance et l'épanouissement personnels.

La quête de l'idéal romantique peut devenir une pratique malsaine surtout si on la confond avec la recherche de l'amour. La passion se nourrit de fantasmes mais l'amour a les deux pieds sur terre, solidement ancrés dans la réalité. Si deux personnes s'aiment et s'intéressent vraiment, elles n'ont plus à vivre constamment à bout de souffle cette agonie tourmentée qu'on appelle la passion. Deux personnes qui tiennent vraiment l'une à l'autre peuvent très bien vivre sans exiger de grandes déclarations, sans exprimer de besoins insatiables et sans se livrer à des scènes larmoyantes et mélodramatiques.

Voyons la différence entre la langage de l'amour et celui de la passion.

La personne romantique dit: « Je ne pourrais pas supporter que tu ne m'aimes plus. Répètes-moi encore que tu m'aimes. » La personne qui aime dit: « Je suis heureuse que tu existes. Savoir que tu es sur terre et que tu tiens à moi est important dans ma vie. »

La personne romantique déclare: « Tu es tout pour moi. Et toi, m'aimes-tu plus que tout? » Celle qui aime: « Je suis heureuse d'être avec toi. »

La personne romantique s'écrie: « Tu ne m'as jamais aimée. Si tu me quittes, tu vas le payer cher. » Celle qui aime dit: « Essayons de parler de ce qui ne va pas entre nous. Je ne veux pas que cette relation se termine. »

Comme vous pouvez le constater, le vocabulaire de la passion se teinte de folie et de désespoir. Le désir doit trouver un accomplissement instantané, pense la personne romantique, qui conclut sinon à l'indifférence de l'autre.

N'oubliez jamais que la passion contient juste ce qu'il faut d'illusions pour vous laisser croire que ce que vous êtes, pendant le prélude romantique, est un gage de ce que vous serez toujours ensemble: parfaits, bien habillés, désirables, impeccables et terriblement excités par le moindre effleurement.

Que cela vous plaise ou non, vous devrez revenir à la réalité. Si c'est l'amour qui vous intéresse, mettez la pédale douce sur vos exigences romantiques et regardez attentivement et objectivement celui qui vous courtise. Sachez que l'amour exige la présence de vraies personnes qui pourront s'aider mutuellement dans les périodes difficiles — deuils, bouleversements, problèmes financiers — et partager les petites et les grandes joies de l'existence.

Dans son livre *Intimate Friendship*, James Ramey affirme que votre seule obligation vis-à-vis l'autre c'est de ne pas le quitter en plus mauvais état que quand vous l'avez rencontré; c'est-à-dire de vous assurer que le fait de vous avoir connu n'a pas diminué l'autre. Le mieux qu'une personne puisse faire pour l'autre, c'est de ne pas s'attendre à ce l'être aimé lui apporte tout dans la vie. La plupart des mères ont appris à leurs fils à ne pas considérer la passion amoureuse comme la preuve et l'expression ultime de l'amour et du bonheur. Mais les femmes sont les vétérans des grandes guerres romantiques: de génération en génération, nous nous engageons dans la bataille sans apprendre à lutter pour notre bien, cherchant monts et merveilles. Si vous choisissez un homme par passion ou par idéalisme, parce qu'il représente votre « salut » ou parce que vous avez « des atomes crochus », il est presque certain que vous ne récolterez que douleur et amertume.

Dans les premiers stades de l'idylle romantique, la passion est aveuglante; lorsque vous croyez tomber en amour, votre vision s'embrouille et votre ouïe devient sélective. Vos sens légèrement déréglés produisent une distorsion de la réalité: vous voyez ce que vous voulez voir et vous entendez ce que vous voulez entendre. Vous négligez les indices qui sont à votre portée. L'homme se révèle très tôt dans la relation et vous devez être en possession de toutes vos facultés pour être attentive à ce qu'il est vraiment.

Examinez ce que disent ces trois « intoxiquées de la

passion » et remarquez dans chaque cas la concordance entre la première impression et la suite de l'histoire.

« Il disait que j'étais la seule femme à le faire sortir de sa réserve et qu'il se sentait en confiance avec moi. Depuis que nous sommes mariés, c'est à peine s'il ouvre la bouche. À la moindre question, il se fâche et me dit de me mêler de mes affaires. » La réalité: cet homme a toujours eu un problème de communication. Elle a cru qu'elle pourrait le changer...

« Il ne se rassasiait jamais de moi avant notre mariage. Maintenant, il me traite comme un meuble. » La réalité: cet homme était possessif avant qu'ils se marient et elle adorait cela. Il a eu ce qu'il voulait puisque maintenant elle lui appartient; c'est pour cela qu'elle lui en veut.

« Il faisait toujours des blagues sur les ambitieux et je trouvais cela très drôle. Maintenant il gâche tout au travail et répète sans cesse que tous les patrons sont des salauds. » La réalité: il n'a jamais eu confiance en lui et il le camouflait sous un personnage de héros ordinaire. Elle a fini par comprendre que son mari accepte très mal ses limites, qu'il a peur des responsabilités et qu'il rejette toujours le blâme sur les autres.

Quand le voile de la passion tombe, l'homme qui est devant vous vous apparaît tel qu'il est. En voyant plus clair, vous pouvez le juger non plus à ce qu'il dit (« Je ne peux pas vivre sans toi ») mais à ce qu'il fait (il sort avec d'autres femmes tout en prétendant que vous êtes la seule qu'il aime vraiment).

Certaines femmes m'ont raconté que leurs maris leur criaient entre les coups: « Je t'aime! Ne me quitte pas! » Comment des femmes peuvent-elles continuer à vivre avec de tels hommes? La réponse, c'est qu'elles ne tiennent pas compte des *actes* de brutalité de leurs maris et qu'elles se raccrochent désespérément à leurs *mots* — à l'expression verbale de leur amour et de leur besoin.

Nelle habite Chicago, elle travaille et elle s'est mariée il y a un an. Elle m'a raconté que son mariage n'allait pas très bien. Je lui ai demandé comment était son mari pendant leurs fréquentations: « Merveilleux!, a-t-elle répondu, Drôle! Généreux! Il n'y avait qu'un problème: il avait tendance à boire dès que la conversation prenait une tournure plus intime ». La dispute qui finissait par éclater empêchait Nelle de parler sérieusement de ce qui l'intéressait: le mariage. Dès que cet homme se voyait confronté à sa peur de l'engagement, il se réfugiait dans l'alcool, l'irrationalité et l'agressivité. Comme elle voulait qu'il l'épouse, Nelle excusait ses tentatives de fuite et continuait à faire pression sur lui. Il a fini par céder.

Mais le mariage ne l'a pas changé. Il cherche toujours à éviter les conversations sérieuses, il fuit encore ses obligations conjugales et il boit toujours pour détourner les discussions et ne pas avoir à répondre aux attentes de sa femme. « Que veux-tu de plus?, lui répète-t-il, je t'ai marié, non? tu as eu ce que tu voulais! »

Nelle n'a jamais pensé qu'elle n'aurait peut-être pas dû épouser cet homme. Ses tactiques de diversion étaient des indices clairs mais elle a choisi de les ignorer. Elle espérait que le mariage les rapprocherait mais c'était impossible parce que cet homme était convaincu que la seule chose qu'il pouvait lui donner, c'était son nom.

Si vous pensez qu'une fois mariée, votre mari vous traitera aussi bien ou même mieux qu'avant le mariage, vous risquez d'être cruellement déçue. Certains hommes avouent que ce qu'ils peuvent éviter avant le mariage établit la marge de manoeuvre dont ils disposeront une fois mariés, c'est-à-dire le pouvoir qu'ils exerceront sur leurs femmes. Qui veut du pouvoir? Les hommes en veulent, et souvent nous n'en voulons pas. Exercer du pouvoir signifie prendre nos décisions, diriger notre vie et assumer les conséquences de nos actes. Moins nous avons de pouvoir, plus nous sommes soumises et accomodantes. Trop souvent, les femmes ne vivent pas leur vie; elles la donnent pour ne pas risquer de perdre leur homme.

Si vous êtes astucieuse, vous observerez l'homme avec attention et si vous constatez que ses actes contredisent ses paroles, vous le soulignerez immédiatement. N'ayez pas peur de lui parler de ce qui vous contrarie. Par exemple, un homme qui vous donne rendez-vous à 8 heures et qui arrive à 9 heures sans vous avoir prévenue de son retard doit être averti que ce comportement est inacceptable. Cela ne veut pas dire refuser de lui ouvrir la porte, piquer une crise ou avaler n'importe quelle excuse qui n'est de toute évidence qu'un prétexte pour jouer à vous faire attendre et en tirer du pouvoir. Une femme qui a de la dignité lui dirait plutôt: « Je m'inquiétais et j'étais mal à l'aise d'être assise ici à t'attendre. Je n'ai pas l'intention de me confiner au rôle de Pénélope. La prochaine fois que tu prévois être en retard, téléphone-moi s'il te plaît. Et si tu arrives une heure en retard sans m'avoir prévenue, nous saurons tous les deux que tu cherches délibérément à me contrarier. » Ainsi, vous faites valoir vos droits sans le punir pour ce qui est déjà fait.

S'il vous répond: « J'ai été retenu par la circulation (ou par une réunion importante ou par un vieil ami qui m'a offert un verre), je n'ai pas trouvé de téléphone, ...et de toute façon, quelle importance puisque je suis là! », vous saurez à quelle sorte d'homme vous avez affaire. Vous recevrez ce genre de réponse chaque fois que vous vous défendrez vos intérêts ou que vous critiquerez son comportement. Cet homme n'est pas un diamant brut, ce n'est qu'un bout de charbon.

Si, par contre, il vous répond: « Je suis désolé. Je sais comment cela peut être pénible d'attendre quelqu'un. La prochaine fois, je vais te téléphoner », vous saurez que cet homme a de la considération pour autrui.

Il y a une morale à cette histoire. L'homme qui était presque toujours en retard quand il vous courtisait, rentrera à la maison au milieu de la nuit une fois marié. L'homme qui vous humilie devant des amis à cause de vos opinions (« Ne faites pas attention à ce que dit Tina, elle ne connaît rien au cinéma ») vous traitera probablement de folle quand vous serez mariés. L'homme qui considère sa fiancée comme une « petite fille » se sentira menacé par toute tentative d'émancipation de son épouse, qu'il s'agisse de terminer ses études ou d'obtenir un emploi intéressant: « Johanne cherche à m'impressionner en allant à l'université (ou en acceptant cet emploi). Où a-t-elle été chercher qu'elle valait mieux que moi? »

Les femmes maltraitées par leur mari ont souvent le pardon facile et rapide parce qu'elles sont persuadées qu'il vaut la peine de renoncer à sa propre individualité, et de se faire dire quoi faire et quoi penser, pour ne pas rester seules, ce qui est peu romantique et qu'elles redoutent plus que tout. Au lieu d'apprendre à leur homme à s'améliorer, en lui montrant par exemple qu'être tendre et délicat n'est pas un signe de faiblesse, elles capitulent et le laissent faire à sa guise. C'est ainsi que nous souffrons en continuant d'encourager des comportements désagréables.

En se soumettant à un homme et en faisant son plat résistance, sans chercher à enrichir sa propre vie, la femme accepte de payer de sa personne parce qu'elle a besoin de sentir qu'on a besoin d'elle; elle devient ensuite essentielle pour son partenaire. Souvent, cette attitude n'est pas rentable.

Non seulement nous acceptons les réactions négatives, mais nous acceptons également l'absence de réactions. Jackie, une épouse de Détroit, m'a raconté que son mari ne dit jamais un mot sur la façon dont elle s'habille sauf s'il n'aime pas sa robe — ce dont il se plaint une ou deux fois par année. Elle savait qu'elle était bien habillée pendant les dix années de leur mariage seulement parce qu'il n'avait rien dit; en ne disant rien, il lui faisait un compliment. Pourquoi ne formulait-il pas ses compliments à haute voix? Parce qu'elle ne s'attendait pas à ce qu'il le fasse. Pour lui, sa présence dans la vie de sa femme était en elle-même un compliment suffisant; son silence était une approbation.

En acceptant les réaction négatives d'un homme, nous idéalisons sa réaction positive: « Il m'a épousée! » Mais cela n'est pas un compliment, c'est un fait. Combien de fois avons-nous entendu de tels constats? « Je t'ai donné mon chèque de paie, non? Alors laisse-moi tranquille. » Ou encore: « Je rentre tous les soirs alors qu'as-tu à me reprocher? »

PRÉCEPTE NUMÉRO DEUX: *Le bonheur, c'est ce dont vous êtes prête à vous contenter. Alors faites attention de ne pas vous contenter du minimum.*

Dès les débuts d'une relation, vous devez établir les limites de votre tolérance. Ne tombez pas dans le piège romantique pour vous retrouver ensuite à essayer d'incarner le fantasme de l'autre. Vous aurez l'homme que vous méritez; c'est-à-dire que vous aurez ce dont vous avez accepté de vous contenter. Si vous êtes malheureuse, demandez-vous quelle est votre importance dans sa vie et demandez-vous ce qui cloche depuis le début.

Plus vous êtes romantique, moins votre vie vous donnera de satisfactions réelles. Tant que vous êtes à l'intérieur du rêve romantique, vous êtes quelqu'une, mais dès que vous affrontez la vie réelle, les exigences du mariage et les responsabilités parentales, vous risquez de perdre ce statut et de ne plus être personne à vos propres yeux.

Perdre son identité

Ruth vit à New York et elle est mariée depuis deux ans. Elle soupçonnait son mari de la tromper mais ne savait pas à qui se confier. Elle avait peur de faire part de ses doutes à ses ami-e-s ou à ses parents. En cas d'erreur, se disait-elle, les gens penseraient qu'elle ne « méritait » pas son mari et, si elle avait vu juste, ils parleraient entre eux de ses infidélités et concluraient qu'elle n'était pas à la hauteur de son rôle de femme — autrement dit qu'elle n'était personne.

Ruth ressemble à bien des femmes qui, dans un miroir, voient ce qu'elles ont l'air et non ce qu'elles sont. Élevée selon l'idée qu'avoir un homme signifiait devenir enfin une personne à part entière, Ruth ne pouvait concevoir que même sans homme, elle avait le droit de vivre. J'ai déjà entendu une femme déclarer avec une conviction pathétique: « Si je ne peux pas trouver un homme pour m'amener dîner, je mérite de crever de faim. » Cette femme ressemblait beaucoup à Ruth.

Qui sont ces femmes qui pensent qu'elles ne sont rien? Comment se comporte une femme qui n'est personne?

Une femme qui n'est « rien » est incapable de dire quoi que ce soit de positif sur elle-même: « Ils m'ont donné mon permis de conduire. Je me demande si ce n'est pas une erreur. » Elle ne peut se décrire qu'en termes vagues et généraux: « Je suppose que j'aime cuisiner... » Une femme qui se considère comme quelqu'une dirait: « J'ai réussi! J'ai obtenu mon permis de conduire! » ou « Je suis une bonne cuisinière. »

Une femme convaincue de n'être personne ne peut faire la liste de ses qualités: « Je ne sais pas si j'ai des qualités. » Une femme qui sait qu'elle est quelqu'une dirait: « Je sais que j'ai au moins quatre grandes qualités: je sais écouter et je peux être une vraie amie. Je suis fiable et je sais garder un secret. »

La première fait savoir aux autres qu'elle a besoin de leur approbation et qu'elle est prête à tout pour maintenir une relation: « J'ai apporté ta voiture au garage. Veux-tu que je passe la prendre quand elle sera réparée? » « Cela n'a aucune importance que tu aies oublié mon anniversaire de naissance. De toute façon, j'aime mieux oublier que je suis aussi vieille. » La deuxième, certaine d'être quelqu'un, sait qu'il y a une différence entre rendre service à un être cher et se rendre esclave de ses désirs et de son approbation: « J'ai apporté ta voiture au garage. Ils te téléphoneront quand elle sera prête. » Elle n'excuse pas automatiquement les oublis et les manques d'égards des autres: « Tu as oublié mon anniversaire et cela m'a un peu blessée. »

Une femme persuadée qu'elle n'est rien croit que tout homme lui est supérieur; elle endosse les stéréotypes sexistes les plus grossiers. Ces définitions très étroites la confinent dans une position subordonnée: « Les hommes sont censés être les plus forts. Les femmes devraient toujours faire ce que leurs maris veulent. » Vivant sous la coupe de son mari, elle sous-estime sa contribution au foyer et se sent coupable d'attendre davantage de la vie: « De quoi me plaindrais-je! Je suis déjà chanceuse d'avoir un mari. » La femme qui a conscience d'être quelqu'une sait que le fait d'être une femme ne la place pas automatiquement dans une catégorie inférieure et ne pense pas qu'un homme lui fait une faveur inestimable en l'épousant. Elle se dit: « Mon mari a ses qualités et j'ai les miennes. Cette interdépendance nous facilite la vie à tous les deux. » Ou encore: « Mon mari n'a pas toujours raison et moi non plus. Mais chacun de nous est prêt à écouter le point de vue de l'autre. »

Si elle pense qu'elle n'est rien, la femme ne peut pas se fier à son jugement, à ses valeurs, à sa perception de la réalité. À ses yeux, la crédibilité des autres est toujours supérieure à la sienne: « Je trouve que Jean a quelque chose de sournois mais si tu dis qu'il est honnête, il doit l'être » ou « J'aurais juré que l'Égypte était en Afrique mais si tu dis que non, je dois confondre avec un autre pays. » Non seulement elle renonce à défendre ses jugements et ses opinions mais elle dissimule la vérité sur ses sentiments, ce qui est plus grave. Elle ne se fie jamais à sa perception de la réalité et se contente de croire aux alibis qu'on lui donne: « Je croyais que tu ne m'aimais plus. Mais maintenant que tu me dis qu'une de tes camarades de bureau traverse une crise et que tu as passé plusieurs nuits avec elle parce qu'elle a besoin de parler, je suis rassurée. » Une femme certaine d'être quelqu'une se fie à son jugement et exige qu'on la respecte: « Le fait que ton amie aie des problèmes ne justifie pas que tu m'ignores depuis des jours. Dis-moi ce qui se passe. »

Une femme qui a l'impression de n'être personne n'aime pas être seule; il lui est pratiquement impossible de s'amuser, de rire, d'aller au cinéma ou au restaurant s'il n'y a personne à ses côtés. Elle croit que seuls les autres peuvent valider son existence: « Les gens vont se demander ce que j'ai d'anormal si je sors seule. » « Je ne m'amuse pas si je vais quelque part seule, et en plus j'ai peur. » « Je déteste être seule: il y a de l'écho dans la maison. » La femme qui est quelqu'une se dit que si elle n'aime pas sa propre présence, personne ne l'aimera. Elle profite de la solitude comme d'un répit qui lui permettra d'être plus présente lorsqu'elle sera avec quelqu'un d'autre. Elle se dit: « Je ne manquerai pas l'unique représentation de mon film préféré parce que personne ne peut m'accompagner. »

La femme qui croit n'être personne n'a aucune exigence sexuelle, émotive ou financière. Craignant d'être totalement rejetée si elle demande quoi que ce soit, elle s'habitue à ramasser les miettes que les autres lui laissent:

« Mon mari serait furieux si je lui demandais de faire l'amour d'une autre façon. » « Il rit de moi quand je commence à pleurer. Je suppose qu'il a raison. Je suis idiote d'avoir provoqué cette discussion. » « Je prie le Ciel qu'il m'envoie une augmentation de salaire au mois de décembre. J'ai besoin de cet argent. » La femme qui a conscience d'être quelqu'une sait qu'elle a le droit d'exiger ce qu'elle a l'impression de mériter. Elle préfère prendre le risque de demander plutôt que d'accepter qu'on profite d'elle ou qu'on la prenne pour acquise. Elle propose: « Essayons quelque chose de différent ce soir. » Elle dit: « Ton insulte m'a profondément blessée et ton rire n'a fait qu'empirer les choses. » ou « Je fais de l'excellent travail ici; j'ai décroché deux nouveaux contrats le mois dernier. Je veux une augmentation de quarante dollars. »

Celle qui n'est personne est incapable de dire non. Elle est toujours à la disposition des autres parce qu'elle a peur qu'on la punisse en la privant d'amour si elle cesse de dire oui: « Eh bien, je suis débordée de travail, maman, mais si tu tiens à me parler, tant pis. » « Mais non cela ne m'ennuie pas de faire un détour de cinquante milles pour passer te prendre. Je comprends que tu ne veuilles pas abîmer ta robe dans un train poussiéreux avant la cérémonie de mariage. » « Tu as raison. Peut-être que cette fois, je trouverai le match de lutte moins pénible que l'autre jour. » Celle qui est quelqu'une préfère s'affirmer que se soumettre. Elle dit: « Je suis très occupée maman. Je te rappellerai dans une heure. » « Désolée, je ne pourrai pas passer te prendre pour le mariage. » « Je n'aime pas la lutte et je crois que je ne l'aimerai jamais. Pourquoi ne vas-tu pas au match avec un ami? Sinon trouvons quelque chose que nous aimons tous les deux. »

Celle qui n'est personne est incapable de choisir ou de refuser quoi que ce soit; toute proposition lui semble inespérée. Mais ce qu'elle pense au fond d'elle-même

risque d'être en contradiction avec ce qu'elle dit: « Oui, j'aimerais beaucoup t'épouser. » (« Mieux vaut épouser cet homme que de rester seule. »). « Oui, cet emploi m'intéresse. » (« Ce n'est pas du tout ce que je cherchais mais je ne peux pas me permettre d'être difficile. ») « D'accord, nous allons annuler cette soirée chez les Blanchard. » (« Un autre samedi soir à regarder la télévision... Mais au moins il n'est pas en train de boire dans un bar sans moi. »)
Celle qui est quelqu'une sait ce qu'elle veut et ne perd pas de vue ses objectifs. Elle ne saute pas sur la première offre en se disant que ce sera la dernière. Elle répond: « Je t'aime à ma façon, mais je ne veux pas t'épouser. Il vaut mieux que nous restions bons amis. » « Merci, mais cet emploi ne me convient pas. » « Si tu préfères rester à la maison, fais-le. Moi je vais sortir quelques heures de toute façon. »

Celle qui n'est personne à ses propres yeux ne s'attend à aucune considération de la part des autres et se place dans des situations où elle n'en recevra aucune. Ses décisions sont déterminées par sa conviction de ne pas mériter grand-chose. Elle choisira souvent un homme qui la maltraite parce que selon elle cet homme voit jusqu'au fond de son âme et sait qu'elle ne vaut rien. Elle le trouve perspicace; l'homme qui la traiterait bien ne pourrait qu'être fou.

Elle nourrit l'illusion qu'un homme imbu de confiance en lui peut combler le vide qu'elle sent en elle, qu'il a de l'assurance pour les deux. Soulagée, celle qui n'est personne soupire: « Il a tout ce qu'il faut. Je n'ai plus à m'inquiéter. » Souvent l'illusion persiste: « Tant qu'il est près de moi, personne ne remarquera que je n'ai aucune assurance et que je suis terrifiée par la vie. »

Au lieu d'apprendre de l'homme la confiance en soi et de chercher à en avoir autant que lui, elle a tendance à s'effacer encore davantage. Pourquoi? Parce que de telles femmes ont besoin de se sentir inférieures aux hommes. Désespérant de n'être jamais des partenaires égales, elles cherchent à faire de l'homme le plat de résistance et peuvent se ratatiner au point de disparaître presque complètement. « Mais le jeu en vaut la chandelle, se disent-elles, puisque j'ai le bonheur de le contempler. »

L'une des réalités auxquelles nous devons faire face dans la vie, c'est que nous risquons de nous retrouver seules suite à un décès, à un divorce ou à un abandon. Nous devons nous y préparer. Si vous ne le faites pas pendant le mariage, comment pourrez-vous affronter la situation lorsque vous y serez confrontée? Et si vous vivez comme si vous n'étiez personne, que vous arrivera-t-il une fois seule?

Toute femme a la responsabilité de devenir économiquement et émotivement autonome avant de se choisir un partenaire; sinon, elle restera une « femme-enfant » toute sa vie. Elle ne s'épanouira pas parce qu'elle aura renoncé à toutes ses possibilités pour laisser à son mari le soin de diriger sa vie. Par contre, plus vous misez sur vous-même, plus vous devenez « quelqu'une » à vos propres yeux et aux yeux des autres. À mesure que vous acquérez votre indépendance, vous pouvez cesser de n'être personne — à l'intérieur comme à l'extérieur du mariage. Si vous vivez de façon autonome, vous pouvez inviter des gens à partager votre vie sans qu'ils deviennent menaçants pour vous. Vous n'aurez jamais à craindre d'être irrémédiablement liée à un homme comme si vous n'étiez qu'un accessoire vivant.

Redevenir quelqu'une

Les mariages qui réussissent le mieux sont ceux où deux personnes qui sont attirées l'une par l'autre, identifient les raisons de leur attirance puis travaillent sans répit à maintenir ces éléments dans leur relation. Elles ne se fondent pas l'une dans l'autre; elles restent deux individus distincts et complets. La pire chose qui puisse arriver dans un mariage, c'est que les partenaires décident de ne faire qu'un. Sachez qui est chacun de vous et vous saurez garder votre intégrité; vous pourrez continuer à vous demander l'un et l'autre si vous avez vraiment envie de franchir les frontières qui vous séparent d'une vague osmose. Si la division des rôles est totale et que vous entretenez un idéal d'osmose, paradoxalement, l'un de vous deux deviendra inférieur à l'autre. Il vous sera impossible de devenir tous deux supérieurs. C'est une simple question de mathématiques: si vous décidez tous les deux de ne faire qu'un, cela implique nécessairement que quelqu'un y perdra son identité.

Il faut que les objectifs du mariage aient été reconsidérés et la fraude de l'osmose éventée avant que les faire-part parviennent aux invités. Qu'attendez-vous du mariage? Partager votre vie avec quelqu'un pour qui vous avez un attachement profond ou être prise en charge comme une enfant? Avoir des objectifs communs avec quelqu'un que vous respectez ou marier un homme qui atteindra ces objectifs à votre place? Développer une relation intime d'adulte à adulte ou rester une enfant qui continuera à vivre en fonction des règles de quelqu'un d'autre et être jugée en fonction des standards de quelqu'un d'autre? Pensez au processus et au contenu de la relation conjugale et non à sa longévité. Vous pouvez être mariée depuis vingt-cinq ans et vous sentir quand même misérable, seule et aliénée. Est-ce vraiment grave de divorcer après cinq ans de mariage si seulement trois de ces années ont été heureuses. Votre objectif était-il seulement *de vous marier* parce que c'est ce qu'on attendait de vous?

La meilleure chose que vous puissiez faire pour vous-même, c'est de commencer à devenir quelqu'une. Vous n'avez même pas à régler les problèmes du passé; cela ne ferait que compliquer les choses. L'histoire est écrite et vous ne pouvez la refaire; par contre, vous pouvez réussir à changer demain en faisant un petit effort.

PRÉCEPTE NUMÉRO TROIS: *Si vous pouvez changer votre comportement, vous changerez votre façon de penser.*

Si vous pensez trop à ce que vous faites, vous risquez de vous empêtrer dans vos vieux doutes sur vous-même, ce qui vous empêchera d'agir. Vous ne pouvez pas retourner vingt ans en arrière pour refaire votre mariage. Si vous voulez améliorer votre relation avec votre mari, abandonnez les vieilles habitudes et les vieilles idéologies qui vous restreignent. Vous ne pouvez effacer ce qui s'est passé pendant ces deux décennies, mais vous en devez pas passer non plus les vingt prochaines années à vous reprocher mutuellement de ne pas avoir été à la hauteur.

Plusieurs femmes se sont engagées dans le mariage et y restent même si leur vie est loin d'être un modèle de félicité conjugale. Pour ces femmes qui ont hypothéqué leurs possibilités d'avenir en prenant cet engagement, rompre — si c'est ce qu'elles souhaitent — n'est pas facile. D'autres peuvent regretter d'avoir eu l'homme qu'elles méritaient et espérer quand même que tout ne soit pas perdu. Pour n'importe quelle femme prête à prendre certains risques, le fait de se créer des possibilités à l'extérieur de la maison et de réorienter son mariage est un moyen d'enrichir à la fois sa relation avec son mari et elle-même.

Comment? Commencez aujourd'hui même. Faites de petits pas qui tendent vers un objectif bien défini — un objectif qui vous donne une certaine indépendance financière et qui vous permet de développer vos aptitudes. Ayez confiance en vous et établissez vos règles. N'écoutez pas ceux ou celles qui essayent de vous décourager.

Résistez aux pressions en faisant appel à toute votre volonté. Pour réussir vous aurez probablement besoin d'appui; la plupart d'entre nous ne sommes pas en mesure d'entrer seules dans le monde extérieur. Il serait préférable que votre mari vous seconde mais s'il refuse de le faire parce qu'il n'approuve pas vos tentatives d'indépendance, trouvez vous un ou un-e bonn-ne ami-e qui vous aidera et vous encouragera dans ce que vous faites, quoi que ce soit.

Et votre mari? Voici un truc qui a l'air plutôt superficiel mais qui est efficace: commencez par des mots gentils. C'est tout. Promettez-vous qu'en vous levant le matin, vous choisirez volontairement de rester avec votre mari, et commencez à créer un climat d'harmonie. Commencez la journée en faisant un compliment à votre mari, même si vous ne trouvez pas d'autre chose à lui dire que: « J'aime ton sourire ». Il se peut qu'il ne vous rende pas votre gentillesse, mais ce n'est pas grave. Continuez. Il finira par plier. Il se peut qu'il vous faille les dix prochaines années pour rebâtir votre mariage; vous n'y réussirez pas en une nuit. Et ne vous attendez pas à ce que le changement vienne de lui si vous en aviez fait le plat de résistance; il ne renoncera pas à sa position de pouvoir sans se battre.

Si, après un certain temps, il persiste à ne pas voir votre mariage comme une relation entre partenaires égaux, s'il ne peut supporter les compliments ou l'intimité que vous demandez, peut-être devrez-vous *vous* demander ce qui est le mieux pour vous: rester quand même avec lui ou le quitter. Quand vous aurez acquis une bonne mesure de confiance en vous-même, il vous sera plus facile de rompre; plus facile de constater calmement que l'incompatibilité n'est pas ce que vous cherchez dans la vie conjugale et que vous n'êtes pas obligée de n'être personne pour que lui puisse être quelqu'un.

Je connais très bien les « échanges » du mariage. Je sais parfaitement comment nous en venons à faire des hommes le plat de résistance; je l'ai déjà fait. À quatorze ans, j'ai rencontré un garçon et j'ai décidé qu'il serait mon mari. Il est parti pour le collège et je lui ai écrit tous les jours pendant quatre ans, lui rappelant sans cesse qu'il avait besoin de moi de mille et une façons. Même à 10 kilomètres de distance, ma présence était étouffante. À la limite, il avait le choix entre disparaître de cette planète et m'épouser. Il m'a épousée.

Tout au long de ses études de médecine, j'ai été son « entraîneur » en plus de travailler à l'extérieur et de m'occuper de notre enfant en bas âge. Avec le recul, je constate que pendant les premières années de notre mariage nous ne nous sommes pas donnés la moindre chance de nous épanouir personnellement. Notre union suffisait à me donner une impression de plénitude. Quant à lui, il avait tellement peur de me blesser qu'il était incapable de constester ma dépendance. Heureusement pour moi, son travail a créé entre nous une distance suffisante pour m'obliger à mûrir. De toute évidence, cet éloignement n'était pas une catastrophe, puisque je suis passée au travers. Je n'ai rien planifié pour obtenir mon Ph.D.; ce n'était pour moi qu'une vague possibilité. Tantôt je travaillais, tantôt j'élevais mes enfants et j'aidais mon mari dans sa carrière. Je croyais que je n'arriverais jamais à obtenir un diplôme universitaire: c'était un objectif trop ambitieux. Je suivais des cours mais pas dans le but avoué d'aller jusqu'au bout. Je mettais une sourdine à mon désir de poursuivre mes études parce qu'elles inquiétaient ma mère (« Oublie l'université. Nourris-tu bien ton mari? Qui prend soin des enfants? ») et que l'opinion de mon mari n'était pas très explicite (« Tu suis un autre cours? »). Malgré tout, miracle des miracles, j'ai fini par atteindre mon objectif.

Si vous lisez ce livre et que vous êtes déjà mariée, sachez qu'il vous sera difficile de rompre avec les vieilles habitudes du passé mais que cela est possible. Si vous lisez ce livre et que vous n'êtes pas mariée, n'oubliez pas ce que signifiera pour vous l'engagement conjugal si vous croyez que vous ne méritez pas un homme de valeur et que vous êtes incapable de vous épanouir comme individu. Ce livre a été écrit pour vous aider à abandonner vos idées préconçues et à vous percevoir comme le plat de résistance, et les hommes comme des « desserts ». Vous ne pouvez pas vivre en mangeant seulement des desserts; pensez aux effets qu'un tel régime aurait sur vous. Songez aussi à quel point il est merveilleusement libérateur de s'approcher des desserts et d'en choisir un, si vos besoins élémentaires (émotifs et financiers) sont déjà comblés. Avoir le contrôle de votre vie sera aussi délicieux que votre récompense — un homme.

Chapitre deux

Intégrer le message

Mon père ne me l'a jamais dit explicitement, mais même petite fille je savais qu'il vallait mieux que je sois prête à prendre soin de moi.
— *Barbara Walters*, lors d'une interview

Que nous ayons une vision tout à fait conventionnelle du mariage ou que nous soyons délibérément engagées dans la voie de la « Nouvelle Féminité », la litanie des conseils maternels résonne encore à nos oreilles:

- Mieux vaut céder que de fâcher un homme.
- Si tu fais des remous, tu vas te noyer.
- Restez ensemble pour éviter le scandale.
- Il est le capitaine du navire; lave les ponts avec le sourire.
- Épouse un homme qui n'est rien et fais-en quelqu'un.
- Vérifie s'il est d'accord avec toi avant d'émettre une opinion.
- Ton apparence est le seul critère de ta valeur.
- Personne ne t'a dit que tu serais heureuse en mariage. Cela pourrait être pire: tu pourrais être seule.

Certains de ces messages continuent à faire des ravages: uen femme de quarante-trois ans me raconte qu'elle a reçu un téléphone bouleversant de la secrétaire de son mari: « J'ai une liaison avec votre mari, lui avait dit la secrétaire de but en blanc, et tout ce qui vous reste à faire, c'est de la laisser partir. » Même si elle était terrifiée à l'idée que son mari la quitte, elle persistait à l'excuser. Pourquoi? « Parce qu'il est normal qu'il dise oui à une femme plus jeune qui le trouve désirable, et qu'il n'existe aucun moyen de forcer un homme à assumer ses responsabilités familiales. » « La société est pleine de tentations, poursuit-elle, et ce n'est pas vraiment sa faute. » Si quelqu'un est coupable, c'est sa secrétaire. Je lui demande s'il était fidèle jusqu'à cet incident; elle hésite puis admet qu'à sa connaissance, il avait eu deux autres aventures. Pourquoi ne l'a-t-elle pas quitté, alors? Elle l'aime, me dit-elle en pleurant, sans lui, elle n'est plus *rien* et elle perd *tout*. Le message: *tous les hommes nous trompent. Estime-toi chanceuse d'être mariée.*

Une femme de New York qui gagne cinq fois le salaire de son père se marie pour la troisième fois — et pour la deuxième fois avec un « vaurien ». Elle a observé les hommes de sa famille et ceux qu'elle a connus dans l'intimité et en a conclu que très peu d'hommes étaient émotivement stables. Elle s'empressera donc de conclure que les hommes qu'elle fréquente ont besoin de sa force et de son courage pour devenir des êtres sains et productifs. Elle croit qu'elle a eu tort d'abandonner aussi vite dans le passé et se dit que cette fois, si elle persiste assez longtemps, elle parviendra à réhabiliter son mari. Le message: *tous les hommes sont faibles et incapables comme l'était ton père.*

« Laisse tes vêtements ici », conseille une mère du Kansas à sa fille de 25 ans qui est sur le point de se marier, « il te renverra. » Ravalant ses doutes, la jeune femme rit nerveusement en me le racontant et insiste sur le fait que sa mère ne remet en question son amour que pour la protéger; elle doit vouloir dire que si elle est malheureuse, elle pourra toujours revenir à la maison. Cette boutade ne sous-entendait certainement pas qu'une fois que son mari la connaîtrait, il ne voudrait pas prolonger l'expérience... Ou était-ce ce qu'elle voulait dire? Le message: *Qui voudrait de toi?*

Dans une banlieue de Chicago, une jeune mère divorcée décide que sa vie n'a plus de sens parce que son amant d'un mois la quitte. Avec lui, elle se sentait vivante et elle avait l'impression qu'on s'occupait d'elle; sans lui, croit-elle, elle est perdue et ne vaut plus rien. Elle perçoit ses deux jeunes enfants comme de bruyantes intrusions dans sa vie, des fardeaux qui lui donnent peu de joie et qui ont des exigences qu'elle ne peut satisfaire. Trois jours après le départ de son amant, elle avale une poignée de pilules et une demi-bouteille de scotch. Elle a survécu à sa tentative de suicide et la regrette. Le message: *si tu ne peux garder un homme, tu n'es rien*.

Les messages qui sont censés être des exemples de féminité ne nous donnent que très rarement le sentiment d'avoir une identité propre avec ou sans homme. Et aucune femme n'y est tout à fait imperméable, quoi qu'elle en dise. Dans son livre *I'll Call You Tomorrow and Other Lies Between Men and Women*, Erica Abeel dit que la définition de la femme est dans une période de transition alors que celle de l'homme traîne de la patte. Malgré toutes les transformations sociales en notre faveur — accès plus facile au pouvoir, possibilités nouvelles, groupes d'appui et émergence d'un « nouvel homme plus sensible » — la plupart des femmes vivent encore en fonction des messages de leur passé.

Le fait est que plusieurs des messages transmis par nos mères sont si profondément ancrés en nous que souvent nous n'en sommes même pas conscientes; d'autres sont plus faciles à identifier avec un minimum de vigilance.

Quelle que soit notre perception de nous-mêmes, dans certaines conditions nous retrouvons nos réactions d'enfants. Nous sommes sûres de nous devant le boucher mais nous nous faisons toutes petites devant l'homme que nous aimons. Nous nous plions aux exigences des autres mais nous n'exigeons pas de temps pour nous-mêmes. Nous consacrons quinze ans de notre vie à aider notre mari à réussir puis nous nous affolons, nous sommes complètement désemparées quand il nous quitte pour une « vraie femme » — comme si nous n'étions pas « vraie » pendant que nous l'aidions à se tailler une réussite.

Les hommes sont perplexes, eux aussi. Ils protestent:

les femmes ont toujours eu ce qu'elles voulaient et toujours accepté que leur récompense soit la protection du mâle, les enfants et le maintien de la tradition. Les hommes ne font que continuer à faire ce qu'ils ont toujours fait, alors à quoi rime tout ce remue-ménage? Dès l'enfance, on a dit à la femme ce qu'on attendait d'elle: qu'elle devienne le pâle écho d'un homme. Si dans le mariage, l'homme a gagné le contrôle de deux vies et qu'elle a perdu le contrôle de la sienne, eh bien... n'était-ce pas ce qu'elle voulait, et n'est-ce pas précisément pour cela qu'elle s'était mariée?

Il n'y a pas encore vingt ans, la famille n'était pas la fragile unité qu'elle est devenue. L'homme savait qui avait lavé ses chaussettes. Comment aurait-il pu l'ignorer? Quand la mère le prenait sur elle, il pouvait voir ses genoux rouges et rugueux à force de s'être traînés sur le linoléum qu'elle avait frotté jusqu'à ce qu'il brille de propreté; c'était cette même femme de peine qui faisait son lavage. Il ne s'attendait pas nécessairement au même altruisme de la part de sa femme; simplement il lui demandait de savoir où trouver le seau et comment se servir d'une vadrouille-éponge sans le culpabiliser. Après tout elle ne faisait que *son* travail. Bien sûr elle avait renoncé à suivre ses penchants naturels et à se fixer des objectifs personnels. Évidemment, elle avait canalisé toute son ambition pour leur assurer à tous les deux une vie plus facile — c'est-à-dire pour lui servir d'auxiliaire — mais, de toute éternité, c'était là le rôle de la femme. S'il fallait qu'elle soit moins pour qu'il soit plus, tant pis. Ainsi va la vie...

Le mouvement des femmes a affirmé que les rôles naturels étaient non seulement contestables mais inacceptables. Assez de corvées, assez de soumission inconditionnelle à un homme. Il est temps de remettre en cause la forme du mariage et son coût émotif. Cessons d'utiliser la séduction, la passivité et l'effacement pour obtenir ce que nous voulons; ayons plutôt du courage et affrontons ce qu'il y a à affronter.

Résultat? Certaines femmes ont décidé de rompre avec l'histoire de leur servitude et de redéfinir le rôle des femmes. D'autres se sont accrochées à la tradition et ont espéré que les vagues soulevées par ce vent libérateur ne les éclabousseraient pas. Leurs maris, après tout, se faisaient « enlever » par « ces femmes » pratiquement à la même vitesse que leurs jeunes frères célibataires. « Mon mariage est un système personnel de sécurité du revenu, me disait une traditionaliste, et les féministes, l'ERA et le salaire égal sont en train de gâcher la vie de toutes les femmes. Que deviendrait le monde si nous voulions notre autonomie? »

Si vivre selon la tradition était une détestable habitude, découvrir son identité propre fut une expérience à vous en couper le souffle. Les messages sur ce qu'était censée être la destinée d'une femme pouvaient être « retournés à l'expéditeur »; les féministes n'acceptaient plus les frais. Et quelque chose s'est passé.

Dans tous les domaines du commerce, la femme tenace et indépendante s'est taillée une place; elle a appris à se vendre, à décrypter les codes mystérieux du monde des affaires pour devenir administratrice ou politicienne. La femme moins ambitieuse s'est contentée d'un emploi qui lui permettait d'être autonome et de ne pas avoir à discuter interminablement avec son mari sur le prix d'un manteau pour elle-même ou pour son enfant. Pourtant, en matière d'amour et de confiance en soi, certains des vieux messages prévalent toujours.

La femme qui réussit professionnellement est toujours la fille de sa mère. Elle peut encore se retrouver dans la peau d'une enfant pleurnicharde face à un homme devant qui elle ne peut s'exprimer. Imaginez la scène. Son ami est en retard — de plusieurs heures, comme d'habitude — et elle est assise à côté du téléphone au cas où il appellerait; à un moment donné, elle demande même à un voisin de vérifier si la sonnette fonctionne. Et elle continue à se morfondre. Au bureau, personne n'est en retard quand elle convoque un meeting; d'ailleurs elle n'excuserait pas le moindre retard. Mais dès qu'il s'agit de cet homme, elle redevient un modèle de patience et d'abnégation et elle accepte les excuses vagues, soulagée qu'il soit enfin là. Le message de sa mère? *Fais entrer un homme dans ta vie et il abusera de toi. Si tu veux le garder, tu devras t'y faire.*

Comment nous recevons le message

Habituellement, la mère ne s'assoit pas avec sa fille pour lui dire: « Voici ce qu'il faut que tu saches dans la vie »; simplement, elle commente « l'album de famille » au fur et à mesure des événements, pour montrer à son enfant comment elle doit s'y intégrer, comment toutes les femmes de la famille s'y sont intégrées avant elle. La philosophie des messages reste souvent fragmentaire; pour que le message maternel soit complet, il faut souvent une multitude « d'instantannés » et d'innombrables références. Par exemple, on vous a dit que tante Betty s'en était bien sortie, surtout pour une femme aussi quelconque. (Mais elle savait s'occuper d'un homme.) Votre tante Marge était la beauté de la famille et on voit où ça l'a menée: elle a eu une vie infernale avec ce barbier raté. (Il l'a épousée parce qu'elle était belle et ensuite, il ne l'a plus jamais regardée.) La fille risque de ne pas très bien comprendre. La beauté est-elle le présage d'un mauvais mariage? Si une femme est à peine plaisante à regarder, aura-t-elle plus de chances de trouver un bon pourvoyeur?

« Mais si tu vis en passant inaperçue, tu meurs seule et ton souvenir meurt avec toi, » disait Shakespeare. Rares sont les parents qui souhaitent ce destin à leurs filles; ils commencent à les préparer au mariage alors qu'elles ont encore la couche aux fesses. Le message qui dit *tu dois te marier* est toujours clair, même si les objectifs du mariage le sont beaucoup moins. Dès qu'une femme commence à fréquenter « sérieusement » des hommes, ses parents s'intéressent de près à son choix. « A-t-il un emploi stable? », « D'où viennent ces gens? » « Pourquoi fréquentes-tu un protestant (ou un catholique, un Juif, etc.)? ». Vos réponses et leurs réactions vous indiqueront ce qu'ils prévoient pour vous. Avec le temps, vous serez en mesure de brosser le portrait de l'homme que vous êtes censées marier.

Évidemment, certains parents sont encore très attachés à la tradition familiale et formulent des exigences très strictes dès le début des fréquentations: « Marie-toi à ta porte avec quelqu'un de ta sorte (c'est-à-dire de ta race, de ta classe, de ta religion) »; « Comporte-toi comme une dame, n'aie pas l'air vulgaire, parle moins fort, etc. »; Personne ne peut détester une femme qui porte une robe bleu marine, alors évite les excentricités. »; « Ne te trompe pas dans ton choix car les autres te mépriseront. »

Sauf exceptions, nos mères ne nous disent pas ce qu'elles souhaitent vraiment pour nous. Votre mère voulait-elle que vous ayez une meilleure vie que la sienne ou que vous deveniez sa réplique fidèle? Votre mère affirme qu'elle aime votre père, alors pourquoi méprise-t-elle les hommes qui ressemblent à son mari? Ses sentiments sont confus. Une mère insatisfaite de son mariage pourra souhaiter que sa fille ne vive jamais cette déception. Par contre, si sa fille réussit là où elle a échoué — c'est-à-dire parvient à bâtir une union relativement saine — elle se demandera si elle n'a pas perdu une alliée. Malheureuse, sa fille pourra sympathiser avec elle et toutes deux pourront pleurer ensemble sur leur sort. Heureuse, sa fille aura de l'énergie et de la force; elle voudra bientôt donner *son* opinion sur la vie.

Les femmes qui ont adoré être des épouses et des mères peuvent élever des filles qui, à leur tour, adoreront être des épouses et des mères. Ces femmes ont confiance en elles-mêmes parce qu'elles ont choisi des hommes qui tenaient autant qu'elles à établir des liens familiaux solides. Ces mères transmettent des messages cohérents avec leur vie et donnent un exemple qui n'est pas contradictoire avec leur expérience.

Si les messages sont positifs, ils jouent un rôle décisif sur l'avenir d'une enfant; il lui donnent conscience de sa valeur et de ses possibilités d'épanouissement. Le message des mères heureuses, c'est que la relation idéale procure le confort émotif et ne s'enfonce pas dans le mélodrame et permet de passer du temps avec son partenaire ou d'être seule sans en éprouver de ressentiment, de faire l'amour ou de ne pas faire l'amour sans être paralysée par la peur du rejet. Elles disent à leurs filles: « Investis en toi-même. Donne-toi une carrière, des intérêts, une identité qui te permettent de vivre harmonieusement à l'intérieur comme à l'extérieur du mariage. »

Les messages négatifs sont des mises en garde très efficaces; ils nous inculquent ce que nous ne pouvons pas faire et nous apprennent ce que nous devons « endurer ». Ils nous apprennent à trouver notre bonheur dans le *seul* fait d'être avec un homme, n'importe quel homme (mais de préférence un homme qui n'a pas de casier judiciaire) et, qu'ainsi, on s'occupera de nous. Les messages sont transmis en très grand nombre, inlassablement, comme si la femme n'avait aucune possibilité de choix sur la façon dont elle mène sa vie.

Plusieurs des messages que nous avons reçus étaient contradictoires et n'ont servi qu'à nous embrouiller. Nous étions incitées à mûrir et à prendre nos propres décisions, mais en même temps, notre mère s'adressait à l'enfant en nous pour qu'elle reste dépendante d'elle. C'étaient des messages doubles, piégés. En devenant autonome, nous prouvons que notre mère a réussi son travail de parent. Mais alors, elle se sent blessée, abandonnée, inutile ou même malade de tristesse. C'est le vieux thème familial: « Reste mon bébé sinon j'en mourrai! » La forme et le contenu des messages peuvent varier mais, généralement, ils vous rappellent que sans maman, vous courez à l'échec. À la longue, de tels messages maternels sapent subrepticement votre confiance en vous. La mère sous-entend souvent qu'elle seule connaît votre valeur (ou votre nullité) ou encore que si vous partez elle vous punira en vous privant de sa présence au moment où vous en aurez besoin. Je parierais que ces doubles messages sont familiers à votre oreille:

« Si tu veux marier Pierre, libre à toi. Mais si ton mariage est un échec, ne viens pas pleurer sur mon épaule. »

« Pourquoi acceptes-tu un emploi dans une autre ville? Ne pourrais-tu pas trouver du travail ici? »

« Je sais que tu es capable de te débrouiller mais si tu vis seule dans un appartement, je vais m'inquiéter et cela va faire monter ma tension artérielle. »

« Comment! Ils t'ont donné une augmentation de vingt dollars par semaine! Et pourquoi pas quarante. »

« Je n'arrive pas à croire que tu vas enfin te marier! Passe-moi Jean. Je veux l'entendre de *sa* bouche. »

Le double message est l'expression du conflit intérieur de la mère; elle désire que vous restiez une enfant presqu'autant qu'elle souhaite que vous deveniez une adulte. Il se peut qu'elle ne s'aperçoive même pas qu'elle vous transmet un double message pour arriver à ses fins pour battre en brèche votre confiance en vous juste assez pour que vous continuiez à avoir besoin d'elle. Le fait qu'elle répète avec insistance qu'elle ne veut que votre bien ne sert qu'à vous déconcerter pendant que vous essayez de décoder ce qu'elle vous dit en réalité. Prenons le premier double message et examinons-le plus attentivement:

Devriez-vous épouser Bob? La moitié de son message vous dit que vous avez raison de vous fier à votre jugement et que vous avez fait un bon choix (si c'est ce que tu veux, fais-le.) La deuxième moitié affirme le contraire: selon elle, Bob ne vous convient pas. Si vous passez outre son opinion, elle vous retirera son amour et son appui (Si tu ne m'écoutes pas et que tu te trompes, *souffre*.)

Une femme m'a déjà raconté qu'elle avait épousé un homme que sa mère n'appréciait pas — un jeune médecin dont les origines étaient trop modestes, selon elle. Après dix ans de mariage, cette femme s'est séparée de son mari et a demandé à sa mère de lui prêter de l'argent pour payer l'avocat qui s'occupait de son divorce. Sa mère lui a répondu avec acrimonie: « Je t'avais prévenue que tu aurais des problèmes. Aujourd'hui, la seule chose que tu auras de moi, c'est la colère que je ressens. »

Par sa nature même, le double message risque d'avoir des effets néfastes en vous plongeant dans la confusion quant à la décision à prendre. Par contre, le message direct est clair: il n'y a rien d'autre à faire que d'agir selon les directives de votre mère.

Vient le moment où vous devez vous arrêter et vous dire: « Je n'ai pas à vivre en fonction des règles de vie de quelqu'un d'autre même si c'est ma mère! » Il est vrai que l'influence de la famille est prédominante mais vous n'êtes pas obligée de combler la vie d'autrui si pour cela il vous faut sacrifier la vôtre. Si les messages ne vous conviennent pas, mettez-les de côté. Blâmer nos parents ou notre mari de notre propre incapacité à obtenir ce que nous voulons est une habitude morbide et improductive. Même si ceux qui nous ont prodigués ces messages sont morts ou loin de nous, leurs voix résonnent encore à nos oreilles et nous continuons à leur obéir tant que nous ne les avons pas fait taire.

Voici les trois messages les plus influents: (1) Ta valeur dépend de l'homme. (2) Protège ton homme contre la réalité. (3) Épouse l'homme et tu le changeras ensuite.

Examinons ces messages et les faussetés qu'ils véhiculent, et voyons comment nous pouvons les désamorcer.

Ta valeur dépend de l'homme

Connaissez-vous cette vieille blague sur ces deux femmes d'âge moyen qui vont dîner ensemble? La première demande à l'autre des nouvelles de ses enfants. La deuxième répond: « Ma fille a une vie de rêve. Elle dort jusqu'à dix heures du matin. Elle a une bonne qui lui apporte son déjeuner au lit et une femme de ménage qui s'occupe de sa maison. Son mari a accepté que leurs enfants soient pensionnaires, il l'inonde de cadeaux et l'amène avec lui dans ses voyages d'affaires. *Cet homme prend vraiment soin de ma fille.* »

« Et votre fils? », demande l'autre femme.

« La vie de mon fils est un vrai cauchemar, répond-t-elle, il a épousé une femme qui ronfle jusqu'à dix heures du matin et qui s'attend en plus à ce que la bonne lui apporte son déjeuner au lit. Elle ne touche à rien dans la maison et mon pauvre fils doit engager une femme de ménage pour qu'elle ne se salisse pas les mains. Elle s'est débarassée des enfants en les envoyant au pensionnat parce qu'elle est absolument incapable d'agir comme une bonne mère. Elle le harcèle sans cesse pour avoir ceci et cela et elle l'oblige à l'emmener avec lui quant il part en voyage d'affaires. *Cette femme exploite mon fils.* »

Pas facile à ignorer, ce message. C'est à lui, présenté sous diverses formes, que nous devons une bonne part de la gêne et de la culpabilité que nous ressentons à faire des choses pour nous-même: « Aucun homme ne voudra de toi si tu deviens quelqu'une... Tant que tu n'es pas aimée par un homme, tu n'es rien... L'ambition n'est pas une vertu féminine. Alors sois ambitieuse pour *lui* et non pour toi... Aucun homme ne veut d'une femme qui gagne autant que lui ou davantage — sauf un gigolo... Les hommes aiment les femmes merveilleuses dans une cuisine pas derrière un bureau. Deviens institutrice, infirmière ou secrétaire; sois co-pilote, mais jamais pilote... » Et ainsi vont les choses.

Le message est habilement construit. D'une certaine façon, nous sommes jugées sur la façon dont nous nous accommodons des besoins des autres, dont nous trions les bas ou dont nous célébrons notre vingt-cinquième anniversaire de mariage. Et comme il est important d'avoir une vie familiale où nous trouvons de l'amour et du réconfort, certains de ces rituels quotidiens contribuent effectivement à notre épanouissement. Mais ils ne représentent pas tout dans la vie et ne constituent pas un plat de résistance.

Nous avons été nourries de traditions historiques et de mythes séculaires sur la mère idéale qui aborde son mari comme une servante aborde son maître. Mais même Edith Bunker, l'un des modèles les plus réussis de vertu maternelle et d'abnégation conjugale, a tenu tête à Archie et a obtenu un emploi. Et lorsqu'Archie a tenté de décourager cet effort d'autonomie en répétant avec insistance qu'une bonne à rien comme elle ne peut faire aucun travail convenablement, Edith a exigé des excuses et a refusé de lui céder. L'exemple d'Edith vaut la peine d'être suivi.

Ce qui dérangeait Archie dérange bien des hommes. La femme qui gagne sa vie, qu'elle soit ouvrière dans une usine ou qu'elle en possède une, remet en cause leur rôle de pourvoyeurs, de protecteurs et de guides. John Stuart Mill a dit que les hommes ne voulaient pas seulement que les femmes leur obéissent; ils veulent aussi qu'elles y mettent du coeur. La femme ne doit pas se conter d'être l'esclave de l'homme, elle doit *adorer* cela!

Qui ne connaît pas au moins une femme ayant subi de la part de ses parents (ou de son mari) des commentaires comme ceux-ci: « N'essaie pas de faire ton droit et va plutôt travailler pour un avocat. » « Faire tes Beaux-Arts te fera-t-il décrocher un mari décent? Tu risques de te retrouver avec un de ces artistes bohèmes... », « Je sais ce qui est bien pour toi et je pense qu'il est inutile que tu poursuives tes études. » Nous écoutons tout cela et nous essayons de nous y conformer, d'être « une vraie femme » en étouffant notre indépendance et notre créativité.

Judith Wax, écrivaine tardive, raconte dans son livre *Starting in the Middle* qu'après avoir « perfectionné pendant toute sa vie des manoeuvres de piétinement », elle a finalement commencé à faire ce dont elle avait le plus peur et le plus envie: écrire. Et qu'est-ce qui l'a empêchée jusqu'à l'âge de quarante-deux ans de s'asseoir devant son dactylo? La confusion dans laquelle elle se trouvait. Nous avons toutes appris à croire à la conclusion heureuse de l'histoire d'amour. Les amoureux se rencontrent, deviennent fous l'un de l'autre, souffrent, se séparent et se réconcilient; puis ils sont précipités dans un bonheur éternel et sans nuages! Le fantasme est merveilleux, sans aucun doute; malheureusement, ce n'est qu'un fantasme. La fin heureuse — le mariage — marque en fait le commencement des vrais défis. La différence entre le mythe du mariage comme ultime réussite et la réalité d'une union entre deux partenaires qui doivent collaborer saute aux yeux quand vient le moment de changer une couche ou de joindre les deux bouts avec un chèque d'assurance-chômage.

Beaucoup de femmes commencent à travailler à l'extérieur parce qu'elles n'ont pas le choix et se demandent ensuite comment réagirait leur mari si elles obtenaient une promotion. Plus d'une femme compétente a refusé une augmentation de salaire ou une promotion parce qu'elle craignait de compromettre son mariage en dépassant son mari sur le plan du salaire ou du rang social. À la maison, ce dernier redouble d'exigences envers son épouse. La femme se retrouve seule et fatiguée devant son fardeau domestique; c'est le prix de son autonomie. L'histoire d'Élaine illustre bien ce phénomène.

Lorsqu'elle a épousé l'homme qu'elle aimait, un dentiste, Élaine a eu l'impression d'être comblée. Sa mère lui avait prêché la bonne parole: elle deviendrait quelqu'un en appartenant à un homme, le meilleur qu'elle pourrait décrocher. Elle l'avait cru mais avec une certaine réserve. Comme elle avait épousé un homme instruit dont la propre mère était médecin, Élaine a pensé que reprendre ses études ne poserait aucun problème. Ce ne fut pas le cas.

Son mari a commencé par adopter un ton paternaliste. Il voyait ce retour aux études comme une distraction amusante pour sa femme — un passe-temps, une pause qui lui permettrait de se reposer des enfants après avoir passé la journée avec eux. Mais quand il est devenu évident qu'elle avait l'intention d'obtenir un diplôme universitaire d'une école de hautes études commerciales, la situation a tourné au vinaigre. Il a exigé qu'elle abandonne ses cours et qu'elle revienne à la maison pour s'occuper de lui et des enfants; ses ambitions étaient insensées, prétendait-il. Elle est restée sur ses positions et a refusé de céder; il lui a rappellé ses obligations d'épouse et de mère. Elle a demandé le divorce.

Comme elle refusait de se rendre à ses arguments et qu'il ne voulait pas se séparer d'elle, il a invité sa belle-famille à leur rendre visite en espérant que l'influence familiale saurait la ramener à la raison. Ses tantes et ses soeurs ont joué le jeu et lui ont violemment reproché son attitude. « Tu te retrouveras toute seule. Aucun homme ne voudra d'une femme dans la trentaine avec trois enfants et un diplôme », lui répétaient-elles sans cesse. Élaine finit par capituler, mais pas complètement; elle renonça au divorce mais pas au diplôme.

Elle toléra encore cinq ans ce mariage de convenance parce que « c'était plus facile. Au moins, les enfants et moi vivions dans la sécurité même si je n'avais plus le moindre engagement émotif avec mon mari. »

Le vrai sens de ce message: Ce genre de message est extrêmement regrettable; ainsi faite, notre éducation met l'accent sur notre nullité en tant qu'être humain distinct. Le fait de nous encourager à n'avoir aucune estime de nous-même pendant notre enfance, de sorte qu'un homme puisse plus tard se sentir important par comparaison, gâche nos vies. Comme il est profondément décourageant de grandir avec l'impression que notre valeur ne tient qu'aux apparences et que nos talents et nos aptitudes ne comptent que dans la mesure où ils s'intègrent à un seul et unique aspect de la vie — le mariage.

Et pourquoi nous marions-nous? Pour partager notre existence avec quelqu'un ou pour nous livrer à lui corps et âme? S'épanouir en se consacrant à quelque chose que l'on désire peut également faire évoluer une relation. Ce n'est pas impossible. Mais pour cela il faut que l'homme qui partage votre vie apprécie ce que vous pouvez lui apporter comme personne à part entière. Lui aussi peut bénéficier de votre autonomie. Vous pouvez lui éviter de se décarcasser toute sa vie à travailler comme un forçat puisque vous pouvez gagner de l'argent. Vous pouvez contribuer à améliorer la qualité de vie et le confort de votre famille. Et s'il veut réorienter sa carrière à un moment donné, vous pouvez l'aider à le faire sans que votre famille en souffre.

La plus belle chose qu'une femme puisse faire pour

un homme, c'est de vivre à ses côtés comme une adulte, comme quelqu'une sur qui il peut compter autant qu'elle peut compter sur lui.

Protège ton homme contre la réalité

T.S. Eliot a déjà dit que les humains avaient très peu de tolérance face à la réalité. Nos mères ont pris très à coeur cette observation. Elles l'ont transformée de façon à perpétuer une très vieux message: il faut épargner aux hommes la vérité sur eux-mêmes. En d'autres termes, les hommes ne supportent pas la réalité.

Ce message peut avoir été formulé de bien des façons. « Les hommes sont faibles, avez-vous appris, et incapables de se débrouiller seuls. » Ils peuvent être des tyrans, ils peuvent exiger des preuves constantes de votre admiration inconditionnelle, vous savez qu'au fond cette tyrannie n'est que le symptôme de la fragilité de leur ego qui a constamment besoin d'être renforcé. On vous a expliqué que les hommes étaient incapables d'admettre qu'ils avaient tort, même pour les choses les plus insignifiantes, « alors il vaut mieux que tu dises comme lui sinon il trouvera une autre femme pour lui dire qu'il a raison. » La chose la plus difficile pour un homme, c'est de faire face aux émotions — que ce soit les siennes, les vôtres ou celles de n'importe qui — alors cesse de penser que tu devrais peut-être lui dire qu'il t'a blessé. Si *lui* a été blessé, laisse-le bouder, se fâcher, boire, faire une crise. Mais s'il te blesse, verbalement ou physiquement, « dis-toi que c'est le prix à payer pour avoir un homme ». Protège ton foyer et ton mariage, poursuis le message, et fais tout ce que tu peux, pour qu'il ne découvre jamais la vérité. Étouffe-le sous la gentillesse, épargne-lui les reproches et assure-toi qu'il n'apprenne jamais à se connaître: il cesserait d'avoir besoin de toi et te quitterait!

« À quoi bon lui faire remarquer que dès que nous avons du temps que nous pourrions passer ensemble, il s'arrange pour avoir des téléphones urgents à faire ou en profite pour réparer sa voiture? », demandait une femme qui se plaignait de l'indifférence de son mari. « Il nie tout et prétend que j'imagine des choses. » Une autre femme raconte, avec une rancune tenance et à peine voilée; « Après vingt ans de mariage, j'ai finalement appris à vivre avec mon mari, sinon heureusement du moins paisiblement. Il a un naturel emporté et il est inconstant. À quoi bon empirer les choses en lui remettant ses problèmes sous le nez? »

Il semble que protéger un homme contre lui-même, « éviter de lui remettre ses problèmes sous le nez », lui donne exactement ce qu'il désire: l'impression qu'il a raison, qu'il est équilibré et sain et qu'il est trop préoccupé par des choses importantes comme son travail pour s'intéresser à des choses aussi insignifiantes que les relations humaines, avec, en prime, l'illusion réconfortante d'avoir le contrôle. Protéger un homme contre la vérité sur ce qu'il est mène au désenchantement, à des dilemmes insolubles et, dans les cas extrêmes, au divorce. Mais le pire dans cette habitude, c'est que la femme en souffre; rien n'est plus absurde que de passer sa vie à se plaindre qu'il « ne changera jamais » et à lui trouver des excuses en même temps...

Ces justifications, avec lesquelles nous essayons de remplir ce rôle de protectrice de l'homme que nous nous sommes attribué, ne servent qu'à maintenir le mariage à flot. Après un certain temps, elles deviennent presqu'automatiques et, dans certains cas, elle prennent l'allure d'un véritable rituel, aussi prévisible que le menu familial. Poulet tous les vendredis et « N'ennuie pas ton père avec tes histoires d'école. Il travaille trop et nous devons lui éviter les problèmes à la maison. » Pain de viande tous les mardis et « Comment expliquer à mon mari que je voudrais voir mes amis et pas seulement les siens? Mais peut-être a-t-il raison. Au fond, je n'ai pas tellement le temps de voir d'autres gens. »

« Que faire d'autre? », demande Tina, une femme mariée et mère de famille âgée de vingt-cinq ans. « Quand on aime un homme, on essaie de lui donner ce qu'il veut. »

Il y a autre chose à faire. Examinez le mécanisme du message. Qui prétend que vous devez vous plier à la morale de ce message? Vous, votre mari ou vous deux? Le message est-il formulé clairement ou seulement implicite? Qui prétend que vous devez le protéger émotivement? Qu'est-ce qui vous pousse à lui donner cette protection même si vous prétendez que cela vous rend malheureuse.

Voici quelques exemples de femmes qui protègent un homme contre lui-même; ils montrent comment cette attitude place la femme — et non l'homme — en position de vulnérabilité.

Laura et Jeanne ont des vies conjugales étrangement semblables bien que leurs situations soient complètement différentes. Laura a vingt-cinq ans et Jane en a le double. Laura vit dans une petite ville de l'Ouest des États-Unis; Jane dans une grande ville du Sud. Laura s'est mariée avant la fin de ses études et n'a jamais travaillé à l'extérieur; Jane a un diplôme d'études supérieures en éducation et elle enseigne les langues dans un collège de son quartier. Le mari de Laura est camionneur, celui de Jane, avocat. Toutes deux ont des enfants: Laura, trois fils et Jane, des jumelles.

Laura est à la fois une femme et une adolescente maladroite et insécure. Elle s'occupe de sa maisonnée et du travail communautaire bénévole avec énormément de compétence et de flair; pourtant, elle vit sa relation avec son mari dans le défaitisme et la rancoeur inavouée.

« À deux reprises l'an dernier, Tom a eu une aventure avec une autre femme, m'a-t-elle raconté d'une voix vacillante mais très contenue. La première fois, c'est la femme elle-même qui a téléphoné pour me prévenir. Comme je ne savais pas quoi faire, j'ai été voir ma mère. Il fallait que je parle à quelqu'un. »

La mère de Laura lui a donné le genre de conseil qu'aucune femme ne devrait suivre: « J'ai raconté à ma mère ce qui se passait. Elle a éclaté de rire et m'a dit: 'Oh! ce n'est que cela! Je croyais que tu voulais me parler de quelque chose de sérieux.' Comment pouvait-elle prendre l'adultère à la légère?: 'Tous les hommes trompent leur femme, a répondu ma mère, c'est dans l'ordre des choses. Ne lui montre pas que tu le sais, autrement qu'est-ce qui l'empêchera de te quitter pour elle? » Fille obéissante et manquant d'expérience sur ce genre de choses, Laura a suivi ce conseil.

Quand je lui ai demandé pourquoi elle n'en avait pas discuté avec son mari pour savoir s'il restait entre eux quelque chose qui en valait la peine, Laura ne m'a pas répondu. Elle s'est contentée de me dire que Tom avait un travail très stressant et qu'il avait « besoin d'évasion. » Ce n'était pas qu'il ne croyait plus en leur mariage; elle était certaine du contraire. Et lui en parler gâcherait tout.

« Ce n'est pas comme s'il ne pourvoyait pas à mes besoins, m'a-t-elle expliqué avec conviction, je me demande pour qui je me prends de me plaindre ainsi. Après tout, ce n'est pas si terrible. Il ne me bat pas. Ce n'est pas comme s'il n'était pas un bon père. »

De toute évidence, Laura trouvait une fausse sécurité dans le fait de vivre avec les messages de sa mère et, pour continuer à le faire, elle devait trouver des excuses à l'infidélité de son mari.

L'histoire de Jane est plus dramatique: sa conviction

de devoir protéger son mari était si profonde qu'elle n'a même pas envisagé de lui dire la vérité.

À cinquante ans, Jane, une rousse énergique, tomba soudainement malade; son médecin lui conseilla d'entrer à l'hôpital pour y subir une chirurgie exploratoire. Un soir, elle raconta à son mari ce que lui avait dit le médecin mais elle lui assura qu'il ne s'agissait de rien de grave.

« Ma mère m'avait dit que les hommes n'aimaient pas se trouver dans l'entourage de femmes malades et qu'ils détestaient qu'on se plaigne. Mike était un peu comme ça. Lui dire que quelque chose ne tournait pas rond l'aurait effrayé inutilement. Le médecin ne savait pas ce que j'avais. Pourquoi l'inquiéter? »

On découvrit que Jeanne avait un cancer et on lui fit une hystérectomie sans lui dire qu'elle devrait probablement subir une deuxième opération pour se faire enlever les ovaires. « J'ai demandé au médecin de ne pas parler de l'opération devant mon mari. Quand Mike est venu me rendre visite, je lui ai dit que j'allais bien. » Jane préférait être seule à connaître son état parce qu'elle craignait que son mari ne le supporte pas s'il s'agissait de quelque chose de grave. « Je savais comment lui parler et je ne voulais pas qu'il s'inquiète. Mais quand j'ai appris la vérité — le cancer, une autre opération, la radiothérapie — j'ai compris que j'étais seule, que je n'avais personne sur qui m'appuyer, personne pour m'aider. Je mourais de peur à l'idée de parler à Mike même si j'avais désespérément besoin de lui pour tenir le coup. Mes filles étaient mariées et avaient leurs vies à elles. Qu'allait-il m'arriver? »

Ce que le message signifie en fait: nous devons parfois remettre en question les raisons qui nous poussent à épargner la vérité aux hommes. Nous redoutons d'abord qu'ils nient la réalité, qu'ils retournent la situation contre nous, qu'ils rejettent le blâme sur nous. Deuxièmement, nous avons peur qu'ils cessent de nous parler — qu'ils se taisent pendant toute une journée, pendant une semaine, pendant un mois parce que nous avons osé les déranger. Troisièmement, nous craignons qu'ils décident que nous ne valons pas la peine qu'ils continuent de s'intéresser à nous, et qu'au lieu de rentrer à la maison en retard, ils ne rentrent plus du tout.

Mais certaines d'entre nous admettent la vérité: nous prétendons protéger nos maris et en fait c'est nous que nous protégeons. Nous pouvons exercer un certain contrôle sur un homme si nous le traitons comme un enfant dépourvu et apeuré. Nous nous habituons à ses faiblesses et nous contribuons à paralyser son épanouissement émotif.

Qu'est-ce qui nous fait agir ainsi? À vrai dire, plusieurs femmes hésitent, comme Laura et Jeanne, à prendre le risque d'aider leur mari à devenir des partenaires à part entière dans le mariage. Refuser une discussion vitale pour la relation parce qu'elle risque de le bouleverser ou nier la réalité pour qu'il n'ait pas à y faire face infantilise l'homme. Et si vous croyez que votre relation ne résistera pas à la réalité ou à une discussion honnête, vous n'avez pas grand-chose à perdre. Le mariage devrait être fondé sur l'amitié. Dans une amitié, des mots blessants ou haineux peuvent être échangés sans signifier pour autant qu'il n'y a plus d'amour dans la relation. Si vous vivez dans la peur de ce qui arriverait si vous ne protégiez pas votre mari, vous n'arriverez qu'à vous blesser.

Épouse un homme, tu le changeras ensuite

Pour une femme, entreprendre de changer un homme et en faire sa vocation est un choix complexe. Ses raisons peuvent lui sembler simples; si vous lui en parlez, elle pourra vous répondre comme l'a fait cette femme: « Vous cherchez un homme et vous voyez ses possibilités et ses lacunes. Veut-il devenir quelqu'un? Donc vous l'évaluez et vous décidez s'il vaut l'investissement d'énergie nécessaire pour en faire quelqu'un. » D'autres femmes sont moins alléchées par la perspective de former une vainqueur; simplement, elles sont irrésistiblement attirées par les Don Juan, les alcooliques, les bagarreurs, les instables émotifs, les ratés. « Comment puis-je convaincre mon mari de fermer la télévision et de se trouver un emploi? » veut savoir une femme d'âge moyen, vivant en banlieue et mariée depuis vingt-neuf ans à un homme qui « se cherche ». « Je fais vivre toute la famille depuis maintenant quinze ans et j'en ai assez. Ce n'est pas juste. Mais il est très insécure. Comment puis-je lui redonner confiance en lui-même? »

C'est peut-être injuste mais, malheureusement, c'est le marché qu'elle a conclu. Il lui a promis qu'il deviendrait quelqu'un et il ne l'a pas fait; elle peut lui rappeller son irresponsabilité. Elle peut regretter amèrement son choix. Elle continuera probablement d'essayer de le sauver de la dépendance totale par la persuasion, les cajoleries ou même les reproches. Mais elle a besoin de lui tel qu'il est — sous sa coupe.

Si vous cherchez un homme à réhabiliter, vous risquez de découvrir que vous vous êtes engagées dans un chemin cahoteux. Et même si celles qui ont investi leur vie dans ce message vous ont dit que c'était de l'amour que de vouloir changer un homme, vous devez admettre que c'est également un travail — et qu'il comporte beaucoup de risques.

Les emplois qui relèvent du défi procurent du suspense et de l'excitation, et en particulier cette sorte d'excitation que donne la perspective d'un succès. Malheureusement, peu de femmes qui entreprennent ce travail profitent vraiment de ce succès une fois leur création — l'homme transformé — achevée. Et elles sont rarement plus heureuses de savoir qu'après tous leurs sacrifices, leurs preuves d'amour et d'appui, et toutes les souffrances qu'ils ont endurés tous les deux pour qu'il devienne quelqu'un de fort, leur homme risque de ne plus avoir besoin d'elles. Qu'arrivera-t-il alors? Va-t-il la quitter? Voudra-t-il encore d'elle? Quel est son objectif en l'aidant? Ce sont là des pensées douloureuses.

« Si je l'aime assez, se dit la femme avec la plus grande conviction, il cessera de boire (il deviendra gentil avec moi... il sera plus dévoué... il ne se rendra plus malade aussi souvent... il gardera son emploi assez longtemps pour que nous ayons une certaine sécurité... il arrêtera de nous brutaliser, les enfants et moi... il ne passera plus ses soirées dans les bars au lieu de rentrer à la maison... il ne me critiquera plus sur les moindres choses, sur la façon dont je mets la table ou sur la façon dont je fais l'amour... il sera moins grincheux, etc.) » « Tant que je l'aurai, je n'aurai plus besoin de réagir ainsi » se rappelle-t-elle lui avoir entendu dire.

Et pourtant, c'est ainsi qu'il réagit. Comment en venons-nous à nous coincer nous-même dans ce genre de situation? Notre principal erreur consiste à n'écouter que la première moitié du message et à faire du mariage l'objectif ultime, peu importe le caractère de l'homme et la solidité de la relation. Notre deuxième erreur, c'est de croire que le comportement d'un homme et l'idée qu'il se fait de lui-même ne correspondent pas à son vrai caractère.

Karen en est un bon exemple. Elle a un faible pour les hommes lointains et distants, inaccessibles, incapables de s'attacher et qui la négligent toujours. Ces hommes peuvent se comporter de différentes façons mais ils ont en commun la « peur-panique » de l'intimité et la capacité d'attirer irrésistiblement des femmes comme Karen. « C'est une question de chimie, d'atomes crochus, constate-t-elle simplement, ne me demandez pas pourquoi ni comment. »

Karen a fréquenté pendant six mois un procureur de la couronne. Pendant cinq mois et demi, elle s'est cassée la tête à chercher comment elle pourrait le rendre amoureux d'elle. Qu'est-ce qui a déclenché sa croisade?

Par une belle soirée romantique, il a plongé son regard dans ses grands yeux bruns et lui a déclaré très sérieusement: « Je n'ai rien à te donner. » Si elle avait été plus prudente, elle aurait pu le remercier pour le dîner, quitter son appartement et se dire « Bon débarras. » Mais ce n'est pas ce qu'elle a fait. « Tu te trompes, a répondu Karen, tu as plus à donner que moi. » Il n'avait pas conscience de sa profondeur, pensait-elle. Évidemment, il n'avait jamais connu le vrai amour, la confiance réelle de la part d'une femme. Elle lui prouverait qu'il avait tort et il s'ouvrirait comme par magie, ne se sentirait plus menacé par la force de son amour et — pourquoi pas — l'épouserait.

L'avocat a pris ce qu'elle avait à lui donner (une attention inépuisable, des cadeaux, des relations sexuelles à volonté) jusqu'à ce qu'un matin, alors qu'elle lui téléphonait pour confirmer un rendez-vous, il lui réponde avec brusquerie: « Je lave ma voiture et je ne peux pas te parler maintenant », avant de raccrocher. Elle le rappella et il ne répondit pas. Pendant les semaines qui suivirent, sa secrétaire filtra ses appels; soudainement, il s'avéra impossible de le rejoindre. Karen n'entendit jamais plus parler de lui.

Les éternelles perdantes au jeu du « marie un homme et tu le changeras ensuite » sont les épouses des alcooliques, des coureurs de jupons, des joueurs et des batteurs de femmes. Ces maris s'engagent à changer et parfois même se réforment pendant un brève période; puis, ils retombent dans leurs vieilles habitudes. Pourquoi les femmes poursuivent-elles ces relations où elles sont transformées en infirmières, en thérapeutes et en « mères célibataires », puisque leurs maris ne sont pas disponibles ni physiquement ni émotivement pour leurs enfants?

Les excuses qu'elles trouvent à leurs maris ne servent pas seulement à les excuser. Maintenir la relation telle qu'elle est devient presque une question de principe. « Il peut être très humain quand il le veut. » « Il m'aime et il aime les enfants, même s'il lui est difficile de le montrer. » « Mon mari a du mal à agir en homme et en adulte, mais personne n'est parfait. » « Le divorce n'est pas la seule solution. Que deviendra-t-il sans moi? Où ira-t-il? Qui s'occupera de lui? » « Il dit qu'il va changer avec moi. »

Le vrai sens de ce message: il n'existe aucune façon de changer un homme s'il ne ressent pas le besoin de changer. Point final. L'amour ne le guérira pas. Alors s'il a un défaut majeur qui nuit à votre mariage ou qui le détruit, examinez attentivement ce que *vous* en retirez. En décidant de réhabiliter un homme, vous entreprenez une tâche qu'il vaudrait mieux laisser aux thérapeutes ou aux travailleurs sociaux. Plusieurs femmes croient qu'elles aident un homme à changer en établissant des règles et des directives pour lui, en le menaçant de divorcer ou en surveillant ses activités. Je nc sais pas ce qui est le plus douloureux: jouer à l'infirmière amoureuse ou, comme cette femme que j'ai rencontrée, acheter de la drogue pour son mari intoxiqué afin de lui éviter de tomber dans le crime.

Qu'est-ce qui se passe dans l'esprit d'une femme déterminée à changer un homme? Ses problèmes, s'ils sont graves, le rendent *attirant* à ses yeux. Une partie de cette attirance (« les atomes crochus ») vient de ce qu'il est inaccessible ou qu'il a désespérément besoin d'aide. C'est un raté, un homme qui a peur de ses sentiments et qui, à ses propres yeux, ne vaut pas grand-chose. L'homme que vous choisissez est le reflet de la femme que vous croyez être. Exprimer de la solidarité avec un raté peut être généreux et noble mais à condition que cela ne signifie pas partager votre lit et votre vie avec lui.

Les autres peuvent s'empresser de sympathiser avec vous et de s'attendrir sur votre sort: « Pauvre Margaret. Ernie la traite comme un véritable déchet. » « Pauvre Louise. Al ne lui donne jamais un sou. » Mais ce qu'ils ne disent pas, c'est que *vous* avez fait ce choix. Il n'est pas rare qu'une femme se dise, consciemment ou inconsciemment, qu'elle ne mérite qu'un raté parce qu'elle ne vaut pas mieux et qu'elle serait incapable de faire face à un homme de valeur. Encore une fois, en dirigeant un homme faible, cette femme gagne au moins la possibilité d'avoir du pouvoir sur quelqu'un, qui est encore moins qu'elle, une personne à part entière. Si c'est le cas, la femme doit modifier son propre comportement avant de demander à l'homme de changer. Souvenez-vous qu'un homme qui a besoin d'aide ne songera probablement pas à vous quitter, surtout si vous êtes son ange gardien. Il restera avec vous.

Le message qui vous conseille de marier un homme et de le changer ensuite est essentiellement un message romantique. Nous n'avons pas appris à aimer l'homme attentif et responsable mais le personnage romantique — l'homme dur, le héros, le pirate. Qu'une canaille se transforme en homme attentif et digne de confiance, et la femme responsable de ce changement se mettra à bailler d'ennui et le quittera pour aller sauver la prochaine canaille qui lui tombera sous la main. « L'amour romantique se nourrit d'absences » dit le sociologue Philip Slater, et il a raison. Si l'homme n'est pas présent physiquement et émotivement, la relation est perçue comme tragique, dramatique; un amour non partagé exigeant le sacrifice de soi.

Si l'homme désire changer, donnez-lui votre appui. S'il a besoin d'aide, il doit être prêt à affronter ses problèmes et à consulter un professionnel. Ne vous placez pas dans le rôle de la femme qui souffre; ni vous ni lui n'y gagnerez.

S'en tenir aux messages positifs

À mon avis, le seul message valable, c'est que nous, les femmes, pouvons obtenir à peu près tout ce que nous voulons. Nous rencontrons des obstacles quand nous obéissons automatiquement à de vieux messages qui ne nous apportent que malheurs, insatisfactions et douleurs. *Nous avons une valeur* en tant qu'êtres humains. Nous ne sommes pas obligées de jouer le rôle d'infirmières amoureuses pour un homme velléitaire ou gravement perturbé. Nous avons droit à nos opinions comme nous avons le droit d'avoir une vie familiale épanouissante et satisfaisante. Nous pouvons devenir ce que nous voulons être en nous reprogrammant avec des messages positifs dont voici quelques exemples.

Si je désire vraiment quelque chose, je vais trouver le moyen d'y arriver. J'ai peut-être eu des échecs dans le passé mais cela ne signifie pas que je suis une incapable. Le message négatif: je suis une vraie ratée. Tout le monde avait raison à mon sujet, alors pourquoi essayer?

Tous les jours, je vais trouver le temps de faire quelque chose qui me plaît ou même de ne rien faire. J'ai le droit de m'accorder un répit face à mes obligations familiales. Le message négatif: ma vie n'a aucun sens si je cesse de travailler pour les autres. Il est égoïste de vouloir un peu de solitude.

Si je suis bouleversée, je le dirai aux gens que cela concerne de façon directe et rationnelle. Mes sentiments ont de l'importance. Le message négatif: si je montre mes vrais sentiments, je serai dans mon tort. Cela ne me mènera qu'à heurter les sentiments des autres et ils me répondront que de toute façon, j'ai de la chance de les avoir dans ma vie et que je devrais m'en contenter.

Je me souviens d'une patiente à qui sa mère avait prêché qu'elle ne devait rien faire d'autre qu'être une bonne mère et une bonne épouse. Enfant, Nora avait été gâtée par sa mère, et en particulier lorsqu'elle était malade. Sa mère la lavait, la servait, ne la quittait pas une minute et la traitait comme un bébé au berceau. Même une fois mariée, Nora retournait chez ses parents quand elle était malade. Ironiquement, Nora avait épousé un homme gentil, affectueux et généreux et qui l'encourageait à avoir des intérêts et des projets personnels. Qu'est-il arrivé? Nora a commencé un jour à souffrir d'une curieuse maladie, impossible à diagnostiquer, et qui l'empêchait de marcher. Nora retourna chez sa mère qui fut ravie d'avoir à s'occuper de sa fille invalide. Son bébé était revenu dans son berceau. Incapable de se déplacer, Nora n'aurait plus à continuer d'enseigner, à poursuivre ses études, à se consacrer à son mariage. Dorénavant, sa mère pouvait redevenir ce qu'elle savait être: une mère.

En thérapie, Nora découvrit qu'elle avait eu besoin de sa mystérieuse maladie pour donner à sa mère une raison de vivre. Elle détestait être invalide et confinée à la chaise roulante et pourtant une force intérieure irrésistible la poussait à éprouver les symptômes d'une maladie incurable. Nora affronta finalement la vérité: elle n'était pas obligée de rester toute sa vie le bébé de sa mère. Le message de sa mère était devenu transparent: si tu es capable de marcher seule, je n'aurai plus de bébé à tenir dans mes bras.

Le mari de Nora lui avait donné la possibilité d'aller dans le monde et d'y faire ce qu'elle désirait. Mais au lieu de la sortir du giron de sa mère, cette liberté l'avait fait paniquer. Elle avait régressé pour vivre le message maternel.

Prétendre que c'est par amour que nous vivons en fonction de ces messages négatifs ne fait qu'obscurcir la réalité. L'amour est souvent décrit dans des termes qui rappellent les symptômes d'une maladie tropicale, l'appel irrésistible d'une « voix divine » ou le sentiment que sa vie est en danger comme dans un combat corps à corps: « Quand je le regarde, je ne peux plus respirer ni manger ni me concentrer: j'ai l'impression d'avoir la fièvre. » « Ton devoir consiste à rendre heureux les gens que tu aimes. » « Si je ne réponds pas aux exigences de mon mari (de ma mère, de mon père), la catastrophe me guette; ils vont me tuer si je fais les choses à ma façon. »

Qu'est-ce que l'amour? Harry Stack Sullivan en donne l'une des meilleures définitions qu'il m'ait été donné de lire: l'amour, c'est quand les besoins et les satisfactions de l'autre sont aussi importants que les nôtres. Cette définition plaide en faveur d'une relation égalitaire où les besoins d'une personne ne sont pas comblés au détriment de ceux de l'autre.

Trop de messages prennent l'amour pour prétexte. Une mère peut dire: « J'essaie seulement d'éviter que tu fasses les mêmes erreurs que moi. Je ne veux pas que tu sois comédienne. » Un mari peut affirmer: « Si tu m'aimais, tu ferais l'amour avec moi que tu en aies envie ou non. » Mais les forces qui nous poussent à leur obéir ne relèvent pas nécessairement de l'amour. La jeune fille qui veut être comédienne a peut-être besoin de l'approbation de sa mère au point de sacrifier ses aspirations pour l'obtenir. La femme qui repousse les avances de son mari pourra finir par lui céder de peur qu'il la quitte définitivement. Est-ce de l'amour? Est-ce vraiment ce que vous désirez? Où sont le partage, les objectifs communs, la préoccupation pour le bien-être de l'être « aimé »? Certainement pas ici.

Examinez les messages qui déterminent vos choix de vie. Faites-en la liste. Demandez-vous si vous les vivez pour la satisfaction de quelqu'un d'autre ou pour la vôtre. Lesquels de ces messages souhaitez-vous changer? Lesquels vous conviennent? Lesquels vous empêchent d'être vous-mêmes? Lesquels vous dictent ce que vous devez faire et penser et vous plongent dans la colère, la peur et la culpabilité si vous vous en écartez? Identifiez les messages négatifs et efforcez-vous de les écarter de votre vie. Remplacez-les par des messages positifs qui vous enrichiront.

Si vous ne vous débarrassez pas des messages qui vous infériorisent, vous pourriez bien passer le reste de votre vie à vous trahir vous-même, à en vouloir à votre mari ou à votre père, et à rendre votre mère responsable de votre sort.

Commencez par apprendre à vous occuper de vous-même. Vous devrez probablement subir un procès pénible si vous cessez d'obéir comme une enfant aux dictats parentaux. Il est toujours difficile de devenir adulte mais cela en vaut la peine pour toute la confiance en vous-même que vous y gagnerez. Ainsi, Nora a découvert que l'enfant en elle se sentait coupable de devenir une femme. Elle a passé presqu'un an de sa vie dans une chaise roulante pour prouver à sa mère que leur lien était indestructible. Elles seront toujours mère et fille; c'est un fait immuable. Mais avant de guérir et de recommencer à marcher, Nora devait comprendre qu'elle n'était pas obligée d'être immature et dépendante comme une petite fille, ni d'éviter toute relation intime avec un homme, pour garder l'amour de sa mère.

Comme Nora, vous devez comprendre le sens des messages que vous avez assimilés et cesser d'y obéir automatiquement s'ils vous empêchent de devenir mature et autonome. Et quand vous cesserez d'y obéir, vous devrez être prête à affronter des protestations, des reproches, de la colère et des menaces de vous priver d'amour. Nora a trouvé le courage d'apprendre à se fier à elle-même et elle a découvert que ni sa mère ni elle n'en sont mortes. Vous n'en mourrez pas non plus.

Chapitre trois

L'éducation des filles

*J'ai à peine dit « Bonjour, maman » que je m'entends
dire « Bonsoir, maman. »*
Emily Dickinson, The Letters of Emily Dickinson

« Une grande partie du lien qui nous rattache à nos mères, souligne Judith Arcana dans *Our Mothers' Daughters*, tient à une reconnaissance tacide de notre ressemblance, de la ressemblance de nos vies, cette répétition que redoutent tant d'entre nous. »

Il est normal de désirer un lien solide et profond avec notre mère mais, plus souvent qu'autrement, cette « ressemblance » que nous craignons vient d'une contrainte; être à l'image de notre mère est non seulement une obligation morale mais un *destin;* si nous refusons de suivre son exemple, nous risquons de perdre son amour.

Jusqu'à récemment, la société prenait pour acquis qu'une femme n'avait pas à se demander où elle trouverait son identité. Elle n'avait pas à chercher bien loin; elle n'avait qu'à aller dans la cuisine et regarder sa mère. Selon l'idéologie de l'époque, la ressemblance faisait de la fille une femme.

Contrairement à ses frères, la jeune fille ne devait pas se fier à son propre jugement, improviser et explorer le monde. Son univers était sa mère et elle était l'univers de sa mère. Si un mot pouvait qualifier le destin d'une fille, c'était le mot « inévitable »: elle serait épouse et mère. Nos mères, elles-mêmes des filles, ont été victimes dans leur temps de cette présomption de ressemblance. Et, si elles étaient typiques, elles protégeaient leur rôle avec acharnement; elles surveillaient leurs filles, les gâtaient, les manoeuvraient, les manipulaient, les cajolaient, les aimaient et leur enseignaient ce qu'elles devaient être. La vie de nos mères était déterminée par ces messages profondément ancrés en elles qui les liaient à leur passé — et à leurs mères — et qui devaient assurer la transmission de leur savoir à leurs filles et aux filles de leurs filles. Alors, que pouvaient-elles transmettre?

« Il y avait une grande photographie de ma grand-mère sur la coiffeuse de ma mère, m'a raconté une femme, et je l'ai souvent surprise en train de prier devant cette photo, demandant au fantôme de sa mère de lui donner de la force, de guérir celui d'entre nous qui était malade et de lui envoyer la paix. Elle décrivait sa mère comme un 'ange' et sa plus grande déception dans la vie était qu'aucun de ses enfants ne la trouve angélique, elle aussi.

« Ma mère a toujours cru que sa vie de misère était inévitable, raconte une autre. Pourquoi? Les femmes de sa famille étaient 'condamnées'. La condamnation, c'était d'avoir marié une canaille, un buveur, un Don Juan qui courait les femmes. Ma mère voulait autre chose pour moi mais elle m'a avertie de ne pas m'attendre à mieux.

« Ma mère a toujours été décontenancée par les observations et les désirs de ses enfants, m'explique une troisième femme. Par exemple, à quatorze ans, je lui ai dit que je voulais devenir médecin. Elle m'a répondu 'Qui t'a mis cette idée dans la tête? Qui t'a dit que tu pouvais être médecin?' Tout se passait comme si, dans son esprit, je ne pouvais m'être faite une opinion seule, sans avoir été influencée. Exactement comme elle. »

Dans *A Different Woman*, Jane Howard, qui parle de sa mère avec tendresse, constate que malgré leurs bonnes intentions, nos mères nous ont transmis une vision du monde « étriquée et bornée. Il nous a fallu un certain temps pour comprendre cela, ajoute-t-elle, mais nous avons trouvé dans cette vision du monde assez de nuances pour nourrir une habitude d'introspection qui a effrayé nos mères. 'Tu n'as sûrement pas hérité cela de moi', semblaient-elles penser. »

À mesure que nous nous débarrassions de certains de nos préjugés, nous découvrions que notre mère, prisonnière des limites de sa vision de l'univers, avait une piètre opinion d'elle-même. Sauf si elle était vraiment heureuse dans son rôle de maîtresse de maison, si elle avait des aspirations personnelles et qu'elle transmettait à ses filles la conscience de leur valeur, elle nous montrait de mille et une manières que les femmes ne valaient pas grand-chose. Où avait-elle appris cela?

Notre mère a grandi à l'époque où le crédo des femmes était la chasteté, le devoir et les sacrifices économiques et affectifs. Au moment de sa jeunesse, une expérience sexuelle avant le mariage pouvait ruiner sa réputation, un enfant hors du mariage détruire son avenir et un divorce, la plonger dans le scandale et la honte. Elle était considérée comme la propriété de l'homme et sa valeur baissait à mesure qu'elle devenait plus compétente dans son travail — d'abord comme fille soumise à son père puis comme épouse et mère dévouée. Quel tourment que le sien! Comme il a dû être difficile de vivre avec la peur d'être expulsée de sa famille ou de sa communauté si elle n'était pas parfaitement bonne. Cette bonté faisait partie de sa dot; elle l'apportait de la maison de ses parents, où elle cherchait à être approuvée, à la maison de son mari, où elle exigeait cette approbation. Si elle n'était pas une ménagère hors pair, si elle ne connaissait pas sur le bout de ses doigts les règles de l'étiquette, si elle n'était pas une dame, si elle n'élevait pas des filles vertueuses, alors qui était-elle?

« Mauvaise mère » étaient des mots qui pouvaient faire trembler une femme ou la mettre hors d'elle. Traitez-la de chipie, d'hypocondriaque, d'avare mais ne remettez pas en question sa raison de vivre et ne lui dites pas qu'elle a échoué dans sa vocation légitime — et unique.

Bien des mères se sont retirées dans l'isolement de leur foyer, cherchant à obtenir reconnaissance et gratification de leur mari et de leurs enfants. C'est tout ce qu'elles avaient, et elles voulaient que nous l'ayons aussi « quand nous serions grandes ». Mais le rôle traditionnel n'était pas très tentant. La plupart d'entre nous ont été témoin du manque de communication entre elles et nos pères. Nos mères avaient désespérément besoin d'une attention qu'elles n'ont jamais reçue; elles en ont conclu qu'elles n'étaient pas dignes d'amour. Pour notre part, nous avons écouté des histoires effrayantes sur la cruauté du monde et sur ce qui pouvait protéger les femmes contre ces dangers. Jour après jour, vous serviez de public à votre mère pendant qu'elle faisait la liste de tout ce qu'elle avait fait pour vous, exigeant en retour votre gratitude éternelle. Même si vous l'aimiez et si vous lui montriez, ce n'était jamais assez. Vos désaccords étaient des défections et le fait de chercher l'affection de votre père, une trahison. Comme elle présumait que vous étiez toutes deux identiques, partageant presque le même corps, vous entendiez souvent des phrases mi-drôles mi-absurdes comme: « Je suis fatiguée. Va te coucher. » ou encore « Je n'ai pas faim. Pourquoi manges-tu autant? ». Elle avait le droit de vous déprécier et prendre son parti contre votre père devait être pour vous un point d'honneur. Autant elle mourait d'envie qu'on la flatte, autant les compliments l'embarrassaient. Elle vous demandait avec méfiance: « Pourquoi dis-tu que je devrais porter cette robe plus souvent? Essaies-tu de me dire que d'habitude, j'ai l'air d'une souillon? »

La vie avec maman était instructive mais comme avec un professeur qui aurait mal connu son sujet — en l'occurence, la féminité. Sa culture lui avait fourni des directives strictes sur ce que devait être la véritable féminité et elle en faisait parole d'évangile. Quelles étaient ces directives? Elle devait se dissoudre dans la relation conjugale et faire passer les intérêts et le bien-être de son mari avant les siens; elle devait orienter sa vie pour que les autres aient besoin d'elle et l'aident. Vivre sa vie à travers celle des autres et faire de son foyer sa seule et unique expérience du monde risquait peut-être de lui enlever son individualité, mais n'était-ce pas son destin inéluctable?

Les attentes de la mère

Vivre une existence définie par un homme ou par sa famille est extrêmement pénible et profondément insatisfaisant. Les femmes qui sont insatisfaites de leurs vies et qui ont une piètre opinion de leur valeur entretiennent une conception tragique du sort des femmes dans la société. La mère peut désirer que sa fille soit une parfaite réplique d'elle-même mais elle peut également souhaiter pour elle une vie meilleure; sa fille pourrait alors devenir son salut. Comme le constatait Signe Hammer dans *Daughters and Mothers*, une mère veut « renaître à travers sa fille dans une identité plus positive ». Dès lors, la destinée n'est pas plus écrite dans le ciel et peut prendre diverses formes. Pour que la mère réalise son rêve, il suffit que la fille coopère. Comme la mère a été forcée de faire des compromis, elle apprendra à sa fille à négocier à son avantage. Comme la mère n'a pas eu accès à l'éducation, sa fille fréquentera l'université et terminera ses études avec succès. Comme la mère est restée soumise, sa fille sera courageuse. Comme la mère a consenti à vivre en fonction de règles établies par d'autres, sa fille vivra selon ses propres règles, dans les limites de la loi et de la morale. Comme la mère n'a pas eu l'occasion de voyager, de relever des défis, de vivre pleinement sa vie, sa fille sera aventureuse, intrépide et aura du *plaisir* dans l'existence.

« Le danger de ce type de fantasme, dit Hammer, c'est évidemment que la mère s'identifie à ce point à sa fille, qu'elle vive tellement intensément à travers elle, que ses attentes deviennent un fardeau insupportable pour la jeune fille. »

Les attentes maternelles peuvent donc s'exprimer de deux manières totalement différentes. D'un côté, il y a la mère qui considère comme inévitable que la vie de sa fille soit identique à la sienne; de l'autre, la mère qui pousse sa fille à chercher inlassablement la perfection. Ces deux types d'attente découlent de la conviction profonde de la mère de n'être personne elle-même et de son incapacité à faire la distinction entre elle et sa fille.

La mère qui croit que le destin des femmes est inéluctable ne parlera pas à sa fille des possibilités qu'offre la vie et insistera sur sa futilité. Elle se posera en modèle et incarnera pour sa fille une série de personnages que celle-ci devrait essayer d'imiter: la victime sacrifiée, la femme de peine résignée, la petite fille dont on a abusé sexuellement, la sainte, la femme jalouse qui rivalise avec sa propre fille pour obtenir l'attention du père, la grande malade et la championne toutes catégories pour ce qui est de culpabiliser les autres. Ce genre de commentaires vous semble peut-être étrangement familier:

« Qu'est-ce que cela te donne de vouloir autre chose? Il n'y a *rien* d'autre. »

« Ta cousine Babs ne s'est jamais mariée après tout ce que ta tante a sacrifié pour elle. Elle n'a jamais eu sa récompense. »

« Si je n'avais pas été enceinte de toi, je n'aurais jamais épousé ton père. »

« J'ai fait un kilomètre à pied pour acheter ces pommes et tu n'y as même pas goûtées. »

« Tu devrais avoir honte de me répondre comme cela.

Je te souhaite qu'un jour tes enfants te brisent le coeur à toi aussi. »

« Qu'est-ce qui peut bien t'intéresser dans la sexualité? Je ne comprends pas pourquoi tu fais toutes ces histoires. »

« Arrange-toi pour que ton père ne te voie jamais en chemise de nuit. »

« Quand je pense que tu conduis sur des autoroutes, j'en ai des sueurs froides. As-tu vraiment besoin d'une voiture? »

« Voici cinq dollars mais n'en parle pas à ton père. »

En ayant une très piètre opinion d'elle-même, cette mère est enfermée dans le concept de la fatalité. Compte tenu de son insatisfaction, il lui serait très douloureux de faire le bilan de ce qu'elle avait dans la vie et de s'apercevoir qu'elle se retrouve devant rien. Sa fille lui donnenerait quelque chose à quoi se raccrocher en l'imitant: cela lui permettrait de croire qu'elle a atteint son but dans la vie, que son existence est approuvée et mérite d'être prise en exemple.

Ces mères ne perçoivent pas ce que l'héritage qu'elles transmettent peut avoir d'insidieux. Marie-toi, disent-elles, et tu seras heureuse. Mais si vous examinez le mariage de vos parents, vous risquez d'avoir du mal à discerner ce bonheur qu'ils sont censés se donner mutuellement, sauf peut-être à l'occasion de fêtes, d'anniversaires ou d'autres rencontres familiales. Une fois mariée et dans une situation difficile, la fille pourra retourner chez sa mère pour la supplier de lui révéler le secret du bonheur dans le mariage. La réponse de la mère risque alors d'être en contradiction avec sa première affirmation: « Mûris un peu. Personne n'a jamais dit que le mariage devait te rendre heureuse. Fais ton possible. » Dans le film *Lovers and Others Strangers,* on pose à un couple de parents traditionalistes, la question suivante: « Êtes-vous heureux? » « Non! » répondent-ils en coeur comme si c'était là une conclusion prévisible. « Mais alors qu'est-ce que vous avez en commun? » Le père répond: « Nous avons beaucoup de choses en commun. Nous avons de la bonne nourriture. Un bon rôti avec des pommes de terre, un poulet en sauce... » Un repas copieux peut apporter beaucoup de plaisir à ce couple mal assorti mais une fois loin de la table, ils ont des problèmes.

De ces mères qui croient en la fatalité, nous avons également appris qu'on ne peut pas faire confiance aux hommes et que ceux-ci nous refusent tendresse et satisfaction; les hommes sont émotivement gênés par leur porte-feuille. L'homme fournit le gîte et la nourriture et, en échange, la femme lui donne son corps et son âme. En affirmant que les hommes sont les maîtres, ces mères, nous dit Judith Arcana, « nous apprennent que nous ne pouvons donc pas être honnêtes et directes avec les hommes; que nous devons les manipuler et combiner des machinations pour obtenir ce que nous voulons. Nos mères affichent ainsi leur mépris pour les hommes. » Plus important encore, la mère a besoin de faire alliance avec sa fille pour placer le père sur un piédestal. De là, il semblera inaccessible: « Ce que ton père ne sait pas ne lui fait pas de mal. » « Les hommes sont des animaux; fais ton devoir et couche avec lui. » « Je fais tout pour plaire à ton père et il me remercie en me faisant souffrir. » « Je t'ai dit que tu n'aurais pas une autre paire de souliers et je t'interdis de demander cet argent à ton père. » « Tu es chanceuse que je ne dise pas à ton père que tu fais l'amour avec Tommy. »

Souvent, on nous compare à nos frères et soeurs et on nous met en compétition avec eux pour obtenir l'amour maternel. Aux yeux de nos parents, nous sommes tous pareils et nous n'avons pas droit à notre identité propre. Pour garder son pouvoir sur sa fille, la mère se servira du dénigrement et des reproches: « Tes soeurs ne m'ont jamais donné le moindre problème. Pourquoi n'es-tu pas comme elles? » « Tes soeurs sont jolies comme toutes les femmes de ma famille. Toi, tu ressembles à ton père. » « Ta soeur n'aurait jamais brisé mon plus beau plat. Cesse de mentir et avoue que c'est toi. » « Ton frère a des tas d'amis. Qu'est-ce qui ne va pas avec *toi*? » « Ton frère n'a eu qu'un B en mathématiques. Comment as-tu pu avoir un A? »

Respectant à la lettre cette loi qui veut que les femmes jouent un rôle secondaire, la mère nous apprend à n'aspirer à rien de mieux que le mariage. Comme elle se croit incapable de prendre soin d'elle-même, elle projette sa propre insécurité sur ses filles. Elle a l'impression que nourrir des ambitions à l'extérieur du foyer est une prérogative masculine; par conséquent, elle érige un mur autour d'elle et de ses filles pour les isoler du monde. Et comme elle a désespérément besoin de croire que sa vie a un sens, elle se raccroche à l'espoir que ses filles suivront son exemple. Selon cette mère, explorer le monde est dangereux et les influences extérieures sont autant de menaces: « Si tu ne dépends pas d'un homme, tu n'es pas une femme. » « Les hommes aiment que les femmes se fassent prier. » « Les hommes n'aiment pas les femmes trop intelligentes. Ne les contredis jamais. » « Les femmes qui ont une carrière sont anormales. » « Que ressentira-t-il si tu gagnes autant d'argent que lui? » « La seule réussite qui compte, c'est de trouver un bon mari et de faire des enfants. » « Alors tu n'as pas réussi à obtenir ton diplôme? Ce n'est pas très grave; tu peux toujours te marier. » (Cette dernière phrase pourrait être reformulée: « C'était ton premier échec. Tu vas t'y habituer avec le temps. »)

La mère qui considère que son salut lui viendra de sa fille partage essentiellement les mêmes convictions que la mère qui s'est résignée à la « fatalité » de son destin. Elle aussi manque de confiance en elle mais au fond, elle a toujours voulu améliorer son sort. Sa fille luttera à sa place et deviendra « quelqu'une ». Dès son enfance, l'enfant est poussée à devenir « la meilleure »; sans cesse, on lui explique comment assurer sa réussite. « J'ai abandonné ma carrière pour ton père. Cela ne t'arrivera jamais. » « Bien sûr que tu deviendras une actrice. Tu as mon talent et mes dons. » « Ma mère ne m'aurait jamais permis de faire des études de droit. Toi tu les feras. » « Ne te marie jamais. Aucun homme n'appréciera ton intelligence à sa juste valeur. » « Si tu n'es pas l'une des trois premières de la classe, tu ne feras pas ce voyage en Europe. » « Je veux que tu deviennes mannequin. Comment peux-tu dire que cela ne t'intéresse pas? » Pour obtenir l'amour et l'approbation de sa mère, la fille se conforme à ses exigences; elle craint de susciter sa colère et ses reproches si elle se dérobe et se sent terriblement coupable si elle échoue.

Que vous arrive-t-il si la stratégie de votre mère consiste à vous garder sous son aile pour que vous répondiez à ses attentes, quelles qu'elles soient. Si vous vous êtes révoltées contre ses dictats, vous avez probablement vos propres histoires à raconter là-dessus. Si l'objectif d'une mère est de faire en sorte que vous vous sentiez obligée de combler sa vie, tout ce que vous faites et qui ne va pas dans ce sens devient une menace à son existence même. N'a-t-elle pas fait tout ce qu'elle pouvait pour vous? Pourquoi ne la rendez-vous pas heureuse? Quelle a été son erreur avec vous? Qu'est-ce qui a bien pu vous mettre dans la tête que vous étiez une personne à part entière en dehors d'elle? Ces questions la hantent.

Si vous avez toujours partagé ses convictions et que vous les remettez maintenant en question, vous vous sentirez probablement coupable de vouloir abandonner les vieilles règles. Si vous lui expliquez ce qui vous motive à vouloir changer (« Je ne veux pas être confinée dans la maison comme toi pour le reste de mes jours. Cela te convenait mais ce n'est pas mon cas. »), elle pourra vous répondre en guise de représailles: « Ma vie a servi à te donner tout ce que tu as. Qu'est-ce qui te fait croire que tu es différente de moi? » Chaque fois que votre mère dit quelque chose comme: « J'ai dépensé une fortune pour te faire instruire et maintenant tu te maries et tu gaspilles tout cela. », vous vous sentirez coupable de décevoir ses attentes en voulant interrompre temporairement votre carrière pour élever votre famille.

Comme elle croit que le but de votre vie est de la rendre heureuse en vous soumettant à ses plans, elle attend de vous la récompense de tout ce qu'elle a investi dans votre vie. Il se peut qu'elle ne comprenne pas que vous vouliez échapper à ses manipulations; pour elle, vous n'êtes pas qui vous êtes, vous êtes qui elle dit que vous serez.

Ma bénédiction, ma malédiction

Il n'y a probablement aucune femme vivante qui n'a pas été décrite par sa mère comme sa bonne petite fille ou comme la croix de sa vie. Comme la mère n'a jamais vraiment atteint la maturité, elle pense encore en termes de tout ou rien, sans juste milieu permettant d'apprécier de façon raisonnable toute une gamme de comportements plus ou moins adéquats. *Elle* est elle-même bonne ou mauvaise; par conséquent, il en va de même pour sa fille. La plupart d'entre nous ne sommes ni entièrement bonnes ni entièrement mauvaises et pourtant nous nous souvenons toutes d'avoir été traitée de « bénédiction » ou de « malédiction » dans la vie de notre mère.

Le message sous-jacent est: « Fais ce que je dis sinon je ne t'aimerai pas. » Être ou non conforme à sa conception de ce qui nous rend acceptable et digne d'amour devient alors un enjeu énorme. Comme ce message nous est transmis dès les premiers stades de notre vie, nous risquons d'être enfermée à tout jamais dans l'obsession de vouloir lui plaire.

Ce qu'il y a de plus auto-destructeur dans le fait de passer sa vie à plaire à quelqu'un d'autre, c'est que nous nous privons ainsi de vivre notre propre épanouissement et nos propres satisfactions. Mais ce n'est pas tout. Notre relation avec notre mère — la première personne avec qui nous avons eu un lien émotif, la première à qui nous avons voulu plaire, la première que nous n'avons pas voulu rendre inquiète ou mettre en colère — affectera pour toujours nos relations avec les autres et en particulier avec les hommes.

Votre mère vous a-t-elle dit que vous étiez mauvaise, méchante, perverse, que vous lui faisiez endurer mille tortures par vos défis constants à son autorité, que vous étiez une fille de rien et que vous finiriez mal? Votre mère vous a-t-elle dit que vous étiez une enfant idéale, si obéissante et si *tranquille* qu'à l'âge de cinq ans, elle pouvait vous habiller en blanc et vous envoyer jouer dans la cour en sachant que vous reviendriez aussi impeccable quelques heures plus tard? Vous a-t-elle dit que vous ne prononciez jamais un mot avant qu'on ne vous adresse la parole et que sans vous elle ne serait rien?

D'innombrables femmes ont été enfermées dès l'enfance dans ces rôles extrêmes et en subissent encore l'influence. De quelle façon? Elles choisissent des amis, des amants et des maris qui les traitent comme leur mère les traitaient. Vous n'avez qu'à regarder les relations qu'entretiennent ces femmes. La « mauvaise fille » trouvera un homme qui l'empêchera d'être heureuse, qui la traitera de façon méprisante et qui renforcera son sentiment de n'être personne. La « bonne fille » choisira un homme qui la dorlotera comme un bébé, qui l'empêchera de s'épanouir en lui répétant que les autres ont besoin d'elle et qui réussira à la garder sous son joug, parce qu'elle est terrifiée à l'idée de lui déplaire.

Quelles sont les autres conséquences d'une relation mère-fille fondée sur le concept du « tout ou rien »? Alice était considérée comme le mouton noir de la famille parce qu'elle ne s'était jamais conformée à l'idéal familial: « Ma mère voulait que j'aie besoin d'elle, raconte Alice, mais elle me transmettait un double message: « Aie besoin de moi mais ne t'attends pas à ce que je t'aide quand tu auras besoin de moi. » Sans se rendre compte de ce qu'elle faisait, elle me considérait comme un être autonome. À l'âge de huit ans, je lui ai demandé de me repasser une blouse blanche dont j'avais besoin pour une réunion scolaire. Elle m'a dit que si je voulais une blouse repassée, il faudrait que j'apprenne à la repasser moi-même. Quand j'avais un problème, elle disait: « Trouve une solution. » et si j'avais besoin de conseils ou d'aide pour mes travaux scolaires « Tu es intelligente. Débrouille-toi. » Par contre, si je faisais quelque chose sans la consulter, elle constatait avec amertume: « On ne peut rien dire à Alice. Elle sait tout. »

« Notre relation se caractérisait avant tout par sa négligence et par ma débrouillardise. Et, pour une raison que je n'ai jamais réussi à comprendre, on m'a assigné le rôle de mauvaise fille vers l'âge de trois ans environ. Comme j'avais l'impression qu'elle s'intéressait fort peu à mon bien-être et à ce que je faisais, je la défiais chaque fois que j'en avais l'occasion. Plus je vieillissais, plus cela devenait facile de la constester. Si vous pensez que votre mère ne vous aime pas beaucoup, peu importe que ce soit vrai ou non, vous êtes forcée de prendre des décisions dans la vie. Moi, j'ai pris la décision de ne jamais avoir besoin de personne: c'est ce que j'appellais être autonome. Ma mère me confiait des responsabilités domestiques en échange de mon entretien! Selon elle, je participais ainsi à la vie familiale mais en fait, j'apprenais à m'occuper de moi et non des autres, et à me préparer pour le jour béni où je déménagerais et où je serais enfin libre.

« J'ai quitté la maison familiale, poursuit Alice dès ma sortie du collège. Pendant les dix années qui ont suivi mon départ, ma mère s'est demandée pourquoi j'étais partie. Que m'avait-elle fait? Avais-je honte d'elle et de mon père? Avais-je des aventures avec des Noirs? Étais-je normale? Pourquoi n'étais-je pas mariée comme mes soeurs? Je lui ai dit ce que je pensais de notre relation et je lui ai conseillé d'y réfléchir.

« Même si je lui suis reconnaissante de m'avoir appris à être auto-suffisante et à pouvoir prendre des risques, je sais qu'elle m'a transmis une peur paralysante d'avoir besoin de quelqu'un et un manque de confiance profond devant tout homme qui disait m'aimer. Pour moi, l'amour signifiait l'étouffement, l'anéantissement de toute joie de vivre et de toute audace, la manipulation par la culpabilité, la tricherie et le chantage pour soumettre l'autre à sa volonté. Quand un homme m'a parlé de mariage, j'ai été prise de panique. Tout ce que cela évoquait pour moi, c'était de recréer une famille aussi sinistre que celle d'où je venais; on me dirait quoi faire et on me punirait si je ne le faisais pas.

« Ce n'est qu'à l'âge de trente-six ans, que j'ai réglé le problème de ma relation avec ma mère et que je l'ai acceptée comme elle était. Je crois que son incapacité à exprimer ouvertement son affection et à s'occuper des autres vient des frustrations qu'elle a accumulées dans sa propre vie. Plus elle vieillit, plus elle s'efforce d'être une mère attentive — en partie, je crois, pour se réconcilier avec elle-même et en partie parce qu'elle veut vraiment être intégrée à la vie de ses enfants et avoir cette « belle famille heureuse » qui lui a échappé dans le passé. »

Alice a été qualifiée de « mauvaise fille » parce qu'elle avait de la volonté et qu'elle a su ce qu'elle voulait très tôt dans la vie. Toni, elle, a reçu cette étiquette à cause de sa curiosité sexuelle.

Toni est devenue la « mauvaise fille » vers l'âge de sept ans, quand sa mère l'a surprise en train de se masturber. « Elle m'a traînée dans le bain et m'a lavée des pieds à la tête, tout en me mettant en garde contre les dangers du plaisir sexuel, explique Toni. À partir de cet incident, j'ai été condamnée. Mon père l'avait quittée et elle tourna son ressentiment contre moi — d'une part, parce que je ressemblais trop à mon père, d'autre part, à cause de cette « sale habitude ». Pour elle, j'étais la séductrice, la putain qui n'arriverait jamais à rien de bon. Tout ce qu'elle voulait, c'était que je quitte l'école, que je trouve du travail et que je paie mes dépenses.

« Elle s'est mise à boire énormément et, vers l'âge de seize ans, je n'ai plus eu le choix: il a fallu que j'abandonne mes études. Ou bien je travaillais, ou bien je me passais de nourriture et de vêtements. J'ai trouvé un emploi de serveuse. À dix-huit ans, je suis tombée enceinte de l'homme qui est devenu mon mari. Tom voulait que je me fasse avorter mais j'ai refusé. J'ai toujours aimé les enfants et je voulais avoir ce bébé. »

La grossesse de Toni était à peine visible et très peu de gens s'aperçurent qu'elle était enceinte. Sa mère, avec qui elle vivait, l'ignora jusqu'à la nuit de l'accouchement: aux premières contractions, Toni avertit sa mère qu'elle était malade et lui demanda d'appeler un médecin. « Quand le médecin est arrivé à la maison, je lui ai expliqué que j'étais sur le point d'accoucher et qu'il devait prévenir ma mère. Je me sentais incapable de le faire moi-même. Il alla lui parler et quelques minutes plus tard, elle entra dans ma chambre en criant comme une folle qu'elle avait bien raison de penser que je n'étais qu'un déchet. Avant que je parte pour l'hôpital, elle m'a prévenue qu'elle ne voulait plus de moi à la maison. Je n'y suis jamais retournée.

« Puis, Tom commença à me harceler: il exigeait que je place mon enfant à l'adoption sinon, il refuserait de reconnaître sa paternité. Je lui ai assuré qu'il n'aurait aucune responsabilité à assumer mais cela ne lui suffisait pas. J'ai intenté un procès contre lui parce que je voulais prouver sa paternité pour le bien de mon enfant. Tom a été odieux avec moi. Il a amené quelques hommes comme témoins; tous affirmaient que j'étais une femme facile et que j'avais couché avec chacun d'eux. Heureusement, j'avais gardé les lettres d'amour de Tom et j'ai réussi à prouver que nous avions eu une relation suivie. Il fut reconnu par la cour comme le père de mon enfant et forcé de me donner sept dollars par semaine pour son entretien.

« Quand mon fils eut trois ans, Tom réapparut dans ma vie. Nous ne nous étions pas revus depuis le procès et pourtant il me téléphona dès qu'il apprit par des amis communs que j'étais sur le point de me marier. Cela avait semblé le décider. Il m'a dit qu'il regrettait ce qui s'était passé, qu'il voulait m'épouser, qu'il ne pouvait plus vivre sans moi. J'ai accepté pour que mon fils connaisse son vrai père. Et puis, je pensais que je l'aimais encore.

« Après quelques années de mariage, j'ai soudainement compris le sens de cette relation. Il me maltraitait, il me disait que j'étais une putain, une fille de rien — exactement comme ma mère. À l'époque, j'avais un bon emploi et je recevais promotion sur promotion. Pourtant, mon mari critiquait tout ce que je faisais — ce n'était jamais assez bien et moi, je n'étais qu'une bonne à rien. Je ne vivais que pour mon travail; là, je trouvais beaucoup de renforcement. Les gens me disaient que j'étais intelligente, que je travaillais bien; j'étais aimée et respectée. À la maison, mon mari me disait que j'étais rien et qu'il était inutile que j'essaie d'être quelqu'une.

« Mon mariage a duré vingt-cinq ans; récemment j'ai quitté Tom. Cette décision a été douloureuse et difficile à prendre. Mais c'était lui ou moi. »

La « bonne fille » peut également être prise au piège de la définition de la mère et les conséquences peuvent être tout aussi néfastes. La mère d'Ella voulait une enfant parfaite qui incarnerait ses idéaux de bonté, de moralité et de conformité aux règles sociales, ce qui laissait à Ella peu de place pour s'exprimer, pour décider de ce qui était important pour elle et de ce qui ne l'était pas.

« J'avais l'impression que ma mère était toujours en train de regarder derrière son épaule et derrière la mienne. Elle avait peur de ne pas faire « ce qu'il fallait » et se conformait à la lettre à une espèce de code divin du comportement fondé sur « ce que les gens diraient » et « ce que les voisins penseraient ». Enfant, je ne pouvais plus porter de blanc après la fête du Travail parce que « ça ne se fait pas »; je devais avoir de bonnes notes à l'école, pas nécessairement pour prouver que j'étais intelligente mais parce que la famille serait embarrassée si je ne réussissais pas. On me disait de ne pas laisser les garçons me toucher et de rester vierge jusqu'à mon mariage. « Sois une bonne fille, me disait toujours ma mère, et occupe-toi du magasin à ma place. Sois une bonne fille et ne me fais pas de peine. Si tu étais une bonne fille, tu irais voir ta grand-mère même si tu n'en as pas envie.

« J'ai grandi en entendant toujours la voix de ma mère résonner à mes oreilles, poursuit Ella, un jour, vers l'âge de douze ans, j'ai fait un voyage organisé par mon école. Au moment où il a fallu que j'aille uriner, je me suis souvenue que ma mère m'avait toujours défendu d'utiliser les toilettes publiques. J'y suis allée quand même mais j'étais terrifiée à l'idée qu'elle pourrait découvrir que j'avais enfreint un de ses codes sanitaires. Ma mère voulait que je croie qu'elle connaissait la solution à tous les problèmes de l'existence et que j'accepte tout ce qu'elle me disait comme parole d'évangile. Je ne pouvais jamais prendre une décision seule sans me demander avec inquiétude si cela la blesserait. J'ai fait l'amour avec mon fiancé avant que nous soyons mariés et je me suis sentie horriblement coupable; j'avais peur de ce qu'elle dirait si elle s'en apercevait. Je souhaitais de toutes mes forces être moi-même mais une partie de moi était totalement soumise aux centaines de préceptes de vie que ma mère m'avait inculqués.

« J'ai choisi la facilité: j'ai épousé un homme qui prendrait les décisions à ma place et qui exigerait que j'obéisse à ses ordres. Il me disait: « Je travaille comme un fou toute la journée, ne peux-tu pas me donner ce que je veux? » Par cela, il voulait dire me plier à ses fantaisies sexuelles. Quand j'étais une enfant, être une « bonne fille », cela voulait dire que ma mère m'aimerait et ne me placerait pas dans un foyer nourricier comme ma tante l'avait fait pour ma cousine. Une fois mariée, être une « bonne femme », cela voulait dire que mon mari m'aimerait et me respecterait. Je sentais que dans les deux cas, j'avais été trompée.

« Ni ma mère ni mon mari ne se préoccupaient de mes opinions et de mes sentiments. Leurs opinions et leurs sentiments passaient en premier et j'étais à leur service. Ils décidaient de ce que je pouvais me permettre et de ce qui m'était interdit. Je perdais toute estime de moi-même et pour retrouver cette estime, j'essayais encore plus fort d'être bonne. Je me conforme encore aux vieux codes mais, petit à petit, j'essaie de ne plus être aussi réceptive aux jugements de tout le monde. Jusqu'ici, suivre les règles de ma mère ne m'a menée nulle part. »

Comment les mères font des hommes le plat de résistance

L'essentiel du message que les mères transmettent à leurs filles c'est qu'elles ne sont pas des individus complets — d'abord sans leur mère, puis sans un homme. L'une des façons les plus courantes d'inculquer le message du « plat principal » est de convaincre une femme qu'elle n'a aucun pouvoir de décision, aucune autorité. Être une femme, aux yeux de ces mères, signifie ne jamais avoir à s'occuper de soi. « Si elle avait un peu de bon sens, disent les traditionnalistes, la femme comprendrait que ne pas avoir à s'occuper d'elle-même est un luxe magnifique. » Même s'il vous faut donner en échange une tranche de vous-même, il vous en restera assez pour rêver à ce qeu votre vie aurait pu être. Et cela, personne ne peut vous l'enlever!

C'est là, affirment la mère puis les hommes, le banquet auquel toute femme s'attend à être conviée; c'est pour cela qu'elle est faite. Les femmes qui ne mangent pas de ce pain-là recevront très peu d'encouragements; par contre celles qui sont prêtes à renoncer à une partie de leur identité et même à se resservir une deuxième fois auront droit à l'approbation générale.

Ce qui nous est toujours refusé, c'est la possibilité de faire des choix sans craindre d'être considérée comme moins qu'une femme, comme une fille qui déçoit sa mère, comme une épouse ratée. Résultat? les femmes en viennent à ne plus s'aimer et même à se détester, elles cherchent l'homme qui pourra les sauver et lui donnent ce qu'elles ne peuvent se donner à elles-mêmes. Mais le piège est là. Si vous ne vous aimez pas, vous vous méfierez de ceux qui sont généreux à votre égard. Vous vous demanderez: « Pourquoi quelqu'un serait-il assez fou pour me donner quoique ce soit, à moi qui n'est rien, qui ne vaut rien? »

Vous en viendrez même à mépriser celui qui est assez fou pour vous donner quelque chose.

Si vous ne croyez pas mériter ce qu'on vous donne — amour, attention, biens matériels — la relation se détériorera. Et malgré votre désir de retrouver de l'estime et de l'amour pour vous-même à travers l'autre, vous serez incapables d'accepter les messages positifs tant que vous n'y croirez pas vous-mêmes. Souvenez-vous: si vous êtes incapable d'être bien avec vous-même, pourquoi quelqu'un d'autre le pourrait-il?

En mangeant le plat de résistance, vous pouvez vous plaindre du menu, du service et même du cuisinier; mais en mourant de faim, vous videriez votre assiette — même si elle ne contenait que des restes peu appétissants. Quand on nous apprend à faire des hommes notre plat de résistance, on nous dit aussi que ce que les autres exigent de nous est raisonnable et que ce que nous voulons pour nous-même est ridicule; on nous apprend à ne pas faire confiance à nos instincts, à rester confinées dans des emplois serviles ou mal payés. Nous avons peur d'aller dans le monde et de nous y tailler une place. On nous dit, comme je l'ai encore entendu récemment, que la femme met 90 pour cent d'elle-même dans le mariage et l'homme 10 pour cent.

Existe-t-il un moyen de vous libérer des règles maternelles et de vivre pour vous-même? Existe-t-il une alternative à l'insatisfaction du « destin inévitable »? Pouvez-vous considérer un homme seulement comme un « dessert » sans le perdre?

Briser le cercle vicieux

Un jour, je me suis retrouvée dans une session de thérapie de groupe avec une dizaine de femmes; quelques-unes divorcées, d'autres célibataires, et essayant toutes de sortir de leurs problèmes. Elles racontaient des anecdotes sur les inquiétudes de leurs mères: que deviendraient leurs filles sans hommes pour s'occuper d'elles. Je lisais entre les lignes combien elles avaient désespérément besoin de l'approbation de cette mère dont elles faisaient une description plus proche du fantasme que de la réalité. Ces mères idéalisées ressemblaient à leurs mères, à quelques améliorations près: des bras grands ouverts, de la tendresse et une attitude protectrice. Des mères qui rougiraient de plaisir en voyant leurs filles. Poussée par une impulsion soudaine, je leur ai demandé: « Quelles sont celles d'entre vous qui aiment leur mère? » Neuf mains sur dix se sont levées. Ma question suivante était: « Combien d'entre vous aiment *ce qu'est* leur mère? Si vous aviez le choix, la choisiriez-vous comme amie? Passeriez-vous du temps avec elle? » Cette fois, une seule main se leva.

Cette enquête impromptue montrait que ces femmes acceptaient d'entretenir un lien d'amour avec leurs mères mais auraient préféré ne pas avoir à passer cinq minutes avec elles. Étais-je folle de suggérer qu'elles pourraient fréquenter avec plaisir les femmes qui les avaient mises au monde, de penser qu'une femme puisse se confier à sa mère et s'attendre à recevoir de la sympathie, du réconfort, une compréhension réciproque? Que des femmes puissent aimer *la compagnie* de leur mère?

L'une des meilleures façons de vous libérer de votre mère — et de ses messages — c'est de reconnaître qu'elle a été assez bonne pour vous permettre de survivre. Maintenant, demandez-vous *ce que vous voulez d'elle*. Doit-elle vous approuver? Et vous, devez-vous l'approuver ou seulement vous contenter de la respecter et de respecter les valeurs avec lesquelles elle a choisi de vivre? Une fois que vous n'êtes plus une petite fille, vous êtes en mesure de comprendre que votre mère n'est pas obligée d'aimer ce que vous êtes et encore moins de vous aimer. Cela semble dur? C'est pourtant la vérité. La vraie question est: comment puis-je l'amener à m'accepter en tant qu'adulte? Comment puis-je faire en sorte qu'elle me respecte et qu'elle respecte mes décisions? Plus nous nous raccrochons aux vieilles luttes de pouvoir de qui aime plus l'autre, de qui amènera l'autre à faire quoi, plus nous nous empêtrons dans les batailles que nous avons eues avec notre mère dans notre enfance. Plusieurs d'entre nous vivent encore comme s'il y avait une petite fille en elles et réclament une mère idéale qui leur donne un appui et un amour inconditionnels, quoiqu'elles fassent. Cela est absurde!

Votre mère est une personne à part entière, un produit de sa génération et de son éducation. Nous sommes maintenant en mesure de mieux comprendre nos processus psychologiques et nous ne sommes plus obligées d'utiliser la négation ou l'évasion comme tactiques de survie, comme quand nous étions enfants. Regardez votre mère et comprenez qu'il vous est possible d'avoir de la compassion pour cette femme qui n'a peut-être vécu qu'une petite partie de sa vie. Bien sûr, il y a des femmes qui ont adoré leur rôle d'épouse et de mère et qui n'ont pas créé de problèmes à leurs filles. Elles étaient satisfaites de leur rôle et n'avaient pas besoin d'investir de l'énergie à faire de vous quelqu'une que vous n'aviez pas choisi d'être et de vous rendre malheureuse en essayant d'y parvenir. Une mère qui se sent complète en elle-même admettra toujours que vous avez le droit de vivre votre vie comme vous l'entendez.

D'une certaine façon, le principal obstacle qui nous empêche de devenir des adultes, c'est que nous nous comportons comme des enfants vis-à-vis de nos mères. Nous entretenons toutes ce fantasme de revenir à la maison et que « cette fois, ce soit différent. » Mais, vous connaissez le scénario: un accueil chaleureux, deux minutes de conversation sur le voyage et voilà tous les conflits qui remontent à la surface. La mère idéale n'existe pas et la mère réelle ne peut en devenir une, même si elle le souhaite. Elle ne deviendra pas miraculeusement belle, gentille, créative, généreuse, de bonne humeur; elle ne renoncera pas à l'alcool, ne débordera pas d'énergie, ne deviendra pas une grande sportive ou une cuisinière hors pair. Elle ne sera pas capable d'avoir une conversation à coeur ouvert sur la sexualité et elle ne pensera pas à enlever ses bigoudis avant votre arrivée. Très peu d'entre nous ont eu une mère idéale, et celles qui en ont eu une, ont dû avoir beaucoup de mal à la quitter.

Une bonne mère fait deux choses: elle apprend à sa fille à marcher, puis à s'éloigner d'elle. S'éloigner est le test de passage à l'âge adulte. Une des étapes consiste à s'apercevoir que ce dit votre mère ne change plus grand-chose maintenant. Nous aimerions que nos mères nous respectent mais si elles n'ont pas réussi à gagner notre respect, il nous sera difficile de ne plus subir leur influence.

Alors acceptons notre mère telle qu'elle est.

Revoyez d'abord la vision du monde de votre mère. Était-elle sécurisante? Était-elle juste? Avait-elle confiance en votre jugement? Jouait-elle à la police avec vous? Avez-vous « mis son amour à l'épreuve » en posant des gestes auto-destructeurs? (« Je vais fréquenter des gens douteux et m'arranger pour qu'elle le sache. », « Je vais gâcher ma vie et la laisser essayer de m'arrêter. ») Avez-vous mis tant d'énergie à essayer de la blesser que vous avez fini par vous faire mal à vous-même?

Examinez en détail les messages qu'elle vous a transmis. Étaient-ils désagréables ou n'était-ce que la manière de vous les livrer qui vous heurtait? Le poids de son malheur l'avait-elle rendue amère malgré elle? Peut-être voulait-elle que vous vous mariez jeune parce qu'elle savait que le monde est très dur pour une femme seule? Peut-être ne pouvait-elle pas vous permettre de continuer vos études, non pas parce qu'elle vous refusait le droit à l'éducation mais, parce qu'elle n'avait pas assez d'argent? Reprochez-vous à votre mère votre mariage malheureux?

Une partie de notre lutte contre notre mère et contre ses messages consiste à comprendre que nous sommes encore attachées à ses perceptions du monde et à examiner comment elle voulait que nous nous adaptions à ce monde. Si vous désirez changer, commencez par dissocier ses messages de leurs véritables intentions.

Ensuite, réglez la question des similarités et des ressemblances entre vous et votre mère. Ne vous censurez pas. « Tu es exactement comme ta mère » est une phrase qui fait frissonner quelques millions d'entre nous. Mais est-ce vrai? Avez-vous son tempérament, son impatience, son attitude face à l'argent? Croyez-vous, comme elle, que ce que vous voulez faire est ce que vous *devez* faire? Pouvez-vous être un peu plus gentille avec elle? Quel autre modèle de féminité aviez-vous à part le sien? Même la mère-méduse, même la pire des mères, la plus négligente, la plus abusive, la plus narcissique, a des qualités. Il vaut la peine d'en tenir compte. Quels sont les aspects négatifs et les aspects positifs de votre relation? Reconnaissez-les. Pour votre propre bien, vous devriez faire la liste de ces aspects positifs. Pourquoi? Parce que ce sont ces bons côtés de votre relation qui vous causeront toujours des problèmes avec elle. Si vous regardez plutôt vos sujets de conflits, vous risquez de passer à côté des véritables tensions.

Quand nous considérons les gens comme des représentants légitimes de l'autorité, quand nous leur reconnaissons le pouvoir de nous transmettre des messages sur ce que nous sommes, nous avons tendance à les croire avant de nous croire nous-mêmes. Combien de fois avez-vous dit: « Je voudrais me trouver un emploi mais mon mari dit que je n'aurai jamais l'énergie de me traîner jusqu'à la porte, quel que soit le salaire en cause. » Qui croyez-vous quand vous restez passive? Quelqu'un d'autre! Votre mère a insinué en vous, il y a très longtemps, ce doute sur vos possibilités. Votre mari l'alimente. Accordez-vous le pouvoir de suivre votre propre voie dans la vie et ne demandez de conseils que si vous êtes certaine qu'ils pourront vous aider.

Finalement, prenez le temps de vous poser des questions fondamentales sur vous et sur où vous en êtes. De qui attendez-vous de l'approbation? De vous-même? De votre mère? De votre mari? Soyez honnêtes, c'est une question cruciale. Quel était le message de votre mère sur la vie et sur votre valeur en tant que femme? Vivez-vous en fonction de ce message? Est-ce pour cela qu'elle vous aime? Son message a-t-il changé avec le temps? Si vous vous êtes rebellées contre ses messages, avez-vous adoptés les messages de quelqu'un d'autre? Vous conviennent-ils?

Considérez votre vie comme un tout. En êtes-vous satisfaite en ce moment? Si vous ne l'êtes pas, essayez de formuler les causes de votre insatisfaction. Quel genre de changements vous rendraient plus heureuse? Que voudriez-vous améliorer dans votre vie? Qu'est-ce qui vous rendrait heureuse dans les cinq années à venir? Qu'aimeriez-vous accomplir, et comment pourriez-vous y arriver?

Faites une liste de cinq choses que vous aimez en vous, puis de cinq choses que vous n'aimez pas. Pensez à cinq traits de votre caractère que vous souhaiteriez changer et réfléchissez à partir de cette liste. Que pouvez-vous faire pour réaliser ces changements? Croyez-vous pouvoir y parvenir seule? Avez-vous besoin d'aide professionnelle?

Plusieurs de nos forces ont été transformées en faiblesses par nos mères et par les hommes de notre vie. Quelles sont vos forces? Vos faiblesses? Avez-vous, par exemple, classé le fait de pleurer dans les faiblesses? Pleurer n'est pas une faiblesse, c'est votre seul moyen de communication. L'ouverture et la vulnérabilité ne sont des faiblesses que si elles permettent aux autres d'abuser de vous, et non si elles leur permettent de vous voir telle que vous êtes. Devenez le seul juge de vos actions. Soyez capable de dire: « Je n'ai pas été trop ambitieuse, j'ai simplement réclamé le respect de mes droits. » « Je n'ai pas été une salope. Je me suis protégée. » « Je ne cherchais pas la bagarre. Je voulais savoir ce qu'il avait à dire. » « Je n'étais pas une fille ingrate. Je voulais seulement vivre ma vie. »

Si nous ne devenons pas pour nous-mêmes ces mères que nous avons toujours voulu avoir, il nous faudra demander des permissions et quêter l'amour et l'approbation de nos mères jusqu'à la fin de nos jours.

Si vous croyez que votre mère *doit* vous aimer comme vous le voudriez et que vous la détestez de ne pas le faire, vous lui serez toujours subordonnée et vous serez impuissante à changer. La complaisance et l'amertune sur le thème de *ma-mère-n'a-jamais* vous enferme dans des réactions infantiles. Si vous êtes mécontente de vos rapports avec votre mère, que pouvez-vous faire pour les améliorer? Chassez la petite fille en vous, apprenez à résister à la force émotive de votre mère et coupez le cordon ombilical. Cette expérience pourra d'abord s'avérer douloureuse, frustrante, troublante et déprimante mais si vous vous penchez avec lucidité sur cette relation, il est à peu près certain que vous deviendrez une adulte sûre d'elle-même.

Chapitre quatre

Pères et filles

Je voulais le réconfort de ton amour jusqu'à la fin de mes jours. Bref, je suis un homme qui, par hasard, est ton père.

Eugène O'Neil, Strange Interlude

J'ai toujours vécu pour ne pas être comme mon père. Au cours des années, je m'étais fait un portrait de lui que j'ai cherché à détruire en moi-même. Quelques ressemblances font craindre la ressemblance totale. Je ne voulais pas être lui.

Anaïs Nin, Le journal d'Anaïs Nin

L'une de mes amies, qui garde pourtant un souvenir très vivace de son père, avait l'habitude de désigner *ses deux parents* par les mots « ma mère ». Cela donnait quelque chose comme: « Ma mère part pour deux semaines. » « Ma mère va assister à un mariage à Pittsburg demain. » ou encore « Ma mère ne me permet pas d'aller au camp cette année. » Comme le père d'Irène était bien vivant, nous présumions que cet homme n'accompagnait jamais sa femme dans les réunions sociales et qu'il n'osait pas contester les décisions de sa femme concernant ce qu'Irène ferait l'été suivant. Une fois mariée, Irène continua à entretenir cette étrange vision de ses parents: « Nous allons chez ma mère pour l'Action de Grâces. » « Ma mère a acheté une bicyclette à mon fils. » « Ma mère songe à déménager en Californie. » Mais le temps avait passé et Irène s'exprimait assez bien pour que nous osions lui demander si en parlant de sa mère, elle parlait aussi de son père.

C'était évidemment le cas.

Pourquoi les parents d'Irène s'étaient-ils fondus en une seule entité — la mère? Comment un homme dont on ne pouvait ignorer la présence dans la maison n'était-il devenu qu'une vague silhouette aux yeux de sa fille? Comment l'autorité parentale et tout ce qu'elle représente avait-elle fini par s'incarner uniquement dans cette femme blonde et énergique. Pourquoi sa voix était la seule qu'Irène entendait, la seule dont elle tenait compte? Que représentait le père d'Irène pour sa fille? Comment s'explique cette impression de « père absent » que tant de femmes ont en commun avec Irène?

Lorsque nous étions enfants, la mère était notre premier objet d'amour, la première personne auprès de qui nous cherchions des marques d'affection et d'approbation. Mais notre père, dont la présence auprès de nous était généralement beaucoup moins constante et intense, nous a aussi témoigné son amour et a contribué à notre développement de façon aussi importante, mais radicalement différente. Quel rôle a-t-il joué auprès de nous?

D'abord, le premier amour de la petite fille pour un homme va à son père. Ses rapports avec lui affecteront de façon indélébile la perception qu'elle a de sa valeur en tant que femme aux yeux de tous les hommes. Deuxièmement, c'est son père qui lui apprend à s'affirmer, directement ou indirectement. La petite fille apprendra, par le biais de la relation de son père avec sa mère, que les femmes ont le droit de se défendre ou, au contraire, que l'affirmation de soi est un privilège strictement réservé aux mâles. Finalement, comme la plupart des petites filles n'ont pas une mère qui travaille *par l'amour du travail*, mais par nécessité économique, le père jouera un rôle déterminant sur l'avenir professionnel de son enfant. Sauf exception. C'est le père, et non la mère, qui sera le modèle de réussite. L'interaction entre le rôle du père et celui de la mère permettra à la fillette d'acquérir le sens de sa valeur comme femme ou, au contraire, créera d'innombrables conflits en elle. Comme très peu de femmes viennent de foyers où existait un équilibre parfait entre le père, la mère et la fille, la plupart des femmes souffrent déjà, dès l'âge de dix ans, d'un manque de confiance en elles qui s'exprime d'une façon ou d'une autre. De là, nous pouvons conclure que non seulement notre mère nous a laissé tomber mais que notre père a également des responsabilités dans les carences de notre éducation.

Percer le mystère de notre relation avec notre père peut prendre une vie entière. Nous avons vécu des années et des années avec une certaine vision de ce « premier amour » — vision fondée en partie sur des faits et sur des émotions, et en partie sur des fantasmes et des préjugés. Vous pouvez admirer et craindre votre père: il est le dictateur bienveillant. Vous pouvez avoir l'impression qu'il est le seul homme à vous avoir vraiment aimé et trouver tous les hommes inintéressants en les lui comparant — il est le héros, vous êtes la fille à papa. Vous pouvez le percevoir comme un crétin, un vaurien, un enfant qui n'a jamais vieilli — il est le raté adorable. Vous pouvez à la fois le respecter et l'aimer et pourtant vous sentir inévitablement mal à l'aise en sa présence parce qu'il n'y a jamais eu de véritable communication entre vous — il est l'homme fort et silencieux. Vous pouvez avoir été à ce point perturbée par votre relation avec lui que vous êtes encore incapable d'en discuter avec d'autres personnes — il est le monstre. Vous pouvez ressentir pour lui un attachement si profond que votre mère vous apparaît comme un obstacle entre vous et lui — il est un dieu. Vous pouvez l'aimer et ne jamais lui avoir dit. Vous pouvez le mépriser et lui faire savoir sans la moindre retenue. Vous pouvez l'avoir adoré jusqu'à un certain âge, puis ne lui avoir jamais pardonné de n'être que ce qu'il était — un homme imparfait qui n'a pas été à la hauteur de vos attentes. Si nous élevons un piédestal pour un être finalement insignifiant, nous nous sentons folles ou trahies.

La première période: le père adoré

Les recherches sur la sexualité humaine montrent que le père exerce une influence plus forte sur la conscience qu'aura sa fille de sa féminité que sur la conscience qu'aura son fils de sa masculinité. Comment expliquer ce fait?

En traitant sa fille comme un homme traite une femme, alors qu'elle est encore toute petite, le père aimant et compréhensif la persuade qu'elle peut attirer et intéresser un homme; il a du plaisir avec elle, il apprécie ses attentions et ses cajoleries et y répond par des gestes affectueux, sans irritation et sans embarras... Au contraire, le père qui ridiculise sa fille, qui est toujours absent ou qui réagit par la colère à ses tentatives de séduction, produit l'effet contraire. Le docteur William S. Appleton dit, dans son livre *Fathers and Daughters*:

« Le fait d'être privée complètement ou partiellement de contacts avec un père ouvert et chaleureux peut laisser chez une femme différents types de cicatrices dont la plus profonde est l'insécurité. L'indifférence en est une autre puisque cette femme ne sait pas comment être proche d'un homme et se sent toujours coupée de lui. Elle n'a pas nécessairement peur, elle ne s'attend simplement pas à recevoir de l'amour, de la chaleur, de l'intimité et de la tendresse de la part d'un homme. »

La première étape de la relation père-fille commence quand la fillette peut différencier ses parents l'un de l'autre. Plus elle apprend à bouger et à parler, plus elle exprime ses sentiments envers son père. Si celui-ci l'aime et l'accepte, la période de un an à cinq ans sera la plus merveilleuse pour elle: elle est la petite princesse de papa, la petite fille idéale. (Jamais plus elle ne trouvera auprès de lui le type d'amour et d'approbation qu'il lui donnait alors.) Elle l'amusera, le gâtera, lui trouvera le meilleur fauteuil de la maison et lui apportera ses pantoufles. Quand son père revient à la maison, sa mère, qu'elle aime pourtant de toutes ses forces, se transforme en dragon. La petite fille est la starlette de son père; il est l'homme qu'elle veut épouser, qu'elle veut avoir à elle seule. Maman peut aller se promener.

Lorsqu'elle atteint l'âge scolaire, sa vision de l'univers

s'élargit. Son père reste important pour elle, mais elle n'est plus sa précieuse petite fille. Il s'en suit un refroidissement dans leurs rapports mais leur lien est toujours chaleureux.

Et puis vient l'adolescence, les menstruations, les rendez-vous amoureux; le père comprend que sa fille commence à devenir une femme. Au fond de lui-même, il s'aperçoit que la transformation physique et émotive de son enfant chérie suscite en lui des sentiments conflictuels. D'abord, il ne veut pas la perdre au profit d'un autre homme mais il sait qu'il lui faut être réaliste et la laisser partir. Il n'aime pas penser qu'elle perdra sa virginité — ni penser à celui qui en bénéficiera — mais il sait que tôt ou tard un homme, *un étranger*, aura des droits exclusifs sur sa sexualité. Si le père est un homme sain et s'il a avec sa femme une relation satisfaisante sur le plan émotif, il pourra faire preuve de gentillesse et de délicatesse pour apprendre à sa fille comment elle devrait, selon lui, vivre sa sexualité; il pourra lui dire que la sexualité est une bonne chose mais seulement dans le mariage, ou encore que la sexualité est une bonne chose même avant le mariage, à condition qu'on la vive avec intelligence et discrétion. Forte de son équilibre émotif et instruite de ces codes sexuels, la jeune fille pourra prendre une décision.

Jusqu'ici ce père aimant et compréhensif semble trop merveilleux pour être vrai. En fait, il l'est, jusqu'à ce que sa fille adolescente s'aperçoive qu'il n'est qu'un être humain avec ses défauts et ses limites, et non une créature divine parfaite et d'une présence infaillible. C'est avec cette perception du père comme homme en chair et en os que la fille doit se réconcilier, ce qui risque d'être difficile. Voilà donc le père qui donne une vision beaucoup plus crue et décevante de l'homme que dans l'étape précédente. Il boit trop, et comme il doute de sa capacité à séduire d'autres femmes que la sienne, il a peut-être une ou deux maîtresses, et même davantage. Son emploi n'est qu'une sinistre caricature des ambitions de sa jeunesse et sa vie en général est bien terne et bien grise. Sa femme, dans la cinquantaine, a vieilli et s'est épaissie ce qui lui rappelle son propre âge; sa fille essaie de faire son chemin à travers les tourments de l'adolescence et n'a plus besoin de lui comme jadis!

La façon dont la fille réussit à accepter l'homme qu'est son père dans la réalité déterminera la façon dont elle percevra les autres hommes. Si elle réussit à voir son père comme un homme fondamentalement bon mais qui a des défauts et des faiblesses, elle pourra se libérer de son impulsion de petite fille à tout lui donner et à tout lui pardonner. Ce faisant, elle acquiert une maturité qui lui servira toute sa vie; elle apprend que toute relation d'amour porte ses ambivalences et que personne n'est parfait, pas plus elle-même que les autres. Cela signifie qu'elle peut aimer un homme et cesser de l'aimer cinq minutes plus tard; rechercher sa compagnie puis trouver qu'il a un timbre de voix insupportable; savoir que parfois il pourra l'aider sans même qu'elle ait besoin de faire appel à lui et qu'à d'autres moments, il sera indifférent à ses besoins. C'est là un comportement humain normal.

Comme elle a eu une relation saine avec son père, elle aura assez confiance en elle pour choisir un homme qui lui ressemble, c'est-à-dire qui est capable d'avoir un comportement humain normal. Son père était son ami; elle s'arrangera donc pour que son mari ne soit pas le type d'homme qui lui ferme des portes en la décourageant, en la diminuant et en l'humiliant lorsqu'elle essaie de s'exprimer. Elle pouvait avoir confiance en son père; son mari sera digne de confiance. Son père était attentif; son mari le sera aussi. Son père avait des failles; son mari aura également des faiblesses acceptables.

De nombreuses femmes restent bloquées dans les premiers stades de la relation père-fille. Le père peut avoir été attentif et protecteur à l'excès et trop enthousiaste dans son admiration éperdue pour sa fille: il devient alors difficile pour elle de quitter l'enfance. Une telle femme aura besoin de l'approbation des autres pour garder son estime d'elle-même. Elle aura désespérément besoin d'un homme pour la protéger et l'admirer. Souvent, elle épousera un homme beaucoup plus vieux qu'elle, un substitut paternel qui la dorlotera avec ce dévouement inconditionnel qui lui est indispensable. Pour elle, être privée de la compagnie d'un homme qui l'aime équivaut à la misère la plus insupportable. Il n'est pas rare que se genre de femmes se déçoive elle-même et constate finalement qu'elle avait aussi des raisons beaucoup plus pragmatiques pour épouser un homme mûr.

Dina a été mariée deux fois à des hommes ayant respectivement vingt et vingt-huit ans de plus qu'elle. Elle affirme: « Aimer un homme plus vieux s'explique moins par l'attachement au père que par leur expérience de la vie. Ils savent tellement de choses, ils ont fait tant de choses! Avec eux, j'apprends toujours... Bien sûr, je dois leur céder le pas, mais probablement pas davantage que d'autres femmes mariées à des hommes de leur âge. »

La personnalité émotive de Dina, et des femmes comme elle, est marquée par de nombreux conflits intérieurs. Les critiques venant d'un homme la blessent très vite; après tout, son père n'a jamais relevé ses erreurs pour ne pas l'offenser. A-t-elle vraiment ces défauts, pourra-t-elle se demander, ou cet homme la persécute-t-elle? Ce qu'elle déteste le plus se faire dire, c'est de « cesser de se conduire comme une enfant »; elle a horreur qu'on lui demande de faire sa part dans son mariage ou d'agir de façon plus autonome. « Pourquoi devrais-je m'occuper de payer les factures? Je n'avais pas à faire cela avant d'être mariée, protestera-t-elle. Je ne veux pas aller magasiner seule. Avant notre mariage, tu venais toujours choisir mes vêtements avec moi. »

Comme son père était selon elle infaillible, la femme-enfant ne peut faire face aux erreurs de son mari. S'il tourne à gauche sur l'autoroute au lieu de continuer tout droit, elle l'engueulera et le traitera de tous les noms. Elle ne tolère aucune faute. Comme elle a un sens exagéré de sa propre importance — ce qui prouve qu'en fait elle doute de sa valeur réelle — le moindre incident se charge de sens: « L'autre jour, j'assistais à une réception dans un jardin chez un ami, m'a raconté une femme, il y avait là trois cents invités et une abeille. Devinez qui l'abeille a choisi de piquer? »

Comme ce genre de femme vit encore dans la petite enfance, elle a sans cesse besoin d'être approuvée. Elle observera ce que font les autres avant d'agir. Elle portera ce que portent les autres, n'aura aucune idée originale et ne prendra jamais le risque d'exprimer son individualité par peur de faire fuir les gens. Et pour elle, personne aura jamais la générosité de son père.

Voyons maintenant ce qui se passe quand la fille à papa reste bloquée au stade de l'admiration. Si son père ne tombe pas de son piédestal, elle sera obsédée par le besoin d'être adorée. Il faut que le père participe activement à cette *folie à deux**. Verbalement ou par son attitude, le père convainc sa fille qu'aucun homme n'est digne de lacer ses souliers. Ce qu' il lui donne émotivement et matériellement, lui explique-t-il, aucun autre homme ne lui donnera jamais, quelle que soit la force de son amour et la générosité de son âme. Le père qui ne vit que pour sa fille et qui lui donne tout, refuse de la laisser partir. Pourquoi accepterait-il de la perdre? Qui d'autre pourrait l'adorer avec une telle ferveur?

---

* En français dans le texte original. (*N.D.T.*)

Ce lien émotif n'est pas sans conséquence. La femme risque de rechercher l'aide de son père jusqu'à la fin de ses jours, qu'elle se marie ou non. Souvent, elle se marie en pensant que fuir sa présence mettra fin à la lutte qu'ils se livrent. Et puis quelque chose se passe. La prophétie de papa à l'effet qu'aucun homme ne peut être aussi bon que lui devient une réalité. « Je veux un manteau de fourrure », exige la femme. Son mari refuse. Papa lui en achète un avec plaisir. Elle pourra croire que sa seule *présence* suffira à lui assurer l'amour de son mari, qu'elle n'a pas besoin de lui donner quoique ce soit d'autre. C'était ainsi avec son père et sa présence est tout ce qu'elle pense avoir à donner. Elle pourra s'apercevoir que son père a des points faibles et le manipuler pour obtenir ce qu'elle veut; son père ne sera pas dupe de son manège, mais il n'en sera que davantage disposé à payer le prix. Elle pourra le voler, détruire ce qui lui appartient, et même détruire son ménage, il ne l'abandonnera jamais et ne lui permettra jamais de devenir une adulte. Le père sait qu'aussi long-temps qu'il lui donnera son amour inconditionnel, sa fille lui reviendra; la fille adorée sait que quoiqu'elle fasse, son père lui pardonnera, et fera toujours passer leur relation avant tout. Sa relation avec son mari restera toujours secondaire.

Les premières années: le père « absent »

Pendant que les petites filles qui ont des pères aimants et compréhensifs font des entrechats et des cabrioles « juste pour toi papa », celles qui sont privées de leurs pères — au propre ou au figuré — continuent à embrasser leurs mères. Privée de son père par la mort, le divorce ou la désertion, la petite fille n'aura plus jamais l'occasion de se mesurer à un homme. Si elle ne trouve pas dans son entou-rage immédiat un homme qui assume le rôle paternel — un oncle ou un grand-père, par exemple, avec qui elle pourra

117

établir une relation positive — elle se raccrochera à sa mère et souffrira gravement de l'absence de l'homme dans sa vie.

Quand son père meurt, la petite fille éprouve un sentiment de perte insurmontable et vit son deuil de façon extrêmement pénible. Mais sa mère peut la rassurer en expliquant à l'enfant qu'elle n'est pas responsable de ce départ. L'amour de son père n'était pas éternel comme elle le croyait mais au moins, cet amour existait. Le divorce peut s'avérer encore plus douloureux. Le père après tout continue à vivre loin d'elle; pourra-t-elle profiter de son amour? Cela dépend de la mère. Si elle entretient du ressentiment à l'égard de son ex-mari, elle pourrait bien vouloir que sa fille partage sa piètre opinion de l'homme qui l'a quittée.

Pour ne pas vivre seule son malheur, la mère destructrice pourrait investir son énergie à essayer d'anéantir chez sa fille toute tendresse et toute confiance en son père: « Il vient te voir seulement quand il n'a rien d'autre à faire. » « Il sort avec toi parce qu'il se sent coupable; ne crois pas que c'est pour te faire plaisir. » « Comment peux-tu penser qu'un homme comme lui s'intéresse à quelqu'un d'autre, même à sa propre fille? » Ainsi, la fille voit sa confiance battue en brèche, sa relation avec un père qu'elle voudrait aimer et admirer lui échappe et elle risque d'être blessée au passage par sa mère qui voudrait l'avoir comme alliée.

Bien des pères investissent tout ce qu'ils ont à donner dans leur travail et dans leurs intérêts immédiats et s'intéressent fort peu aux besoins d'une petite fille; ils peuvent être physiquement présents mais vivre ailleurs leur émotivité. Les efforts de séduction d'une petite fille, qui a un tel père, risquent d'être accueillis par une douche écossaise plus ou moins brutale: « Mais oui, c'est un beau dessin maintenant va jouer dans ta chambre. » « Je t'ai dit de ne pas me déranger et de rester tranquille! »

En peu de temps, le principal sentiment de la fille pour son père sera la colère et plus elle vieillira, plus sa colère grandira. Comme elle n'a pas pu profiter de son enfance pour apprendre à avoir confiance en elle, elle ne parviendra jamais à établir une relation de confiance avec son père ni avec aucun autre homme. Le docteur Appleton dit de cette privation qu'elle peut amener de nombreuses femmes à réagir à leurs conflits avec leurs pères en ne ressentant aucun désir sexuel pour les hommes. « Une petite fille qui n'a reçu aucune attention de la part de son père, constate-t-il, ne vivra probablement pas de fortes passions sexuelles une fois adulte. Cette femme pourra devenir une épouse qui fait l'amour avec son mari mais sans y prendre plaisir, pas plus qu'avec d'autres hommes d'ailleurs. »

Privée de l'attention de son père quand elle n'était encore qu'une petite fille, il se peut que cette femme recherche par la suite les aventures en série ou les mariages à la chaîne pour le simple plaisir de la conquête. Son père la repoussait peut-être, se dit-elle avec rancune, mais les autres hommes eux n'en font pas autant. C'est là sa revanche. Elle a besoin de l'excitation que procure un nouveau visage, un nouveau corps, une nouvelle présence. Mais elle n'aime pas prolonger ses relations. Elle trouvera vite une bonne raison pour quitter l'homme du moment et en trouver un autre.

Souvent, la femme frustrée et insatisfaite dans ses relations avec les hommes avait une mère qui avait ressenti avant elle des émotions similaires. Comme son mari était inaccessible même s'il était à la maison, la mère s'est peut-être servie de sa fille comme planche de salut pour ne pas sombrer dans son propre malheur. La fille d'une telle femme s'est peut-être faite dire que les hommes sont des ennemis qui nourrissent, habillent et entretiennent leurs captives; qu'ils sont des débauchés et que la sexualité est un crime contre les femmes. Et pourtant cette femme encouragera sa fille à se marier quand même, le plus vite possible! Cette dernière se retrouve dans une situation intenable, perturbée sur le plan émotif par l'attitude de ses parents — de son père qui l'ignore et de sa mère qui déverse sur elle toute sa rancoeur.

« Mon père m'a fait clairement sentir qu'il ne s'intéressait pas à moi, m'a raconté une femme, et ma mère m'a fait clairement comprendre à son tour que tout ce qu'il pouvait avoir à donner devait être pour elle. Je ressentais une méfiance profonde à l'égard des hommes et pourtant j'avais désespérément besoin de sentir qu'ils voulaient de moi pour me prouver que j'étais une femme. Vers l'âge de seize ans, j'avais un petit ami et pourtant je ne l'invitais jamais à m'accompagner dans les réunions d'amis. J'avais peur qu'il me compare à d'autres femmes parce qu'alors j'étais certaine de le perdre.

« Je me suis mariée à vingt-deux ans à un homme que j'adorais littéralement. Je n'arrêtais pas de lui dire que je l'aimais; lui ne me l'a jamais dit en quatre ans de mariage. Cette union était un échec complet mais je refusais de l'admettre. J'ai suivi une thérapie et j'ai finalement compris ce que j'attendais de lui. Il devait être l'homme qui me sauverait la vie; je voulais qu'il soit mon amant, mon mari, mon ami et mon père. D'une part je l'idéalisais, et d'autre part je ne pouvais supporter ses défauts. Je lui avais rendu la vie infernale en croyant qu'il faisait la même chose avec moi. C'était un homme bon, stable, et qui m'aimait au fond, mais je voulais un héros, le type d'homme qu'il n'était pas et qu'il ne pouvait pas être. »

La fille, privée de son père dès sa tendre enfance, vit une adolescence de plus en plus tumultueuse à mesure qu'elle s'aperçoit qu'elle devient une femme. Elle est révoltée, méfiante, toujours en train d'éprouver ses limites

— et pourtant toujours dépendante de l'approbation de ses parents. Elle ne se sent ni attirante ni désirable et n'arrive pas à croire qu'il puisse en être autrement. Son mariage sera un champ de bataille. Comme elle a si peu d'estime pour elle-même, elle luttera pour obtenir la reconnaissance d'autrui; souvent, elle poussera son mari à réussir à sa place pour que les autres se rendent compte de sa valeur. Les autres sont ses seuls critères; elle se juge elle-même et juge son mariage en fonction de ce que les autres femmes obtiennent de leurs maris. Elle cherche à avoir le contrôle sur les hommes: « La mari de Janet l'a amenée à Paris pour leur anniversaire. Pourquoi est-ce que tu ne m'amènes qu'au restaurant? » Son mari doit lui assurer un statut social prestigieux et pour cela elle le mettra en compétition avec les autres hommes de son entourage: « Ken a obtenu une promotion après deux ans à l'emploi de la compagnie. Comment se fait-il qu'il soit administrateur et pas toi? » Quand elle commence à s'ennuyer dans son mariage, elle ne dédaigne pas la possibilité d'une aventure extra-conjugale; mais l'amant qu'elle choisit risque d'être exigeant et indiscret — le type d'amant qui n'hésitera pas à téléphoner chez elle pour lui murmurer des mots doux alors que son mari est à ses côtés. Peu importe que son mariage soit terne, que son amant ne respecte pas son intimité, cette femme a besoin de relations houleuses et si elle ne trouve pas ce qu'elle cherche dans une aventure, elle le trouvera à domicile en semant la tempête autour d'elle.

D'autres femmes émotivement perturbées par l'absence du père préféreront le succès professionnel; croyant qu'elles obtiendront la reconnaissance paternelle par un biais que les hommes comprennent — le travail — elles deviennent des compétitrices acharnées. Qu'elles rivalisent avec des hommes ou non, elles grimpent les échelons jusqu'au sommet, poussées par l'esprit de vengeance. Quelle que soit la voie qu'elles choisissent, et peu importe si ce n'est pas une voie « féminine », l'important est d'aller de l'avant pour rejoindre leurs pères en les égalant ou en les dépassant. À certains égards, le succès professionnel peut être finalement ce dont elles avaient besoin pour les aider à reviser leurs relations avec les hommes. La femme qui reste dépendante de son mari ne se retrouve jamais confrontée à elle-même; par contre, la femme qui prend le risque de réussir elle-même ne peut qu'y gagner une certaine estime de soi. Son statut social est le preuve de sa valeur puisqu'elle l'a atteint par ses propres moyens.

Certaines ont eu un père distant lorsqu'elles étaient encore des petites filles et qu'elles voulaient se prouver qu'elles avaient du charme, mais ont vu ce père se rapprocher d'elles à l'adolescence. D'autres au contraire ont été adorées par leur père jusqu'à l'âge de cinq ou six ans et ont découvert par la suite que cet homme était au fond froid et distant; elles ont eu de graves conflits avec lui pendant la puberté.

« Je revois encore le visage de mon père quand ma mère lui a annoncé que j'étais menstruée, raconte une femme, il a pâli, il semblait sur le point de s'effondrer sous l'effet d'un choc violent. Je n'avais que dix ans et j'étais encore un bébé même si j'avais l'air d'avoir quatre ans de plus. J'étais vraiment « la fille à papa ». Mes soeurs étaient plus proches de mère. Notre relation s'est terminée ce jour-là. Nous ne nous sommes, pour ainsi dire, plus reparlé pendant les huit années qui ont suivi, sauf pour nous quereller sur le désordre de ma chambre. Ma mère m'a dit qu'être menstruée, c'était devenir une femme mais je ne voulais pas en être une si pour cela il me fallait perdre mon père. Pendant des années, j'ai été incapable de nouer une relation; j'avais peur d'être rejetée *parce que j'étais une femme.* »

Évaluer son père

Comment jugeriez-vous votre enfance avec votre père? Quelle sorte de fille étiez-vous? Adorée ou négligée? Êtes-vous encore à la recherche d'un père? Permettez-vous à votre père d'avoir des défauts, d'être un homme en chair et en os, ou est-il toujours votre héros? Avez-vous constamment besoin d'attention? Repensez maintenant à la façon dont votre père traitait votre mère. Quelle était la nature de leur relation? Faisait-il passer vos besoins avant ceux de votre mère? Était-il exagérément chaleureux et affectueux avec vous? Ou au contraire froid et distant?

Et qu'en est-il de votre mari? Avez-vous remarqué une certaine similarité entre votre mariage et celui de vos parents? Exigez-vous toujours davantage de votre mari que ce qu'il est prêt à vous donner? Ce qu'il vous donne vous semble-t-il toujours insuffisant? Êtes-vous toujours en colère contre lui? Quelles sont les raisons de cette colère? Qu'attendiez-vous d'un mari? Qu'il vous fasse vivre gratuitement sans que vous n'ayez rien à donner en retour? Cherchez-vous à utiliser votre mari pour qu'il réussisse à votre place? Avez-vous hâte que votre mari éclipse votre père pour prouver à ce dernier que vous pouvez attirer un homme qui vaut mieux que lui?

Certaines personnes nous inspirent un comportement différent de notre comportement habituel. Quelqu'un pourra nous décrire comme une femme timide alors que nos proches nous trouvent au contraire très délurée. Quel type d'homme choisissez-vous et quels sont les traits de votre caractère qui se manifestent en leur présence? Le désir de vous occuper d'eux? Celui de vous faire protéger? La bonne humeur, la communicativité, l'indifférence, la méfiance, le désir, l'amitié ou l'aversion? Quel genre d'hommes font ressortir le meilleur côté de vous-même? Votre mari est-il quelqu'un qui enrichit votre vie en encourageant votre côté le plus productif et le plus humain? Si un partenaire fait ressortir en vous des traits de caractère qui sont à votre désavantage, n'essayez pas de le réhabiliter. Mais ne fuyez pas la vérité. Si vous êtes comme le feu et l'eau, il vaudrait mieux en faire votre ami que votre mari, ne croyez-vous pas? S'il recrée avec vous la relation que vous aviez avec votre père et que votre relation avec votre père vous a empêché de mûrir, à quoi bon?

Vous comportez-vous encore avec votre père comme quand vous étiez une petite fille ou une adolescente? Savez-vous comment le mettre en colère, lui faites-vous du chantage à l'amour, vous servez-vous de ses faiblesses pour arriver à vos fins? Une femme que je connais fait enrager son père chaque fois qu'elle le voit. « Papa, j'ai rencontré un homme mais je crois que tu ne l'aimeras pas » dit-elle de façon stratégique en préparant la bataille qui s'en vient. « C'est un acteur en chômage qui vit dans un camion, mais il est extraordinaire! » Le père, mordant automatiquement à l'hameçon, monte sur ses grands chevaux: « Es-tu folle? Parles-tu sérieusement? N'espère pas que je vous fasse vivre tous les deux! »

Votre père est comme il est, et il ne sait probablement comment être autrement. *Vous* avez encore la possibilité de changer en apprenant à l'aborder de façon différente et à le traiter comme une *personne*. Ainsi, en changeant *votre* comportement, vous pourrez commencer à sortir du cercle vicieux émotif où vous êtes enfermée avec lui. S'il était un père « absent », comprenez qu'il n'a pu assumer sa paternité — et que peut-être il ne le peut toujours pas. Il serait absurde de vouloir ressusciter le passé et espérer qu'il vous fasse enfin sauter sur ses genoux. Souvent, les filles trouvent le courage de dire à leurs pères que quoiqu'ils aient fait, elles les aiment encore. Cette confession touchante peut, selon les cas, entraîner un rapprochement ou amener le père à une réponse cruelle dictée par la culpabilité et la peur. Une de mes amies m'a raconté que son père avait réagi ainsi. « Papa », a dit une femme à son père qu'elle n'avait pas revu depuis dix ans, « je voudrais que tu saches que je m'intéresse à toi et que j'aimerais que nous soyons amis. » Il a répondu: « Tu ne fais toujours pas partie de mes projets. »

Le père trop indulgent risque de ne pas apprécier que sa fille épouse un homme qui peut lui donner ce dont elle a besoin. Il est le genre de père qui va dans un magasin pour s'acheter une cravate et qui finit par faire envoyer une garde-robe complète à sa fille. Pourquoi? Parce qu'elle lui a raconté qu'elle et son mari faisaient des économies pour acheter un mobilier neuf. Il est difficile de mettre un frein à la générosité inépuisable si l'accepter est devenu une seconde nature, mais si la fille excessivement choyée par son père n'apprend pas à lui dire non, elle risque de gâcher son mariage. Si le père se fâche, c'est son problème; ce qu'il veut, c'est vous garder dans votre rôle de petite fille, non pas pour votre bien mais pour le sien. Il est douloureux de repousser la sécurité de cet amour paternel mais la « fille à papa » doit comprendre que son mari, et ce qu'il peut lui apporter, passe avant tout.

Pourquoi est-il si important d'analyser notre relation avec notre père? Dans le mariage, les rôles se fixent au cours des premières années et deviennent de plus en plus difficiles à modifier au fur et à mesure que le temps passe. En thérapie, j'entends des femmes me raconter une dispute qu'elles ont eu il y a quinze ans avec leur mari, l'aventure qu'il a eu il y a dix ans et comment il a été insensible il y a trois ans. Pour ces femmes, il y a quinze ans, dix ans, trois ans, c'est comme hier. Pourquoi? Elles n'ont jamais complètement résolu ces problèmes au moment où ils sont survenus; à la longue, elles se sont résignées à courber le dos et à traîner, pour le reste de leurs jours, le fardeau des injustices commises contre elles. Peu d'entre nous ont réglé leurs problèmes avec leurs parents, et nous ne réglons pas nos problèmes avec nos maris.

Voulez-vous que votre père change de comportement avec vous? Cela est possible mais le changement ne viendra pas de lui. Comportez-vous avec votre père comme vous voulez qu'il se comporte avec vous, cessez de réagir en fonction de vos vieilles habitudes et il comprendra. Voyons ce que mon amie sarcastique dirait à son père après sa rencontre avec un acteur en chômage. Il s'agit de toute évidence d'une relation où le père se préoccupe de la vie sociale de sa fille. Au lieu de le provoquer, en lui donnant une information qui le mettra en colère, elle pourrait attendre qu'il lui demande si elle a un homme dans sa vie. « Vois-tu quelqu'un ces temps-ci? » « Non », pourrait-elle répondre en femme adulte, « personne que je voudrais te présenter... du moins pour l'instant. » Et elle changerait de sujet.

Une fois adulte, vous êtes en mesure de tolérer l'ambivalence de vos sentiments pour vos parents, de reconnaître leurs faiblesses, de les accepter et de les transformer. Si vous percevez vos parents comme des représentants d'une autorité éternelle, vous ressentirez inévitablement des sentiments désagréables envers eux. Une femme qui traîne ce que le docteur Appleton appelle une « fixation haineuse » à l'égard d'un de ses parents restera liée émotivement à ce parent toute sa vie et, à cause de ce lien, ne sera pas libre de trouver un homme qui comblera ses besoins. Elle cherchera toujours un amour, une attention et une approbation inconditionnels; elle exigera de l'argent, des compliments et ne tolèrera aucune critique. Tant qu'elle ne rompera pas ce lien, elle ne tarira pas la source des sentiments blessants et des émotions douloureuses.

Rares sont les pères qui nous demandent davantage que d'être des femmes bonnes, responsables, chaleureuses.

Peut-être avons-nous été trop exigeantes avec eux. Nos pères ont fait ce qu'ils ont pu. Maintenant, c'est à notre tour.

Chapitre cinq

Mordre la main qui vous nourrit

« *Tous ces écrivains qui ne cessent de parler de leur enfance!* » *dit-elle amèrement.* « *Bon Dieu, si j'avais eu le malheur d'écrire sur la mienne, vous ne voudriez plus être dans la même pièce que moi.* »

John Keats, *You Might As Well Live/The Life and Times of Dorothy Parker*

Votre santé sera inévitablement affectée si, jour après jour, vous dites le contraire de ce que vous pensez, si vous vous inclinez devant ce que vous détestez et si vous vous réjouissez de ce qui ne vous amène que le malheur. Nos âmes ne peuvent être violées sans cesse impunément.

Boris Pasternak, *Docteur Zhivago*

Non seulement nous nous sommes habituées à la façon dont nos parents nous ont toujours traitées, mais nous recréons le même type de rapports avec nos maris. Bien que ce ne soit pas une règle absolue, la plupart des femmes qui ont été malheureuses avec leurs parents ont des problèmes très semblables avec leur mari. Encore enfermées dans l'univers familial, encore déterminées par ces vieilles réactions qui nous mettent en colère, nous rendent maussades et peureuses, nous font douter de nous et nous donnent l'impression de n'être personne, nous transférons tous ces sentiments à un homme. Piégées par ces rituels familiaux problématiques, il nous est difficile de faire autre chose que de choisir un partenaire qui endossera le rôle autoritaire en reproduisant l'attitude de nos parents avec nous. Entre notre rôle d'enfant dans la famille et notre rôle d'épouse dans le mariage, la marge est mince.

Conscientes d'avoir intégré une image profondément négative de nous-mêmes à l'intérieur de la famille, plusieurs d'entre nous s'étaient juré de trouver un homme qui leur donnerait l'amour dont elles avaient manqué avec leurs parents. Et pourtant, malgré notre détermination, les choses tournèrent autrement: consciemment ou inconsciemment, nous avons été attirées par des hommes qui ont pris la relève de nos parents. De tels mariages se transforment vite en sinistres rappels du passé — avec toute l'ambiguïté des sentiments de notre enfance.

Peut-être avez-vous essayé sans succès de vous libérer de l'emprise malsaine de votre famille. Je connais des femmes qui ont coupé toute communication avec leurs parents, croyant ainsi résoudre leurs problèmes. En vain. Ces femmes peuvent brûler des tas de photos de famille, raccrocher le téléphone dès qu'elles entendent la voix de leur père ou de leur mère à l'autre bout du fil et même se déclarer orphelines à la face du monde entier, en fait, papa et maman restent pour elles une préoccupation toujours aussi déprimante. Elle apprennent par expérience que la séparation physique n'assure pas la libération émotive. Certaines perdent patience avec leurs parents et poursuivent sous différentes formes les vieux affrontements de leur enfance. D'autres battent en retraite et s'excusent systématiquement d'être en vie: « Désolée, maman. Désolée, papa. Je ne suis pas l'enfant que vous auriez voulue. »

Rompre les liens destructeurs qui nous rattachent encore à nos parents n'est pas facile. Mais il n'est pas impossible de surmonter le négativisme et de sortir du cercle vicieux où nous sommes enfermées avec nos parents. Pour y parvenir, vous devrez être prêtes à réexaminer objectivement le couple que forment vos parents et votre relation avec chacun d'eux. Si vous vous réconciliez avec votre histoire, vous pourrez vous libérer de son influence destructrice. Sinon, vous risquez de reproduire les mêmes comportements névrotiques avec votre mari et vos enfants, en espérant obtenir d'eux les réactions que vous attendiez de vos parents. Ces réactions positives vous échapperont tant que vous serez encore déterminées par votre relation avec ces derniers. Ainsi, si vous étiez la victime et la tête de turc de la famille, l'homme de votre vie ne sera probablement pas un être bon et généreux mais quelqu'un qui se fera un plaisir de satisfaire votre besoin de vous sentir exploitée. Et vous jouerez le jeu comme si c'était le seul dont vous connaissiez les règles.

Les parents obsédés par d'intolérables sentiments

d'impuissance et d'incompétence envers leurs enfants doutent en fait d'eux-mêmes. Bien maigre héritage, direz-vous, duquel il n'y a pas grand-chose à tirer. Mais leurs véritables qualités se sont perdues quelque part, entre la culpabilité et le mélodrame; elles ont sombré dans l'océan tumultueux de la vie familiale. À vrai dire, nous passons beaucoup trop de temps à ressasser les défauts et les carences de nos parents en négligeant ou en niant leurs côtés positifs. Car *ils en ont* et, si rares soient-ils, ces côtés positifs valent la peine d'être reconnus.

Vous n'êtes pas obligées de passer votre vie à en vouloir à vos parents ou à souhaiter qu'ils changent. Vous devez modifier vos réactions face à eux. Comment? D'abord en essayant de voir le mariage de vos parents tel qu'il est, non plus avec des yeux d'enfant mais avec un regard d'adulte; deuxièmement, en vous penchant sur les répercussions de leur relation sur vous et sur le choix de votre partenaire.

Décrivez votre père et votre mère, leurs personnalités respectives. Avaient-ils tous les deux le même comportement ou agissaient-ils de façon radicalement différente?

« Mon père était un homme tyrannique, m'a raconté une femme de Boston, attaché à des règles de vie très strictes. Ma mère était tout le contraire: une artiste un peu écervelée qui se tirait d'affaire grâce à sa vivacité d'esprit. Ils se querellaient sans cesse mais je savais que c'était moins pour se détruire l'un l'autre que pour établir qu'elle n'était qu'une petite fille et qu'il était le seul maître à bord. J'ai grandi en croyant que chez un homme la colère et l'agressivité cachaient un grand amour. C'était peut-être vrai pour mon père, mais ce fut rarement le cas pour les hommes que j'ai rencontrés. » Une autre raconte: « Mon père était un homme timide et doux comme un agneau; par-dessus tout, il voulait qu'on l'aime et il nous pardonnait tout. Ma mère s'occupait de tout, y compris des questions d'argent; elle choisissait tous ses vêtements et même la marque de son déodorant; je voulais épouser un homme comme lui, mais un peu plus débrouillard. »

Vos parents vous ont-ils transmis une certaine « philosophie de la vie »? Par exemple: « Prends tout ce que tu peux et donne le moins possible en échange parce que dans la vie, c'est chacun pour soi. » Ou encore: « La vie n'est faite que d'épreuves et de malheurs. », « Ne sois pas trop curieuse, cela ne t'attirera que des problèmes. » « Sois comme nous. » « Regarde ce qu'il y a de bon chez les gens et ne te laisse pas décourager par l'échec. »

Que pensez-vous du mariage de vos parents? Est-ce le genre de mariage que vous souhaiteriez? Votre mariage ressemble-t-il au leur?

« Mes parents souffraient tous deux d'une insécurité démesurée, m'a raconté une femme, ils étaient terrifiés par la pauvreté et économisaient sur tout. Ils nous ont toujours dit que nous étions pauvres, mais un jour j'ai découvert qu'ils avaient une fortune à la banque. L'argent était leur dieu. Si je voulais quelque chose, je devais le gagner à la sueur de mon front; j'ai commencé à travailler à quatorze ans. J'ai épousé un homme qui était tout le contraire d'eux; le genre d'homme qui jette l'argent par les fenêtres, qui achète une voiture neuve plutôt que de rembourser l'hypothèque de la maison et qui se paie un habit de soirée alors que les enfants ont besoin de chaussures. Mes parents étaient avares et mon mari gaspillait jusqu'au dernier sou; dans un cas comme dans l'autre, je manquais de tout et les questions d'argent m'inquiétaient sans cesse. »

Selon vous, auquel de vos parents ressemblez-vous le plus? « Je suis comme ma mère. » « Je pense comme mon père: peu importe ce que vous faites, quelqu'un vous mettra des bâtons dans les roues. » « Je suis égoïste comme ma mère. » « Je me fais facilement des amis; mon père était comme cela. »

Lequel de vos parents préfériez-vous et pourquoi? « Mon père avait un merveilleux sens du jeu et de l'aventure. Avec lui, j'étais heureuse, tandis que ma mère était plutôt rabat-joie. » « Ma mère était d'une incroyable gentillesse; tout le monde l'adorait et j'en étais fière. » « Mon père était un homme doux et même s'il n'était pas démonstratif, je n'ai jamais douté de son amour. Ma mère, elle, était portée sur la méchanceté et j'avais constamment peur qu'elle ne s'en prenne à moi. »

Un de vos parents avait-il l'habitude de vous faire ce genre de reproche: « Tu es comme ta mère/ton père. » « Tu ne fais qu'à ta tête exactement comme *lui*. » « Je me demande où tu as pris l'idée de devenir danseuse. Ça ne vient certainement pas de *moi*. » « Dans *ma* famille, personne n'a la tête dans les nuages. » (ou « personne n'est obèse », ou « personne n'a mauvais caractère »).

Quel est votre premier souvenir où ils apparaissent tous les deux? « Juste avant de se séparer, mes parents ont eu une terrible dispute, » m'a raconté une femme de Détroit, « j'avais environ quatre ans. Ma mère pleurait, assise sur son lit, et je me souviens de m'être bouché les oreilles pour ne pas entendre ce que mon père lui criait. Je le revois se diriger vers le miroir et mettre un pansement sur son nez. Je dois lui avoir demandé pourquoi parce que je me souviens qu'il m'a répondu: « Ta mère m'a lancé une chaise. »

De quoi vos parents se plaignent-ils? « Ton père ne me donne pas assez d'argent. » « Ta mère est vulgaire. » « Je n'ose pas sortir avec ton père; il me fait honte. » « Ta mère est frigide; je ne peux pas la toucher. »

Vous répétaient-ils sans cesse de suivre l'exemple de vos frères et soeurs?

« On m'a élevée en me disant que je devais devenir le genre de femme que mon frère Roger épouserait, m'a raconté une New-Yorkaise. Il était le « trésor » de la

135

famille: beau, intelligent, toujours de bonne humeur. Mes parents me comparaient toujours à lui. Ils allaient jusqu'à me dire que j'étais trop maquillée et que Roger ne voudrait pas être vu avec une femme comme moi. »

Leur façon de vivre était-elle contradictoire avec les messages qu'ils vous inculquaient?

« Ma mère était obsédée par la sexualité. Elle me répétait sans arrêt que je ne devais pas faire l'amour avant le mariage, que c'était l'acte le plus répugnant que puisse poser un être humain. Et un jour j'ai appris de la bouche de mon père qu'elle avait couché avec lui avant d'être mariée. J'aurais voulu l'étrangler. À cause d'elle, mes relations sexuelles avec mon mari étaient un véritable enfer; j'entendais toujours la voix de ma mère me dire non, non, non! Il m'a fallu des années pour assumer ma vie sexuelle et cesser de la voir comme une corvée. »

Pouviez-vous discuter avec vos parents de vos problèmes personnels sans passer pour une folle, sans être punie et sans que cela vous embrouille encore davantage?

« Je voulais me marier, m'a expliqué une femme du Connecticut, parce que je voulais avoir un foyer et quelqu'un à mes côtés mais j'avais peur que cet homme me domine et prenne toutes les décisions à ma place. Quand j'ai confié à ma mère mes inquiétudes, elle m'a répondu: « Voyons chérie, ton mari ne te dominera pas. Il va seulement t'aider *comme nous l'avons fait*. »

Vos parents prétendaient-ils toujours savoir ce qui était le mieux pour vous? Aviez-vous peur de prendre des décisions sans les consulter ou de relever seule des défis?

« Pourquoi veux-tu être chanteuse? demandait une mère à sa fille. Pourquoi ne te contentes-tu pas de chanter dans la chorale le dimanche et d'enseigner le reste de la semaine? Si tu restes à la maison, tu éviteras la déception de ne pas te trouver de travail. Réfléchis, ne crois-tu pas que cela vaudrait mieux pour toi? » Et la jeune femme est restée dans la chorale...

Qu'est-ce que vos parents attendaient de la vie avant de se marier? Sont-ils heureux de leur sort? Sinon, pourquoi?

« Ma mère voulait épouser un homme dynamique qui lui assurerait une vie facile, dit une femme de l'Illinois, mon père voulait réussir *pour elle*; trois ou quatre fois de suite, ses entreprises firent faillite. Elle le harcelait sans cesse pour qu'il devienne « quelqu'un » et contrôlait ses moindres gestes. À cinquante-cinq ans, il était épuisé et très amer; ma mère, elle, se disait qu'elle avait gâché sa vie avec un raté. Je l'ai souvent entendu dire qu'elle aurait dû épouser son premier prétendant, devenu pharmacien par la suite. Je sais que mon père l'a aimée autrefois et qu'il avait probablement besoin, pour une raison ou pour une autre, d'une femme qui lui pousse dans le dos. Elle lui a poussé dans le dos une fois de trop, et il l'a quittée. Il est maintenant vendeur dans un grand magasin et il aime son travail. Il est heureux et soulagé de ne plus avoir à subir de pression. »

Aviez-vous l'impression d'être aimée et digne d'amour? Avez-vous acquis la certitude d'être une personne humaine essentiellement valable malgré vos défauts ou celle d'être une personne insignifiante qui causera toujours des problèmes?

« Ma mère ne me laissait rien faire seule, raconte une femme de New York, et elle m'accusait ensuite d'être idiote, bonne à rien, stupide et paresseuse. Mon père décourageait tout ambition chez moi et me répétait toujours que j'aurais de la chance si un homme voulait de moi. J'avais l'impression qu'il m'était impossible de leur plaire et si par hasard j'y parvenais, j'attendais les insultes qui ne manqueraient pas de suivre. »

Pouviez-vous éviter de faire des choses qui selon vous n'étaient pas dans votre intérêt? Étiez-vous récompensée pour des gestes qui vous laissaient un mauvais goût dans la bouche? Aviez-vous parfois l'impression qu'on vous demandait de faire abstraction de vos sentiments et de vos opinions?

« Ma mère ne voulait pas que j'aie des amis et trouvait quelque chose à reprocher à chacun d'eux. Elle me défendait d'aller chez eux et de les inviter chez moi. Pour me consoler, elle m'emmenait magasiner et m'achetait quelque chose dont je n'avais pas besoin. »

Vos parents encourageaient-ils vos efforts et vos talents? « Très jeune, je voulais être une artiste, m'a raconté une New-Yorkaise, mais pour mes parents, cela voulait dire une dégénérée. Pour me décourager, ils ne m'achetaient aucun matériel d'artiste. Je voulais m'inscrire à une école secondaire spécialisée où l'on accordait une attention particulière aux arts mais mes parents ont refusé. J'ai donc imité la signature de ma mère pour avoir le droit de passer l'examen d'admission et j'ai préparé mon porte-folio chez des amis. J'ai été acceptée mais ma mère n'a pas changé d'idée. J'ai imité une seconde fois son écriture sur une lettre m'autorisant à fréquenter l'école de mon choix. Septembre est arrivé et mon père m'a demandé à quelle date je retournais à l'école du quartier. Je lui ai répondu que je n'irais pas là mais à l'école d'art, et que s'il ne me laissait pas faire, je téléphonerais au directeur pour lui expliquer la situation. J'ai finalement eu gain de cause. Par la suite, mes parents se sont mis à être fiers de moi, mais seulement après que les autres aient reconnu mon talent. »

Comment vos parents se traitaient-il mutuellement? Se permettaient-ils d'être eux-mêmes? Appréciaient-ils leurs différences et leurs points communs? Se considéraient-ils l'un l'autre comme des êtres humains à part entière?

« Mes parents avaient des opinions sur tout, déclare une femme de Détroit, ils tenaient tous deux mordicus à avoir toujours raison. Il n'y avait jamais de compromis, seulement des défaites. Si les choses allaient trop loin, l'un des deux finissait par céder mais ils se disputaient sur le moindre détail. Un jour, ma mère a placé une bouteille de bière au centre de la table plutôt que près de l'assiette de mon père. Il était furieux contre elle et l'a accusé de ne pas savoir mettre la table et d'être une femme incompétente. Leur relation n'était qu'une série de pointes, d'escarmouches ou d'engueulades. »

Comment croyez-vous qu'ils vous décriraient? La réaction de la mère: « Ma mère ne comprend pas ma vie de célibataire mais je crois qu'au fond elle est fière de moi. » La réaction du père: « Mon père n'avait jamais imaginé que je puisse avoir un meilleur salaire que lui. Il a peur que je ne me marie jamais. »

Qu'attendez-vous de vos parents maintenant que vous êtes une adulte? « J'aimerais qu'ils arrêtent de me critiquer et qu'ils m'acceptent telle que je suis. » « Je voudrais qu'ils fassent la paix, qu'ils s'aiment et qu'ils cessent de se servir de leurs enfants comme arbitres de leurs querelles. »

Si vous avez répondu à ces questions — ou du moins si vous avez commencé à y réfléchir — vous saurez jusqu'à quel point vous endossez vraiment la philosophie de vie de vos parents. Leur vie de couple vous éclairera sur certains de vos comportements. Vous ne voudrez peut-être pas l'admettre mais il est bien possible que vous reproduisiez le type de relation que vos parents avaient entre eux. Votre vie ne vous satisfait pas? Vous y voyez une imitation naïve de celle de vos parents? Vous pouvez encore la changer. Comment? Pensez à ce que sont vos parents et comparez votre existence à la leur, point par point. Si vous ne faites pas cette analyse du mariage de vos parents, votre destin risque fort de ressembler au leur.

Voici quelques exemples de la façon dont cela peut se produire.

Si vous vouliez quelque chose, vos parents vous accusaient peut-être d'être trop exigeante ou égoïste. Une fois mariée, vous hésitez à agir selon votre intérêt parce que vous craignez que votre mari et vos enfants vous le reprochent. Vous vous refusez encore de petits plaisirs et vous vous interdisez d'avoir des objectifs personnels plus ambitieux.

Vos parents se sont peut-être moqués de votre sensibilité, en vous répétant par exemple que vous aviez trop d'imagination, ou que vous devriez vieillir et ne plus réagir aussi émotivement à propos « de tout et de rien ». Une fois mariée, on vous ridiculise peut-être encore si vous montrez que vous êtes blessée. Vous en êtes peut-être même venue à la conclusion que *vous* étiez trop sensible, plutôt que d'admettre que votre mari ou votre enfant font preuve d'insensibilité en ridiculisant vos sentiments. Il se peut aussi que vous ayez pris le parti de ne jamais montrer vos émotions sauf si vous êtes heureuse; avec les années, même ces sentiments agréables peuvent avoir été réprimés.

Vos parents réagissaient-ils à leurs problèmes par d'interminables querelles, des silences prolongés ou un chantage à l'argent, à l'amour ou à la sexualité? Une fois mariée, vous risquez de faire la même chose avec votre mari, ou encore de choisir un mari qui ressemble beaucoup à vos parents et qui vous entraîne dans le même genre de conflits.

Parvenir à la maturité: qui deviendrez-vous?

Même une fois adulte, la plupart d'entre nous souhaitent que nos parents non seulement prennent soin de nous mais aussi approuvent tout ce que nous faisons. Biologiquement et légalement, nous sommes des adultes mais l'enfant en nous est toujours bien vivante. Après avoir été un certain type d'enfant avec nos parents, nous voulons soit conserver ce statut, soit le modifier. De nombreuses femmes choisissent de rester passives toute leur vie pour que les autres se chargent d'elles — tâche d'abord assumée par les parents, puis par le mari et parfois par les trois à la fois.

« Je ne voulais pas devenir une adulte, m'avouait une femme de Milwaukee, et renoncer aux privilèges de l'enfance. Mes parents m'avaient choyée et répété sans cesse que tout ce que je faisais était merveilleux! J'ai eu une adolescence affreuse: de toutes mes forces, je voulais que le temps s'arrête. J'ai détesté être menstruée, grandir et voir mes seins se développer. Je faisais des colères épouvantables et je me comportais comme une enfant de quatre ans. À dix-sept ans, j'ai commencé à me calmer mais je me référais encore à mes parents pour la moindre chose. Ils voulaient que je quitte la maison, que j'aille à l'université, que je vive de façon autonome pour un certain temps. Ils m'ont pratiquement traînée jusqu'à un collège situé à l'extérieur de la ville.

« Je me suis mariée à vingt ans à un homme qui avait cinq ans de plus: je voulais qu'il s'occupe de moi. Je suis mariée depuis maintenant quinze ans. Pendant toutes ces années, je n'ai rien fait d'autre que de me sentir soulagée à la pensée que je n'étais pas seule et que je pourrais l'être. Je suis comme ma mère: j'ai besoin de l'appui et de l'approbation d'un homme. Je veux que mon mari soit toujours aussi dévoué envers moi que mon père, envers ma mère. »

D'autres femmes, moins dépendantes et moins soucieuses de l'approbation inconditionnelle de leurs parents, sont tout aussi dépourvues devant la perspective de s'occuper d'elles-mêmes. Leur inquiétude peut venir de ce qu'elles ignorent, elles aussi, qui elles sont au-delà de la définition de leurs parents. Elles connaissent leur place dans la famille mais, contrairement aux femmes qui s'y accrochent, elles ont reçu des messages négatifs sur elles-mêmes. Dans les deux cas, ces femmes traversent une période où elles essaient diverses personnalités et se cherchent un parent pour les aider à former et à définir leur identité.

En psychologie, il existe une théorie très répandue et, à mon avis, fausse — qui veut que nous nous identifions à l'un ou l'autre de nos parents; la fille à sa mère, le garçon à son père. En fait, notre identité se façonne dans nos relations avec nos deux parents. Si nous sommes saines, nous nous identifions aux aspects *positifs* de la personnalité de notre mère *et* de notre père. Nous pouvons avoir les gestes de notre père et les goûts de notre mère, la constitution physique de notre père et la sensibilité de notre mère, les talents de notre père et l'intelligence de notre mère.

Dans son livre *Footholds*, le sociologue Philip Slater, explique le problème complexe de l'identification par sa théorie de l'identification « personnelle » et de l'identification « positionnelle ». Le processus de l'identification personnelle a lieu, selon Slater, « quand un enfant adopte les traits de caractère, les valeurs et les comportements d'un parent, en même temps que la perception qu'a le parent de l'enfant (...) Ce processus est généré par l'amour et l'admiration de l'enfant pour le parent. L'enfant se dit: « Je veux être comme toi et m'aimer autant que je t'aime. »

Alors que l'identification personnelle se fonde sur le besoin éprouvé par l'enfant d'acquérir les qualités qu'il admire chez le parent, l'amour « positionnel » consiste à adopter quelques caractéristiques symbolisant la position de pouvoir du parent. Slater poursuit: « L'identification

« positionnelle » ne repose que sur un fantasme: se mettre dans la position de l'autre et jouer le rôle approprié. Elle n'est pas motivée par l'amour mais par la peur et l'envie. L'enfant se dit: « Je veux être dans ta peau. Si j'y étais, je ne serais pas dans une situation aussi déplaisante que celle où je suis maintenant. Si j'agis comme toi, j'améliorerai mon statut. »

Si elle reçoit de l'affection de ses parents, l'enfant aura tendance à se modeler à leur image et à assumer une identification « personnelle ». Dans le cas contraire, l'identification « positionnelle » sera prédominante; l'enfant adoptera les traits de caractère qui, selon lui, lui donneront un certain *pouvoir*. Plusieurs de ces traits caractériels sont précisément ceux qui lui causeront des problèmes.

Nous pouvons croire que le pouvoir repose sur l'agressivité, l'insensibilité, les biens matériels, l'indifférence aux désirs et aux sentiments des autres, sur les menaces ou les promesses fallacieuses, sur le mensonge, la manipulation froidement calculée, le narcissisme ou la mauvaise foi. L'enfant qui dit:« Je voudrais être dans tes souliers » se préoccupe d'abord et avant tout de sa survie à l'intérieur de la famille, et il choisit certaines de ces stratégies pour affronter ses parents. Si le parent impose son pouvoir à l'enfant en jouant sur ses émotions, l'enfant réagira de même. Bientôt, ils ne se traiteront plus qu'en adversaires.

Malheureusement, en vieillissant, les traits caractériels acquis par l'identification « positionnelle » deviennent une seconde nature sur laquelle le mariage a un effet catalyseur. Si notre mari essaie de jouer sur nos sentiments, nous réagissons automatiquement comme nous avons appris à réagir avec nos parents — en nous querellant, en mentant, en étant blessante ou en dépréciant l'autre. Nous reproduisons avec nos maris les conflits de nos parents mais, souvent, nous nous jurons de ne pas traiter nos enfants comme nos parents nous ont traitées. Et pourtant, les vieux mécanismes ne tardent pas à faire surface.

Marcia, une mère de Los Angeles, m'a raconté: « Je m'étais promis de ne pas frapper mes enfants parce que j'avais moi-même été battue dans mon enfance. Quand ma fille est née, j'avais très peu à lui offrir. À cette époque, je croyais encore que si l'on avait été privée d'amour, on n'en donnait pas facilement. Quand ma fille me mettait hors de moi, je l'attrapais par les épaules, je la projetais littéralement dans sa chambre, et je lui disais en serrant les dents: « Je te sauve la vie. Si je levais la main sur toi, tu n'y survivrais pas! » J'avais peur de devenir un bourreau comme ma mère. Mais au fond, à quoi cela rimait-il? Il m'a fallu quarante-deux ans pour comprendre que la vie de ma mère était une tragédie qu'elle se jouait à elle-même. Dès que je lui demandais quelque chose, elle éprouvait un tel sentiment de privation, une telle jalousie, qu'elle en était réduite à me le refuser, à me le donner à contrecoeur ou à me battre. Elle détestait sa vie et elle craignait par dessus tout que j'aie quelque chose qu'elle n'avait pas. »

Les messages négatifs que nous recevons de nos parents, bien ficelés mais sous un emballage plutôt moche, sont souvent de la projection. Le parent peut dire: « Tu ne fais jamais rien de bon »; le message caché est: *j'ai peur d'avoir tort*. La mère peut dire: « Les hommes n'ont qu'une chose en tête quand ils s'intéressent à toi »; le message caché est: *Je me suis vendue à un homme que je n'aimais pas. Cela ne t'arrivera pas.* Le parent peut dire: « Tu n'es bonne à rien », le message caché est: *Je suis bonne à rien alors tu ne peux pas faire mieux que moi.*

Bien des enfants ont survécu à la négligence et aux mauvais traitements de leurs parents et ont eu des vies heureuses et productives. Ce sont des « invulnérables », des enfants qui s'en sont sortis grâce à leur force intérieure et à une détermination farouche à se battre pour leur identité. Comment ont-ils fait? À un moment crucial de leur développement, ils ont pris des distances face à leurs parents et se sont dit: « Je ne veux pas être comme eux et je vais y arriver. » Enfants, ils ont reçu des messages destructeurs et subi des traitements pires encore et l'on pourrait croire qu'ils sont destinés à errer dans la vie, dépourvus de confiance en eux et incapables de garder un emploi. Et pourtant, ce n'est pas parmi les enfants maltraités qu'on trouve le plus grand nombre de parias et de voyous — même s'ils ont été considérés comme des moutons noirs, des renégats ou des délinquants. Au lieu d'adopter une attitude négative, certains d'entre eux font de leur révolte un atout. De même, bien des femmes qui ont eu une enfance tourmentée ont courageusement surmonté les attentes de leurs parents.

« On me disait que je n'arriverais jamais à rien sauf si un homme m'épousait, et que je serais bien chanceuse d'en trouver un, m'a confié une femme d'affaire de New York. Mais je savais que j'avais en moi ce qu'il fallait pour réussir. D'où me venait cette certitude? je n'en sais rien... Je suis devenue administratrice d'une grosse compagnie et maintenant ma mère dit à mes soeurs: « Pourquoi ne faites-vous pas comme Franny? » Je trouve cela d'autant plus ironique qu'elle m'a obligée à quitter l'école dès la fin de mon cours secondaire pour aller travailler et ramener de l'argent à la maison. J'ai travaillé à temps partiel et j'ai quand même continué mes études.

« Ma mère disait que j'étais une révoltée, une fanfaronne, une fautrice de troubles. Quand à mon père, ou bien il m'ignorait ou bien il me critiquait. Et maintenant que j'ai réussi, mes parents harcèlent mes soeurs pour qu'elles fassent comme moi. Ils se sont persuadés qu'ils étaient responsables de ma réussite. Évidemment, mes soeurs sont jalouses de ma chance d'être l'aînée. Quelle chance?

J'ai tout fait moi-même et je me suis battue pour avoir ce que je voulais. Je me suis souvent demandé ce que je serais devenue si je n'avais pas été élevée par des parents avares d'affection et d'encouragements. Si j'examine ma vie objectivement, je constate que je tiens d'eux ma combativité. Simplement, je m'en suis servie de façon différente. »

Franny ne s'est pas laissée abattre par l'adversité; elle l'a transformée en une force positive. Plutôt que de céder au message négatif et de chercher à s'affirmer par un mariage qui devait en faire « quelqu'une », elle a lutté contre ce message, et elle a gagné.

Souvenez-vous: il y a très peu de choses qui nous poussent au combat et toutes sont liées au pouvoir. Qui exercera le pouvoir sur qui? Dans son livre *Beneath Mate Selection and Marriage*, David Klimek, Ph. D., affirme que les individus perturbés « qui se sentent négligés et laissés pour compte sont toujours dans une lutte de pouvoir. » C'est un phénomène humain naturel et prévisible qui les force à rechercher des positions de pouvoir. Exercer du pouvoir sur les autres prouve qu'ils ont de l'*importance*. Comment cette théorie s'applique-t-elle à nous?

Quand une femme a grandi dans un foyer où elle était poussée à l'identification « positionnelle » (c'est-à-dire à s'identifier au parent craint ou envié) les messages négatifs de son passé continuent à résonner en elle. Souvent, une fois adulte, elle est incapable de générosité envers les autres. Une partie de cette réaction lui vient d'un automatisme; le reste tient à un effort conscient de se satisfaire en privant les autres de ce dont elle a été privée. Si, enfant, elle disait à ses parents: « L'institutrice m'a demandé de vous dire que j'étais un exemple pour le reste de la classe. » et que ses parents lui répondaient: « Personne n'aime les saintes nitouches. »; une fois adulte, si son mari lui

dit: « Tu avais promis de faire des crêpes dimanche »,
elle risque de répondre: « Pourquoi me donnerais-je du mal
pour vous? Personne ne fait rien pour moi. »

Que cache ce ressentiment? De telles réponses sont
dictées par la colère. Cette femme croit-elle que nier ou
déprécier les autres pourra la rendre heureuse? Est-elle
convaincue que le fait de contrôler les actes et les sentiments des autres soit la seule façon d'être *importante*?

Si vous avez de l'importance à vos propres yeux, vous
pouvez vous départir de ces attitudes négatives. Quand
vous sentez la tension monter entre vous et l'un de vos
parents, votre mari ou votre enfant, et que vous vous
apprêtez à les blesser, au propre ou au figuré, ravalez
votre impulsion. Demandez-vous quels sont les motifs de
l'autre. Quelle réaction ce parent, ce mari ou cet enfant
cherche-t-il à provoquer chez vous? Cherche-t-il à vous
mettre dans votre tort? À faire en sorte que vous vous
sentiez désagréable, irrationnelle, ignorante et même
stupide, égoïste, incapable de prendre la bonne décision?
Gardez à l'esprit que vous ne devez pas réagir en fonction
de ce que l'on attend de vous.

Nous percevons souvent nos parents comme des êtres
puissants; pourtant, ils sont faibles et peu sûrs d'eux-
mêmes. Quand les parents doivent reculer pour que leur
fils ou leur fille puisse avancer, ils ont plus d'un tour dans
leur sac pour prouver qu'ils ont tout de même de l'importance, qu'ils restent indispensables et qu'ils gardent un
certain pouvoir. Être constamment écrasé par un de ses
parents et se laisser manipuler par lui nous fait courir à
l'échec. Plus l'enfant en nous prend de place, plus nous
sommes susceptibles de rechercher la domination de nos
parents tout en essayant d'usurper leur pouvoir. Évidemment, la vérité c'est qu'ils ne peuvent vivre notre vie à
notre place.

Tôt ou tard, vous devrez prendre conscience du fait que vos parents ne seront jamais ce que vous auriez voulu qu'ils soient. Une fois cela accepté, vous serez sur la voie de la sagesse et de l'équilibre émotif. En fait, il est inutile d'essayer de revivre le passé. Tant que vous vous livrez à de complexes exercices de psychologie, vous réagissez encore comme une enfant devant vos parents, et non comme une adulte, ce que vous êtes. Vous devriez plutôt reconsidérer vos attentes face à eux. Doivent-ils suppléer aux carences de votre mari? Doivent-ils prendre les décisions à votre place? Doivent-ils approuver vos moindres gestes et vos moindres opinions? Non! Ils n'y sont pas obligés.

Les dix commandements sont très clairs là-dessus. Nulle part ils ne disent: « Père et mère tu *aimeras*; ils s'en tiennent à « Père et mère tu *honoreras* ». Vos parents ont été assez bons pour vous donner la vie et pour prendre soin de vous quand vous étiez petite et sans défense. En retour, vous pouvez ajouter à leur vie une certaine sérénité en faisant preuve de gentillesse. Vous n'êtes pas obligée de les aimer, mais vous pouvez leur accorder votre sympathie, même si vous ressentez de la colère, et votre respect. Les sentiments positifs ou négatifs qu'ils ont engendrés en vous sont *vos* sentiments; vous êtes libre de les conserver ou de les changer. Admettez que le passé est le passé. Vos parents ont fait ce qu'ils croyaient bon; ce que vous auriez préféré n'y changera rien.

Tout votre héritage génétique vient de vos parents. Si vous les comprenez et que vous les acceptez tels qu'ils sont, et que vous vous acceptez telle que vous êtes, votre seule obligation à leur égard consiste à leur dire: « Merci, je vais m'occuper du reste. »

Si vous voyez vos parents comme de distingués étrangers, vous pouvez les traiter avec courtoisie et vous reconnaître une certaine obligation morale à leur égard. Le respect et la dignité peuvent vous amener à une relation se confinant à la simple politesse, mais si vous avez décidé de rester en contact avec eux, et que ce soit la seule solution possible, il vaut mieux qu'il en soit ainsi. Vous en tenir à l'obligation morale mettra fin à la torture des éternels affrontements familiaux jamais résolus.

J'ai connu des femmes qui, même dans la quarantaine, étaient incapables de ressentir la moindre compassion pour leurs parents, incapables de comprendre qui ils étaient et ce qu'avait été leur vie. Ces femmes continuaient à rabâcher leurs griefs. Certaines, encore en compétition avec leurs mères, prenaient plaisir à souligner qu'elles avaient réussi là où elles avaient échoué: « Regarde ce que mon mari m'a acheté. Et le tien, que t'a-t-il offert? » D'autres, toujours prisonnières de leur relation avec leur père et du mépris qu'il leur inspire feront ce genre de commentaires: « Garde tes conseils pour toi. De toute façon, tu n'as jamais su t'occuper d'une femme. » Ce sont là des cruautés inutiles de la part d'une femme adulte. Votre passé avec vos parents ne peut être revécu, rectifié ou reconstitué pour correspondre à votre fantasme d'une enfance idéale.

Devenez un bon parent pour vous-même

Comme nous l'avons déjà dit, être un bon parent consiste à mettre en pratique un concept assez simple: il s'agit d'apprendre à son enfant à marcher, puis à s'éloigner de soi. Le bon parent s'acquitte de sa tâche en donnant à l'enfant tout ce qu'il lui faut pour qu'il puisse se débrouiller dans la vie; il montre à son enfant qu'il l'aime, il le guide et exige une certaine discipline, le tout sans exagération. Comme certains parents tiennent absolument à garder un contrôle perpétuel sur la vie de leurs enfants, ils risquent souvent de ne pas respecter ces règles de conduite. D'autres éprouvent un amour inconditionnel pour leur enfant et lui donnent toujours raison; cela s'explique par un investissement émotif démesuré. Consciemment ou non, d'autres encore prétextant leur rôle de guide auprès de leur enfant lui enlèvent toute initiative et toute volonté propre. Encadré par des règles extrêmement rigoureuses, l'enfant ne peut s'en écarter sans craindre d'être puni. Des parents répressifs iront jusqu'à priver leur enfant de ses privilèges pendant de longues périodes: pour certains, la discipline est synonyme de châtiments corporels et d'humiliations répétées.

Les besoins de l'enfant sont simples. Il veut se sentir aimé et protégé, avoir la liberté d'explorer le monde et de vivre ses propres expériences en bénéficiant de conseils prudents et affectueux. Plus important encore, l'enfant a besoin de savoir qu'il est bien tel qu'il est, avec ses défauts et ses qualités. Le parent qui n'accepte aucune erreur de la part de son enfant s'interdit également toute défaillance. Lorsqu'il en aura, il les niera purement et simplement.

Qu'est-ce qu'une enfant est en droit d'attendre d'un parent? Le bébé a le droit d'être totalement pris en charge pendant cette période de complète vulnérabilité. La fillette qui commence à marcher a le droit d'expérimenter diverses situations tout en étant protégée contre d'éventuels dangers. À l'école primaire, elle est en droit de s'attendre à ce qu'on l'aide à socialiser, à acquérir de bonnes habitudes d'apprentissage et à apprécier et respecter l'autorité. À l'école secondaire, l'enfant a droit à une information précise sur la sexualité et à des messages positifs sur l'amour et les responsabilités qu'il entraîne, ainsi qu'à des conseils sur son avenir professionnel. Pendant cette période, les parents doivent comprendre que l'adolescente expérimentera plusieurs identités: celle de la rebelle, de la « bonne fille », de l'écolière modèle, de l'artiste, de la romantique, etc. Le parent compréhensif aidera l'enfant à trouver sa véritable identité pendant cette période de confusion pour la préparer à affronter le monde avec confiance.

Il n'est pas toujours facile d'être un parent idéal. Les conseils reçus pendant notre propre adolescence risquent de ne pas avoir été aussi positifs que nous l'aurions désiré; même si nous sommes maintenant des adultes mariées et mères de famille, il est très probable que nous ayons encore besoin d'une mère et d'un père. Il se peut que ce lien tienne davantage du ressentiment que de l'affection; malheureusement, c'est tout de même un lien, et s'il détermine notre façon de fonctionner, ou s'il affecte nos relations avec les autres, il nous causera des problèmes. Nous voulons que nos parents nous traitent en adultes et souvent ils ne le font pas. Pour dénouer ce lien, nous devons commencer à nous *comporter* en adultes.

Nos parents ont eux-mêmes souffert d'une éducation truffée de messages négatifs; pour la plupart, ils ont agi au meilleur de leur connaissance. Pour surmonter les carences de notre éducation et ne pas répéter leurs erreurs avec nos propres enfants, nous devons comprendre la nature de notre rôle de parents et renoncer aux comportements qui briment l'épanouissement des êtres humains. Il n'est pas trop tard pour devenir *pour vous-même* le parent que vous avez toujours désiré avoir et combler *vous-même* vos besoins.

Très souvent, la femme qui a vécu un conflit avec l'un de ses parents choisira un homme dont la personnalité est à la fois malléable et *différente* de celle du parent auquel elle ne veut pas ressembler. Elle tentera ensuite de prêter à cet homme la personnalité du parent aimé, redouté ou auquel elle garde rancune; elle voudra lui faire endosser toutes les caractéristiques dont elle a besoin pour pouvoir exorciser son passé. Voici un exemple de ce comportement.

Pendant leurs fréquentations, Brad, l'homme qui inté-ressait Judy, prenait toutes les décisions sur leurs sorties. Judy appréciait cette attitude: son père, un homme passif, laissait sa femme diriger toute leur vie familiale. Mais au bout d'un certain temps, Judy se lassa de cette situation et voulut participer aux décisions. Un soir, elle fit des réservations pour un dîner au restaurant et accepta une invitation chez des amis pour la fin de la soirée. Brad approuva son initiative. Judy et Brad avait ainsi atteint un bel équilibre où chacun avait son mot à dire. Mais cet état de fait ressemblait à un défi pour Judy qui se mit à penser: « *Pourquoi faire ce que Brad désire? Pourquoi ne pas toujours faire ce que moi je veux!* »

Lentement mais sûrement, Judy commença à remettre en cause la participation de Brad aux décisions touchant leur relation, souvent sans même s'en apercevoir. Elle se mit à imiter sa mère, ce qu'elle s'était juré d'éviter. Brad, un gentil garçon, ne comprit pas qu'il évoluait au centre d'un drame personnel. Quelque temps plus tard, Judy s'occupait de tout, jusqu'aux moindres détails; heureux de lui faire plaisir, Brad la laissait faire. Un jour, Judy l'accusa de passivité: « Autrefois, tu faisais un effort pour organiser nos activités. Maintenant, je dois m'occuper de tout. » Brad était-il vraiment en tort? Pas dans ce cas. Un homme moins gentil que lui aurait protesté en constatant que quel-qu'un d'autre dirigeait sa vie mais ce n'était pas le genre de Brad. Pour lui, ce n'était là qu'un détail, l'important étant d'être avec Judy.

Quand vous reproduisez avec un homme les pro-blèmes vécus avec vos parents, il devient un pion dans votre jeu; vous cherchez en fait à retourner à vos parents. Quel avantage y a-t-il à trouver un homme sain si c'est pour lui imposer un rôle que vous détestez? Aucun. Dans un mariage heureux, les partenaires peuvent échanger leurs rôles; ils acceptent que, dans certains circonstances, l'un des deux s'affirme davantage et prenne l'initiative; par exemple, que l'un s'occupe des enfants pendant que l'autre travaille à l'extérieur. Le couple sain n'est pas prisonnier des stéréotypes ou des messages négatifs des parents; il n'éprouve pas le besoin de revivre éternellement les mêmes situations. Ce couple ne s'enferme pas dans des luttes de pouvoir; les partenaires négocient en fonction de leurs objectifs. Aucun ne dicte sa conduite à l'autre mais ils peuvent discuter sur la façon dont chacun d'eux ira là où il veut aller.

Vos parents biologiques ne vous ont peut-être pas fourni un bon modèle auquel vous identifier ni permis d'acquérir suffisamment d'estime de vous-même. L'une des façons de vous libérer de ce moule négatif consiste à vous trouver un parent *psychologique* c'est-à-dire une personne que vous estimez et dont vous avez envie de suivre l'exemple. Le parent psychologique sera votre mentor et jouera le rôle du bon parent auprès de vous. Il s'agit d'établir un lien émotif avec cette personne dont l'humanisme, le courage ou la détermination vous inspireront et vous influenceront. La mère ou le père psychologique peuvent être quelqu'un de votre entourage une célébrité admiré pour d'autres raisons que son prestige, ou une rencontre de lecture — un personnage réel ou imaginaire. Dorénavant, ce sera votre nouveau parent.

Diana a trouvé ses parents psychologiques à l'âge de quinze ans. Ses propres parents, divorcés lorsqu'elle n'avait que quatre ans, ne se voyaient à peu près jamais. Diana rencontrait son père tous les quatre ou cinq ans et chacune de ces rencontres renforçait sa conviction: il ne l'aimait pas et ne s'intéressait pas à elle. Sa mère, incapable d'accepter le divorce, traitait Diana avec mesquinerie.

« Une de mes camarades d'école m'a invitée à dîner chez elle, raconte Diana, et ce repas a changé ma vie. La mère d'Hélène travaillait à l'extérieur, elle était gentille avec ses enfants et elle n'était pas belle,constatation importante pour moi parce qu'à cette époque, je me trouvais très laide. Le père d'Hélène semblait adorer sa femme. Il n'avait frappé mon amie qu'une seule fois: elle avait fait une remarque désagréable à sa mère. À mes yeux, la mère d'Hélène était presque parfaite même si sa fille la trouvait trop sévère. Enfin une femme, une mère, s'intéressait à moi, appréciait mon intelligence et m'encourageait à faire quelque chose dans la vie; je la respectais. Enfin un homme, un père, chérissait sa femme et le montrait! J'étais en amour avec lui. Tous deux sont devenus pour moi les parents dont j'avais été privée et le seul fait de penser à eux m'aida à traverser maintes difficultés à la maison. Savoir qu'il existait des gens comme eux me donnait envie d'avoir moi aussi une vie comme la leur. »

Évidemment, si vous choisissez un parent psychologique à qui vous pouvez parler, avec qui vous êtes en relation et que vous pouvez voir en action, cela vous sera encore plus profitable. Le parent psychologique n'a pas à savoir que vous l'avez choisi pour jouer ce rôle — ni même à connaître votre existence. L'important, c'est votre *interaction* avec cette personne si elle est réelle, ou *la façon dont vous imaginez* ce que serait votre relation si cette personne faisait partie de votre vie. Le parent psychologique, s'il est réel, vous permet d'établir une relation de confiance et d'être vous-même. Quand à la femme qui a choisi un modèle inaccessible, elle peut se dire: « Que penserait Mary de ma décision? Que ferait-elle à ma place? »

Même si l'idéal serait une relation constante, voire même quotidienne, avec votre parent psychologique, ce n'est pas indispensable. Si vous vous concentrez sur les sentiments positifs qu'elle vous inspire et que vous pouvez les évoquer à volonté, votre relation avec cette personne pourra rester intense même si vous ne la voyez qu'une fois par année — ou même jamais. La confiance que vous donne cette relation pourra vous soutenir jusqu'à la prochaine occasion où vous aurez besoin d'aide; même si vous ne pouvez rencontrer ou parler à votre parent modèle, vous pouvez recréer en pensée le climat de compréhension et d'approbation dont vous avez besoin pour vous épanouir émotivement.

Les messages négatifs ont un énorme impact sur nous et ont tendance à annuler les messages positifs. Votre père biologique vous a peut-être convaincue que vous n'étiez personne; votre père psychologique croit au contraire qu'il n'y a rien d'impossible pour vous. Lequel choisirez-vous de croire? Qui vous connaît le mieux? Comment départager le vrai du faux dans ces messages contradictoires? Auquel de vos deux pères choisirez-vous de plaire en étant ce que vous êtes — a celui pour qui vous n'êtes personne ou à celui pour qui vous êtes quelqu'une? Depuis votre enfance, vous agissez en fonction de vieux messages profondément ancrés dans votre esprit mais ils peuvent toujours être déracinés et remplacés par de nouveaux messages. Vos parents peuvent avoir eu un mariage malheureux et vous avoir transmis des messages qui vous ont empêchée d'aller de l'avant et de vous épanouir, mais cela n'a plus d'importance aujourd'hui. Si vous trouvez un modèle de bon parent,si vous écoutez et enregistrez son message positif et si vous commencez à vivre selon ce message, les messages négatifs cesseront de vous influencer et de miner votre vie.

Certaines d'entre nous ont eu la chance de trouver en une seule personne à la fois un parent biologique et un parent psychologique. Pour d'autres, la situation est plus confuse. Au cours d'une vie, nous pouvons avoir plusieurs parents psychologiques mais nous n'aurons jamais que deux parents biologiques et ils ont droit à notre respect pour nous avoir donné la vie. Le parent psychologique risque d'être beaucoup mieux récompensé parce qu'il a contribué à notre réussite par son amour et ses encouragements. D'une certaine façon, le fait d'avoir de nombreux parents psychologiques que nous ne connaissions pas parfaitement nous enrichit; nous pouvions ainsi choisir chez eux les qualités qui valent la peine d'être imitées sans trop nous préoccuper de leurs défauts. Passer la majeure partie de sa vie à détester ses parents représente un énorme gaspillage de temps, d'énergie et d'émotions mal dirigées. Si je pouvais éviter à quelqu'une ne serait-ce que six mois de cette haine, je serais ravie. Le parent psychologique n'est pas notre seul recours: nous pouvons aussi développer notre maturité émotive grâce à une certaine introspection nous permettant d'acquérir davantage d'estime de nous-mêmes. Notre perception de notre identité évolue au cours de notre vie; notre personnalité n'est pas déterminée par le hasard ou par notre situation à la naissance, pas plus qu'elle n'est fixée une fois pour toutes à l'un ou l'autre stade de la vie, ou figée comme un code strict et impossible à modifier. « La plus grande découverte de ma génération, disait William James au tournant du siècle, c'est que les êtres humains peuvent changer le cours de leur vie en changeant leur état d'esprit. » Cette affirmation semble facile à comprendre mais plusieurs d'entre nous ont énormément de mal à y croire. Pourtant, réfléchissez bien: si vous croyez que les autres ont du pouvoir sur vous, que vos parents ou que les injustices sociales vous ont forcée à devenir ce que vous êtes, et que par conséquent vos parents et le reste de l'univers doivent souffrir pour cela, vous avez perdu le contrôle de vous-même. Quelqu'un d'autre tient les rênes de votre vie.

Si nous avons une piètre estime de nous-même, cela est souvent le résultat de notre frustration, de notre inertie et de notre manque d'assurance; nous avons peur de ne pas être à la hauteur des attentes des autres, même si ces exigences sont minimes. On peut aussi l'expliquer par une fixation sur la performance interdisant toute erreur et alimentant notre peur de l'échec.

La personne qui a peu d'estime d'elle-même se perçoit comme un être inférieur; souvent, elle passe son temps à espérer que les autres ne s'en aperçoivent pas. Mais ce sentiment d'infériorité se trahit par des commentaires du type: « Je ne fais rien de bon alors pourquoi essayer de faire autre chose? », « Mes parents ne m'aimaient pas alors pourquoi devrais-je exprimer de l'amour à quelqu'un d'autre? » ou encore « Quelle importance si je blesse quelqu'un? On m'a bien blessée moi? »

Un jour, j'ai rencontré une femme dont les tiroirs débordaient de contes pour enfants qu'elle craignait d'envoyer à un éditeur. Pourquoi? Parce que, pour cette femme, un refus équivalait à une catastrophe.Elle était incapable de se convaincre qu'en envoyant un ou deux textes, elle pourrait avoir la chance d'obtenir ce qu'elle voulait: la publication d'un de ses contes. Plutôt que de se percevoir comme une écrivaine qui n'a pas encore publié, elle se considérait comme une écrivaine *ratée*.

Mais comment pouvait-elle être une écrivaine ratée sans avoir essayé d'être publiée? Même en cas de refus, elle pourrait peut-être se servir des commentaires de l'éditeur pour améliorer son travail et faire en sorte que ses contes puissent un jour se vendre. Trouve-t-elle vraiment plus satisfaisant et plus sécurisant de continuer à se percevoir comme une ratée au lieu de se prouver qu'elle n'en est pas une?

Si vous voulez modifier votre perception de vous-même, vous devez peut-être changer votre attitude et votre comportement. Conduisez-vous comme une personne digne de respect, d'amour et d'admiration, et vous serez traitée comme telle. Comprenez que même si vous avez subi des échecs, *ces échecs ne sont pas vous*. Personne ne passe directement de l'obscurité à la notoriété. Les gens qui ont réussi, ont passé des années à planifier leur travail, à explorer, à apprendre, à échouer, à se reprendre, à retrousser leurs manches et à recommencer encore et encore. Mais, par dessus tout, ces gens ont eu le courage de foncer pour obtenir ce qu'ils voulaient.

Les gens qui réussissent, c'est-à-dire qui sont satisfaits de la vie qu'ils ont choisie, ne perdent pas leur temps à gémir sur les brimades de leur enfance. Pourtant, souvent ils sont allés à l'encontre des désirs de leurs parents; peut-être le plus beau cadeau à leur faire était-il de les remercier et de s'en éloigner temporairement. Les femmes adultes libérées des dictats parentaux ont une attitude constante face aux autres: elles exigent que ce qu'on attend d'elles leur soit payé en retour. Si on leur demande le respect, elles voudront qu'on leur rende la pareille. Si on leur demande d'exprimer leur amour, elles s'attendront à ce que les autres le fassent aussi. Elles seront prêtes à satisfaire les besoins des autres, pourvu que ce soit réciproque.

Être adulte, c'est entre autres avoir le courage d'être aimable avec ses parents *et* d'obtenir ce qu'on désire en changeant son comportement. Vos parents ont rempli leur rôle; vous êtes assez vieille pour tenir compte d'eux mais avec maturité et faire votre vie comme vous l'entendez. Vous vous devez cela.

Chapitre six

Mères et fils

Seule la femme qui a vécu sans passion peut la juger à sa juste valeur (...) Ce n'est pas mon cas (...) J'ai connu la passion et je suis fière de l'avoir trouvée là où vous dites qu'elle n'est pas: (...) dans la maternité. Je l'ai trouvée auprès de mes deux fils. D'abord auprès de Dave puis, quatre ans plus tard, auprès de Robin.

Sidney Howard, *The Silver Cord*

« Mon père, écrivit Garp, était un type fichu. Pour ma mère, cela avait dû le rendre très attirant. Aucun lien... »

John Irving, *Le Monde selon Garp*

Il s'assit près de sa mère, tout piteux. Elle avait l'habitude de s'y pelotonner comme un enfant. Ses cheveux grisonnants étaient défaits... Son visage était tout proche. Ses yeux bleus plongeaient dans les siens comme ceux d'une jeune fille — moqueurs, pleins de chaleur et de tendresse. Il était bouleversé, effrayé, rempli d'angoisse et d'amour.

D.H. Lawrence, *Sons and Lovers*

Comme femmes, nous avons beaucoup en commun avec les autres femmes. Même si nous sommes en présence d'une femme que nous n'aimons pas beaucoup ou avec qui nous n'avons pas d'affinités, nous comprenons quand même ce qu'elle a vécu avec les hommes et avec son père et sa mère. Il se peut que nous n'ayons pas de sympathie pour elle mais nous savons de quoi elle parle; nous l'avons vécu nous aussi.

Nous avons une vision particulière des hommes. Pour nous, ce sont presque des êtres d'une race étrangère à qui il est très difficile de nous identifier. Est-ce même possible? Les différences qui nous séparent sont plus visibles que nos similarités. Leur corps ne change pas de façon aussi spectaculaire que le nôtre pendant l'adolescence; il ne fait que grandir. La plupart des hommes ont le sentiment d'avoir droit aux richesses de ce monde, et le dernier d'entre eux, uniquement à cause de son sexe, a accès à tout ce qu'il désire à condition d'avoir de l'ambition et de la persévérance. Ils ont eu des parents, comme nous mais leur relation avec ces derniers, et particulièrement avec leur mère, reste mystérieuse à nos yeux. Après tout, c'est la mère qui donne à l'homme sa première image de la féminité.

Il est évident que les hommes sont, eux aussi, le produit de leur éducation. Ils ne viennent pas au monde avec la certitude d'avoir le contrôle sur deux vies — la leur et celle de leurs épouses. Leur personnalité et leur conception de la vie ne sont pas innées; elles ont été façonnées à un moment ou l'autre, et c'était là le travail d'une mère. Le résultat de l'influence de la mère, c'est l'homme qui est devant vous aujourd'hui.

Vous l'aimez, mais son mépris pour les femmes fait des ravages dans votre vie. Vous l'aimez, et pourtant il ne vous permet pas la moindre observation sur son comportement; il vous accuse de vouloir le castrer. Vous l'aimez, mais vous ne vous souvenez plus la dernière fois où il a pris une décision ferme ou assumé la responsabilité de ses actes. Vous l'aimez, mais sa loyauté à votre endroit vous semble douteuse parce qu'il est un incorrigible Don Juan. Qui est-il? Quels messages sa mère lui a-t-elle transmis? Quelles blessures a-t-il subi? Que représentait exactement sa mère pour lui? « Ma mère a eu très peu d'influence sur moi. J'avais l'impression qu'elle n'était jamais de mon côté, qu'elle était trop égocentrique pour faire attention à moi. Faire plaisir à ma mère, cela voulait dire ne pas être dans son chemin. Elle tenait davantage à sa tranquillité qu'à moi.

« Vers l'âge de huit ans, j'ai demandé à ma mère si elle croyait en Dieu. Elle m'a répondu que cela ne concernait qu'elle et que ma question était indiscrète. »

« Ma mère était une femme libérée au début des années vingt. Elle était en faveur de l'éducation progressiste, du droit de vote pour les femmes et de ce qu'elle appelait « l'amour libre ». Mais elle fut horrifiée par les résultats — moi, en l'occurence. À ma naissance, mon père était marié à une autre femme. Toute mon enfance, elle m'a déçu et je ressentais beaucoup d'agressivité envers elle. Elle était excentrique et capricieuse: rien à voir avec ce que je considère comme étant les qualités d'une bonne mère. »

« À peu près rien de ce que je faisais ne pouvait contrarier ma mère. Le fait d'avoir trois soeurs et d'être le seul garçon contribuait à cet état de choses. Ma mère s'intéressait à tout ce que je faisais et supportait toutes mes humeurs; tout ce qu'elle voulait, c'est que je sois en santé et heureux. C'était une femme très gentille, à l'ancienne mode. »

Pour comprendre la relation mère-fils, il faut examiner ce que signifiait le mariage traditionnel pour une femme, sa valeur intrinsèque. Son univers consistait à élever sa progéniture tout en gardant son mari auprès d'elle. Elle se raccrochait avec une conviction inébranlable à la division des rôles conjugaux.

George Gilder constate dans *Sexual Suicide*: « Même l'amour ne suffira pas à garder l'homme présent et à préserver la famille nucléaire. L'homme doit sentir qu'on a besoin de lui tant au niveau des considérations pratiques qu'économiques. » Les hommes travaillaient et devaient faire vivre leur famille et protéger leur foyer. Mais leur vie ne se limitait pas à la famille.

Comme il passait très peu de temps à la maison, l'homme n'investissait qu'une petite partie de son émotivité dans son foyer. Fatigué par le stress de sa journée de travail, souvent il ne voulait pas être ennuyé avec les petits problèmes quotidiens de sa femme et de ses enfants. S'il devait exercer son autorité auprès des enfants (« On va voir ce que ton père va dire de cela! ») ils devaient se mettre en file pour qu'il règle ces problèmes de discipline. Pour lui, le foyer était important mais moins que son travail qui était plus conforme à son « image d'homme ».

Les femmes étaient souvent déçues par le mariage parce qu'elles ne partageaient pas grand-chose avec leur partenaire. Pendant leurs fréquentations, ils avaient probablement des intérêts et des rêves communs, et cela leur semblait exaltant. L'homme accordait beaucoup d'attention à sa femme. Après le mariage, cette attention était souvent réduite à zéro. Convaincu que le mariage était un piège et l'épouse une geôlière, l'homme, sans s'absenter nécessairement, lui refusait souvent toute intimité. La déception de la femme prenait plusieurs formes. Son mari était trop fatigué pour s'occuper d'elle et préférait sortir avec ses amis le week-end; sa vie sexuelle était plus pénible qu'agréable. Elle était prise pour acquise, il ne l'aimait plus. Il pouvait même se sentir exclu du portrait de famille sauf en tant que pourvoyeur.

Il est intéressant de constater que si le mari se détache émotivement de sa femme, celle-ci se tourne souvent vers ses enfants pour trouver de la chaleur et du réconfort. Les messages négatifs qu'elle a reçu de ses parents résonnent peut-être encore à ses oreilles et elle deviendra alors une femme qui doute profondément d'elle. Ses enfants combleront un besoin dont elle peut, selon les cas, être ou non consciente; tout en désirant l'intimité, elle la redoute. Comme elle est mariée à un homme qui n'exige ni ne donne cette intimité, elle n'est pas confrontée à sa peur et n'a pas à la surmonter. Son fils lui offre alors une consolation merveilleuse et surtout, sécurisante: il ne *remplacera* pas son père *puisque l'intimité sexuelle est exclue* et, il lui permettra d'établir une relation chaleureuse et sûre avec un homme qui a besoin d'elle.

Se percevant comme un individu de « seconde classe », elle ne fera rien pour réaliser ses aspirations secrètes; si son mari ne comble pas ses besoins, elle reportera ses ambitions sur son fils. Une fille ne lui serait d'aucun secours dans cette situation puisqu'elle est destinée à être *comme sa mère*. Le fils au contraire peut conquérir le monde. Il deviendra un homme puissant; il fera ce qu'elle aurait fait si elle avait été un homme et protègera la femme faible et impuissante qu'elle est. La mère a de grandes ambitions pour son fils, mais celui-ci risque de ne pas partager ses vues sur son avenir. Elle idéalise son fils, elle resserre autant qu'elle peut le lien qui les unit; à partir de là, lui, se forme une certaine image de la féminité.

Certaines mères font preuve d'une grande générosité d'esprit , qualité essentielle pour une mère — face aux autres femmes. D'autres, comme pour tout groupe opprimé, entretiennent une certaine haine pour elle-même qui s'exprime aussi par du ressentiment contre leurs semblables. Comme ces mères ne s'aiment pas, elle méprisent aussi les autres femmes. Inconsciente de ce complexe phychologique pendant qu'elle inculque à son fils une certaine vision non seulement d'elle-même mais des femmes en général, elle élève un garçon qui apprend à ne pas aimer les femmes, à ne pas avoir confiance en elles et même à les redouter. Ces fils deviennent souvent nos maris.

Qu'est-ce qu'une mère saine? C'est une femme qui apprend à son fils que les femmes méritent d'être aimées, estimées et respectées. Elle lui donne de précieux conseils: elle lui explique qu'il sera plus heureux avec une femme dont l'éducation, les goûts et le mode de vie ressemblent aux siens. Rationnelle, elle incite son fils à ne pas fonder son choix d'une partenaire sur les « atomes crochus » — qui n'est souvent qu'une attirance des contraires — mais plutôt sur une compatibilité réelle. Le fait que la mère lui exprime son affection montrera à son fils que la tendresse est un sentiment important et naturel, et non seulement le prélude d'une relation sexuelle. Une bonne mère prépare son fils à s'occuper de quelqu'un d'autre. Elle lui donne une juste idée de sa valeur et de sa place dans le monde, sans l'idéaliser ni le déprécier. Elle l'aide à déterminer la nature et le niveau des ses ambitions et à comprendre les désirs et les besoins d'une femme.

Il est facile d'être une mère saine mais pour cela il faut d'abord et avant tout être une femme saine. Sinon, vous risquez de détester votre fils, de vous accrocher à lui, de le harceler, de le rendre dépendant de vous pour le reste de sa vie; quoi qu'il fasse, vous serez alors incapable de couper le cordon ombilical pour le laisser vivre sa vie. Pourquoi? Parce que vous aurez absolument besoin de lui pour affirmer votre existence. Toute femme malheureuse avec son mari risque de se dire: « Je ne suis pas un homme et je n'ai pas d'homme alors je ne laisserai pas partir mon fils. C'est tout ce que j'ai. » Toutes les mères insatisfaites de leur sort perpétuent cette insatisfaction en sur-protégeant et en idéalisant leurs fils. Ce comportement est en grande partie dicté par la peur de la mère d'être abandonnée par son fils, surtout si c'est pour une autre femme. Pour consolider sa position, la mère pourra insister auprès de son fils sur la pureté de son amour en le comparant aux désirs charnels, répugnants de toutes les autres femmes qui le désirent. Aucun amour n'est aussi grand que le sien, prétend-elle, et en retour elle n'exige ni son corps ni son argent mais seulement sa présence.

Plongé dans la confusion devant sa mère, le garçon cherchera auprès de son père l'identification et le support dont il a besoin. S'il ne les trouve pas, il est coincé. Le garçon ne voudra jamais ressembler à ce père que sa femme humilie et certainement pas davantage à cette mère autoritaire. Et comment admirer une femme qui déprécie son père? Aucune de nous n'est assez parfaite pour ne jamais céder à la tentation de dire: « Regarde comme c'est idiot ce que ton père a fait aujourd'hui? », mais cela reste accidentel. Mais si le dénigrement est constant et détermine une relation émotivement intenable, le fils ne peut qu'espérer y échapper. Sauf s'il s'identifie à son père, malgré lui le fils ressemblera à sa mère. Il reproduira alors ce conflit en transférant à d'autres femmes ses sentiments conflictuels sur sa virilité, à la fois pour punir sa mère et pour se prouver qu'il n'est pas un faible comme son père. Comme nous l'avons vu pour les filles, il peut y avoir une identification « positionnelle » avec le parent qu'il redoute ou qu'il envie. Comme les femmes, les hommes deviennent semblables à ce à quoi ils résistent, en l'occurence, leur mère.

Les influences maternelles

La mère frustrée peut trouver plusieurs façons d'apprendre à son fils à ne pas aimer les femmes. Ainsi, comment réagit-elle au traitement que lui impose son mari? Se contente-t-elle de l'accepter, non pas parce qu'elle manque de sensibilité ou d'information, mais par soumission et par impuissance? Le père faible et la mère tyrannique? Si l'équilibre familial est précaire, le fils en sera très conscient. Si la mère lui explique que le père travaille beaucoup et que c'est pour cela qu'il n'est pas toujours disponible, le fils se sentira quand même privé mais au moins il comprendra qu'il n'est pas responsable de l'absence du père. C'est là une réaction normale. Mais si au contraire la mère dit: « Ton père est un moins que rien, un raté. », elle renforce chez son fils sa conviction que les hommes ne sont pas à la hauteur des besoins des femmes.

Si le père est absent physiquement ou émotivement, le fils n'apprend pas à s'identifier à lui de façon positive; en fait, il ne veut s'identifier à lui d'aucune façon. Il apprend souvent à manipuler le père indifférent en passant par sa mère pour obtenir ce qu'il veut. (Le fils: « Papa ne veut pas que j'aille en camping le week-end prochain et tous mes amis y vont. » La mère: « Je sais lui parler. Ne t'inquiète pas, tu iras. ») La mère n'a rien contre cette complicité; c'est son fils et non son mari qui passe en premier. Son fils est le centre de son univers. Bientôt, cette mère qui adore son fils finit par dominer toute sa vie, et quand il s'en aperçoit, il est trop tard. Dorénavant, c'est *lui* qui détient le pouvoir dans la famille et cela le terrifie. Si la mère manque de retenue dans ses démonstrations d'amour, le fils adolescent peut craindre qu'elle lui fasse des avances sexuelles. Après tout, elle rôde autour de lui

complètement nue, adoptant consciemment ou inconsciemment une attitude de séduction. D'autre part, elle ne
cesse de le mettre en garde contre les filles: « Tu ne veux
pas te retrouver responsable d'une grossesse, n'est-ce
pas? » « Ne gaspille pas ton argent avec les filles. Tu as
mieux à faire. »

« À partir du jour où mon père est parti, m'a raconté
un homme de Denver, ma mère ne m'a plus quitté des
yeux: j'avais environ huit ans à cette époque. Quelques
années plus tard, un de ses anciens amis est revenu dans
notre ville et ils ont repris leurs relations. Dès le début,
elle établit clairement qu'il ne se mettrait jamais entre nous
et il ne l'a jamais fait. Quand j'ai commencé à fréquenter
les filles, elle a été contrariée. Elle pouvait avoir un amant
mais moi je ne devais pas m'intéresser à une fille. Un soir,
mon amie m'a téléphoné et c'est ma mère qui a répondu.
Elle a prétendu que je ne pouvais pas lui parler parce que
je faisais mes devoirs. Janet a rappelé une heure plus tard,
et ma mère lui a dit que j'étais en train de souper. Et
au troisième téléphone, deux heures plus tard, elle a répondu: « Il est trop tard pour lui parler! » et elle a rac-
croché brutalement. Dans les trois cas, elle mentait. Ce
n'est que le lendemain que j'ai entendu parler de ces téléphones par Janet. »

L'homme, adoré par sa mère, éprouve des sentiments
ambivalents à son égard. Il l'aime mais il la méprise; il
recherche sa présence réconfortante et en même temps, il
la craint; il fuit les femmes qui lui ressemblent si peu que
ce soit et pourtant il se sent coupable de ne pas être
« l'homme de sa vie »; il veut que les femmes s'occupent
de lui de la même façon que sa mère mais, d'autre part,
il désire une femme dont les attentions seraient moins
contraignantes émotivement. La mère peut également ressentir cette ambivalence. Elle veut que son fils mûrisse
mais elle le manipule plus facilement s'il reste un petit

garçon; elle veut qu'il ait besoin d'elle, mais elle a peur que si ce besoin est trop fort, il ne devienne jamais un adulte; elle veut qu'il devienne un homme capable de prendre des décisions mais elle désire conserver son ascendant sur lui; elle sait qu'il est normal pour un homme de rechercher la compagnie d'autres femmes et pourtant elle lui en veut terriblement d'avoir des désirs sexuels qui les séparent l'un de l'autre.

Viviane est mariée à un homme qui était, et qui est toujours, le centre de l'univers de sa mère. Dès qu'elle téléphone, il s'empare de l'appareil immédiatement et avec enthousiasme. Pendant les dix années de leur mariage, Jack n'a pas cessé de comparer défavorablement Viviane à sa mère. Doutant d'elle-même, Viviane se demande si Jack n'a pas raison; peut-être en effet est-elle une mauvaise ménagère, une cuisinière sans imagination, une femme ingrate et une piètre mère. « Ma belle-mère veut absolument que Jack prenne le déjeuner et le dîner chez elle le dimanche pour qu'il ait au moins « deux bons repas par semaine ». Quand elle vient à la maison, elle se croit autorisée à ouvrir les armoires pour s'assurer que les draps et les serviettes sont rangés en piles bien droites et les vêtements bien en ordre — les vestons avec les vestons, les pantalons avec les pantalons, etc. Elle regarde même les oreilles de mes enfants pour voir si elles sont propres! Et si je me plains à mon mari de sa façon d'agir et que je lui demande de parler à sa mère pour qu'elle cesse, il nie ce qui se passe ou encore il prétend que cela n'a aucune importance. »

Étonnamment, Jack insiste pour que Viviane reste passive dans tous les domaines sauf sexuellement où elle doit devenir agressive et lui, soumis.

Quand Viviane a épousé Jack, elle le croyait fort, aimant et affectueux; et surtout, elle croyait qu'il prendrait soin d'elle. Mais elle a tôt fait de découvrir qu'il voulait qu'elle prenne soin de *lui*. C'est ce que faisait sa mère et c'est ce qu'il attendait de la femme qu'il avait choisie. Jack obéissait aux messages de sa mère et Viviane se sentait confinée à un rôle qui ne lui convenait pas. Elle ne comprenait pas qu'il soit incapable de se détacher de l'influence de sa mère et d'être plus sensible aux besoins de sa femme.

Le docteur James J. Rue et Louise Shanahan, dans leur livre *Daddy's Girl, Mama's Boy*, expliquent la conception qu'ont les enfants gâtés, des relations amoureuses: « Toute expression autre (que l'approbation et l'adulation) constitue une trahison. Malheureusement, maman lui a inculqué ce trait de caractère avec un art si consommé qu'il ne comprend pas tous les problèmes émotifs qu'il entraînera dans son mariage (...) Comme adulte, il risque de ne voir dans une relation que ce que la femme peut lui apporter sexuellement, sans jamais se pencher sur sa propre responsabilité. »

Lorraine en a long à dire sur son mariage avec un homme qui était l'idole de sa mère. Exigeant et rigide, Stan n'admet rien d'autre que ses propres règles, ses propres opinions et ses propres besoins. Si Lorraine fait quelque chose qui ne lui plaît pas, elle a forcément tort, pense-t-il. Stan n'envisage pas une seconde qu'il puisse y avoir d'autres façons de vivre que la sienne, ni d'autres opinions valables.

« Il y a un problème majeur dans notre vie: la mère de Stan, raconte Lorraine. Environ deux fois par année, nous rendons visite à ses parents. Nous ne pouvons habiter à l'hôtel, ce que je préférerais, parce que sa mère insiste pour nous recevoir à la maison. Dès qu'il y met les pieds, le processus est enclenché. Je regarde mon mari redevenir un enfant et reprendre sa place de petit dernier de la famille; je vous jure que même sa façon de parler change. Sa mère se comporte comme si une divinité faisait de la lévitation

170

dans son salon! Et moi, qui suis-je? Je ne suis que la personne qui l'accompagne. Elle a du mal à ouvrir la bouche pour me dire bonjour.

« Pendant ces visites, il n'y en a que pour Stan et tout ce que je désire, c'est de me sauver de cette maison, poursuit-elle, mais Stan ne me laisserait jamais prendre la voiture pour aller chez des amis. Je suis censée m'asseoir sur le divan et bavarder avec son père pendant qu'il roucoule avec sa mère. Et le pire reste à venir. Après le dîner, Stan et sa mère discutent pour savoir si j'ai été une bonne épouse depuis notre dernière visite. Quand la mère de Stan est dans les parages, je suis moins que rien. »

Au fond, c'est la mère qui détermine si son fils sera ou non un bon amant et un bon mari. En exploitant et en manipulant son fils à ses propres fins, la mère se lie si étroitement à lui que les autres femmes deviennent des intruses, comme Lorraine. La mère qui adore son fils à ce point, le met à l'épreuve de façon presque quotidienne: « Qui aimes-tu le plus? Elle ou moi? »

L'histoire de Lorraine et de Stan est loin d'être exceptionnelle. Voici ce qu'Helen m'a raconté au sujet de son mari: « Richard n'est pas dupe des manoeuvres de sa mère mais il n'a pas l'intention d'y mettre fin. Tous les matins, sa mère lui téléphone à six heures pour lui dire: « Le café est prêt. Viens le prendre avec moi. » Alors mon mari me quitte à six heures tous les matins pour aller voir sa mère avant d'aller travailler. Le soir, il arrête chez elle en sortant du bureau et mange une bouchée avant de rentrer nous retrouver, moi et les enfants. Cette situation m'exaspère mais j'ai l'impression que ce serait cruel de ma part de lui dire: « Ne vois pas ta mère aussi souvent ». Cela semble affreux.

« Mais, ce n'est pas tout. Les fins de semaines, elle trouve toujours une corvée pour lui. Et peu lui importe que nous ayons d'autres projets: elle a déjà téléphoné à sept heures du soir un samedi pour qu'il aille réparer la fournaise. Elle avait promis de ne pas le retenir longtemps mais, évidemment, elle n'a pas tenu sa promesse. Dès qu'il a mis les pieds chez elle, elle lui a servi un repas complet avec entrée, plat principal et dessert; il m'a téléphoné pour me prévenir qu'il serait « un peu en retard ». Je suis toujours en compétition avec sa mère pour obtenir un peu de son temps et de son attention. Je sais que la lutte est perdue d'avance. »

Une fois son fils marié, toute bonne mère sait qu'il a d'abord des obligations envers sa femme. Mais certaines mères ne le comprennent pas et leurs fils risquent de ne pas vouloir y remédier. Évidemment, le « fils à maman » adore voir l'excitation de sa mère quand il est dans les parages. Avec elle, il n'a jamais tort. Il a droit à un amour inconditionnel, comme s'il était encore un nouveau-né; elle n'exige pas grand-chose et ses exigences sont faciles à satisfaire; elle n'a que des éloges à lui faire. En fait, se réfugier chez maman est pour lui le moyen d'échapper à ses obligations d'adulte envers sa femme, ses enfants et même son travail. Chez maman, les obligations sont à peu près inexistantes; il n'a qu'à apparaître pour se faire dorloter. Souvent, avec l'âge, l'homme ne veut plus de ce rôle d'enfant gâté mais il ne sait pas comment s'y soustraire. Sa mère lui rappelle tout ce qu'elle a fait pour lui. « Oui, prêche ce genre de mère, il a une femme. Mais la mère passe avant l'épouse. On peut avoir plusieurs femmes mais on n'a qu'une mère. »

Pendant qu'elle berce son fils, la mère lui inculque divers messages sur lui-même, sur les femmes, sur le monde. On dit qu'il y a deux grands types de caractère chez les mâles — le type conquérant et dominateur, et le type passif et dépendant, et que les femmes élèvent leurs fils en conformité avec l'un ou l'autre de ces types. En fait, la plupart des hommes se situent quelque part entre ces deux extrêmes et présentent des caractéristiques de chaque type.

Freud a déjà dit que le fils choyé devient le conquérant. Ce rôle présente des avantages et des inconvénients. Le fils préféré peut acquérir auprès de sa mère une certaine force intérieure, un élan qui le pousse vers la réussite. Mais l'homme gâté et dorloté par sa mère risque également de devenir une caricature du conquérant — le macho qui doute de sa virilité et qui doit subjuguer toutes les femmes pour prouver qu'il est plus fort que sa mère autoritaire et que son père passif. De tels hommes n'aiment pas faire face à des égales, à des femmes qui défendent leurs droits, défient leurs ordres et exigent que leurs sentiments soient pris en considération. Ils ne s'intéressent qu'aux femmes qui entretiennent leur image, inculquée par la mère.

Le conquérant réalise les ambitions auxquelles sa mère a dû renoncer pour elle-même. Le fils passif et dépendant est lié à sa mère par un lien que son mari lui a refusé; il lui donne une vie émotive. Si la mère est en conflit avec sa sexualité, elle transmettra certaines de ses idées à son fils. Ou bien elle ne lui donnera aucun conseil raisonnable sur la sexualité, ou bien elle la dénigrera au point qu'il ne pourra plus la percevoir comme un processus normal et sain. La sexualité, pourra-t-elle prétendre, risque de perturber la santé psychologique et la vie professionnelle d'un homme. Pourquoi? « Parce que, lui dit-elle, si tu commences à t'occuper d'une femme, elle aura des exigences que tu ne pourras pas satisfaire. »

Certains hommes ne se marient pas ou se marient tardivement à cause de l'admiration inconditionnelle de leur mère. La pièce de théâtre *The Silver Cord*, de Sydney Howard, met en scène une mère « professionnelle », autoritaire qui ne peut supporter de perdre son fils au profit d'une autre femme, qui refuse sa sexualité comme tous ses besoins qu'elle ne peut satisfaire. Son fils aîné David ayant épousé une femme qui conteste son accaparante belle-mère, l'éloignant de sa mère, qui est prise de panique. Elle ne laissera pas son plus jeune fils, Robert, qui vient de se fiancer, la quitter pour une autre femme. Elle s'engage donc dans une lutte acharnée contre Hester, la fiancée de Robert, et gagne la bataille. Se pliant à jamais à « l'amour » de sa mère, Robert, du fond de son abjection, l'écoute proclamer ses convictions presque religieuses: « Et tu dois te souvenir de ce que David, dans son aveuglement, a oublié. L'amour d'une mère en a beaucoup souffert. Cet amour est bon: il n'a pas d'attentes, il ne naît pas facilement et n'est pas exagéré; il a tout entendu, tout cru, tout espéré, tout enduré (...) Du moins, je crois cela vrai de mon amour? » Défait, Robert répond: « Oui, mère. »

Certaines mères adopteront une attitude moins combative avec les femmes que leurs fils ramènent à la maison: cette fille est trop grande, cette autre trop excentrique; celle-ci est trop silencieuse, les parents de celle-là ne sont pas « de notre monde ». D'autres ne peuvent accepter l'émergence de la sexualité de leur fils et contestent ses choix.

« Ma mère se moquait de moi chaque fois qu'il était question d'une femme, m'a confié un homme du Connecticut. D'abord, elle n'avait jamais rien de bon à dire sur les filles que j'amenais à la maison. Deuxièmement, elle faisait des commentaires du genre: « Est-ce vraiment *mon* fils qui est avec *cette* fille? » comme si le seul fait de fréquenter une femme était déshonorant en soi. Je crois qu'elle aurait aimé que je devienne prêtre; ainsi, elle aurait été certaine qu'il n'y aurait aucune femme dans ma vie. »

Le message implacable de cette mère à son fils est clair: « Ton choix ne vaut pas grand-chose, et toi non plus. Si tu l'épouses, il faudra que je la surveille pour m'assurer qu'elle est une bonne épouse et une bonne mère. » Si son fils épouse une femme que la mère n'approuve pas, elle pourra faire mine « d'éduquer » sa belle-fille pour plaire à son fils mais en donnant juste assez de conseils trompeurs pour que son garçon soit malheureux et revienne vers elle.

Les ambitions d'une mère pour son fils peuvent se répercuter sur l'image qu'il a de lui — en dépit de maman ou à cause d'elle. Elle pourra se l'attacher émotivement et ne le libérer que pour qu'il poursuive une carrière, ou encore le forcer à restreindre ses ambitions professionnelles en minant sa personnalité et en faisant de lui un raté. Son pouvoir est alors presque absolu. Le fils pourra dire: « Je veux travailler dans l'immobilier. » La mère répondra: « Tu gagnes un bon salaire comme mécanicien. Quand les choses vont mal tourner, que va-t-il t'arriver? » Contente-toi de ce que tu as, plaide cette mère. Ne fais pas la preuve que tu peux prendre des risques et *gagner*. Satisfais-toi de peu et surtout, continue à avoir *besoin de moi*.

La mère accusatrice pourra se servir des reproches qu'elle n'ose formuler à son mari (« Tu ne t'occupes pas de moi. » « Tu ne m'aimes pas. ») pour les adresser indirectement à son fils (« Tu n'arriveras à rien. » « Qu'as-tu à offrir à une femme? ») En vieillissant, le fils intériorise les insécurités, les doutes et les frustrations de sa mère. Peut-être voudrait-il accomplir quelque chose, mais il se sent impuissant face à ses critiques constantes. Il déteste sa mère mais il est incapable de lui dire. Il ne pourrait supporter de perdre le peu d'affection qu'elle lui donne alors il transfère sa rage sur la prochaine femme qui entre dans sa vie: son épouse.

Une femme qui a gâté son fils m'a raconté que ce dernier lui faisait souvent des confidences sur ses aventures extraconjugales. « Je ne sais pas quoi lui dire, explique-t-elle, quoi lui répondre. Je ne veux pas être mesquine et lui dire qu'il blesse sa femme et qu'il ne devrait pas se conduire ainsi. Je suis désolée pour ma belle-fille mais qui suis-je pour lui dire d'arrêter? Je lui ai demandé pourquoi elle ne lui conseillait pas de rester fidèle. Je crois que ce qu'il fait est terrible mais au moins il m'en parle. Il a confiance en moi. Je ne lui dirai pas d'arrêter parce que je ne veux pas perdre mon fils. »

En continuant à donner à son fils son amour inconditionnel — peu importe ce qu'il fait et même s'il blesse les autres — cette mère entérine son comportement. Elle lui a toujours donné ce type d'amour et il revient toujours à elle pour en profiter, encore et encore, pour trouver auprès d'elle ce qu'il ne trouve pas avec d'autres femmes. À plusieurs égards, il est toujours attaché à elle. En lui parlant de ses aventures avec d'autres femmes, il lui dit: « Tu n'es pas la seule femme de ma vie, pas plus que ma femme qui me fait penser à toi. » mais il lui dit aussi, de façon implicite, « Je fais l'amour avec ces femmes, mais tu es la seule que j'aime vraiment. » Il a besoin de cette attention désintéressée de sa mère que sa femme ne peut lui donner. Si celle-ci fait quelque chose pour lui, il risque de se sentir obligé de lui faire une faveur en retour; sa mère, elle, ne lui demande rien d'autre que sa présence.

Si un homme ne vit jamais une relation d'amour, d'aide et d'encouragement avec une mère qui accepte de le voir comme un être humain distinct d'elle-même, qui lui permette d'aller dans le monde, qui ne se l'attache pas pour satisfaire des besoins émotifs que son mari ne peut combler, cet homme aura des problèmes avec les femmes. Craignant d'être privé de l'objet duquel il dépend, cet homme ressemble à l'enfant qui s'accroche aux jupes de sa mère. S'il est du type « conquérant », il essayera d'être tout-puissant pour prouver sa virilité. S'il est du type « passif », il cherchera une femme comme sa mère. Avec cette femme, il n'aura pas à assumer une relation excitante et fondée sur le désir; il pourra rester un petit garçon et se faire dorloter, comme maman le dorlotait.

Voyons maintenant quels effets peut avoir une mère sur le développement de la personnalité de son fils.

Portraits d'hommes que vous connaissez peut-être…

Le « conquérant », de façon caractéristique, éprouve un besoin constant d'admiration et d'approbation. Il a connu l'amour inconditionnel sur les genoux de sa mère; très tôt, elle a commencé à prendre sa défense. (L'institutrice: « Votre enfant a encore battu un de ses petits camarades dans la cour d'école. » La mère: « Cet enfant avait dû le provoquer gravement sinon mon petit garçon n'aurait jamais agi ainsi. ») Cette mère n'est pas très différente de cette autre qui, témoignant au procès de son fils, déclara: « Mon fils n'a pas assassiné dix-sept personnes. Ces gens se sont placés devant son arme au moment où le coup partait. » Peu importe ce qu'a fait son fils, maman a une excuse toute prête. Quand il vieillit, elle paye ses contraventions et les réparations de ses voitures accidentées, en cachette du père. Et surtout, elle lui apprend à rejeter tout le blâme sur quelqu'un d'autre: « Que faisais-tu devant moi? Tu m'as fait renverser ma tasse de café. », « Il n'y a qu'avec toi que j'ai des problèmes sexuels. Cela ne m'est jamais arrivé avec une autre femme. », « Tu m'as conseillé de prendre cet emploi et maintenant je déteste ce que je fais. Pourquoi ai-je écouté une idiote comme toi? » « Notre mariage va très bien. C'est dans ta tête que cela ne fonctionne pas bien. »

Souvent, le conquérant ne peut voir au delà de son point de vue borné. Si un de ses sentiments, une de ses expériences ou de ses opinions ne coïncident pas avec ce que ressent ou pense sa femme (ou n'importe qui d'autre) c'est forcément elle qui a tort. Pour lui, c'est la seule explication possible. Son narcissisme est total; pour lui, donner, c'est se coucher sur le dos pour qu'on lui donne. Le conquérant est incapable de se remettre en question et de reconnaître ses erreurs, ou d'admettre qu'il puisse avoir tort, s'être mal comporté ou avoir fait preuve d'insensibilité. Les autres dressent des obstacles devant lui: « Je fais tout ce que je peux pour ma femme mais elle se plaint sans cesse. Ce n'est jamais assez. » « Comment ça, calme-toi! Personne ne me dictera ma conduite! »

Cet homme devient souvent téméraire; il veut dépasser les limites parce qu'aucune limite ne lui a jamais été imposée. Avec les femmes, il est brutal et exploiteur parce qu'il est convaincu qu'elles n'existent que pour le servir. S'il gagne, tout le crédit lui en revient; s'il perd, il reporte le blâme sur quelqu'un d'autre. Ce genre d'homme a souvent des idées grandioses dont l'exécution dépasse largement ses capacités; s'il est propriétaire d'un café, il se vantera d'être un restaurateur de renommée internationale. Vous le retrouverez au bar du coin, en train de discourir sur son sens des affaires, en essayant de se faire offrir quelques verres.

Par ailleurs, très souvent, il est terrifié à l'idée de se mettre à l'épreuve parce qu'il a été élevé en n'ayant que peu ou pas de responsabilités. Une partie de lui sait qu'il ne mérite pas toutes les louanges de sa mère, pas plus que celles qu'il essaie d'obtenir des autres. S'il se marie, ce sera avec une femme soumise qu'il tourmentera en lui donnant constamment des ordres.

Et l'homme passif? Souvent, il est le plus jeune garçon de la famille, le bébé surprotégé. Craignant d'agir parce qu'il n'a jamais agi pour lui-même, il est secrètement convaincu qu'il est incapable d'aller seul dans le monde. Parallèlement, sa mère lui assure qu'il n'a pas besoin d'apprendre à s'occuper de lui ou à prendre des décisions;

elle a peur qu'il la quitte s'il le fait. Elle l'empêche de devenir un homme en lui refusant tout encouragement dès qu'il manifeste des comportements masculins; il apprend qu'il pourra toujours s'en sortir en faisant du charme et en jouant au petit garçon. Il fait appel à l'instinct maternel: « Sais-tu recoudre les boutons? », « Crois-tu que tu pourrais me faire la cuisine un jour? J'aimerais beaucoup cela. » Il regarde les femmes avec une innocente naïveté, comme pour dire: « C'est si bon d'être en sécurité avec toi. »

Il prend des allures de bon garçon, d'homme qui laisse de la place aux femmes, mais ce n'est là qu'un masque pour camoufler son besoin d'être pris en charge. Souple jusqu'à l'excès, il ne veut pas prendre de décisions de peur de ne pas prendre les bonnes. Il a une préférence pour la femme forte qui peut prendre le contrôle. Il pourra lui en vouloir mais il restera incapable de prendre le pouvoir. Après un certain temps, elle en aura peut-être assez et voudra partager le pouvoir. Une femme m'a raconté cette anecdote sur le manque d'assurance de son mari: « Un jour, il s'est arrêté au milieu de la rue, bloquant toute la circulation. Il ne savait pas de quel côté tourner, alors il n'a pas tourné. Si je n'avais pas été là pour lui dire quoi faire, il serait resté là! »

Si un homme se montre exagérément dévoué ou soumis à sa mère, méfiez-vous: il a un problème. Il aime avoir sa mère dans les parages et risque de l'inviter à venir vivre avec lui et sa femme; maman sera ravie d'accepter. L'homme passif trouvera toujours quelqu'un qui ressemble à sa mère et dont il peut dépendre. Dans un tel mariage, l'aspect sexuel de la relation se détériorera très rapidement; passé un certain cap, l'homme ne peut plus faire l'amour avec sa « mère ». Frustré dans sa sexualité, il cherchera peut-être une femme à l'extérieur du mariage mais le plus souvent cette perspective l'effraie. Sa femme, qui le perçoit comme un petit garçon, risque de trouver elle aussi que leurs relations sexuelles sont problématiques. Il est le type d'amant qui demande des directives, non pas pour plaire à la femme mais parce qu'il a besoin d'approbation: « Est-ce que je fais bien? »

Depuis sa plus tendre enfance, l'homme passif s'entend dire par sa mère: « Je me suis sacrifiée pour toi. C'est à cause de moi que tu es ici. » Il se sent en dette vis-à-vis d'elle. Mais comment acquitter une telle dette?

S'apitoyant sur son sort, il obtient ce qu'il veut en se plaignant, en gémissant et en manipulant les gens. Il modèle sa personnalité sur celle de sa mère; il devient le martyr, le sacrifié. Il essayera tous les rôles de son répertoire pour se frayer un chemin, il ira jusqu'à simuler la maladie pour que cela réussisse: « Comment peux-tu aller à ton cours du soir et me laisser me débrouiller seul avec le repas alors que j'ai un mal de tête épouvantable? », « Ne sors pas avec tes amis aujourd'hui. Reste avec moi et tiens-moi compagnie. » Faible et pleurnichard, il se repose lourdement sur sa femme mais il réussit à satisfaire ses besoins en employant les ruses maternelles. Méfiez-vous des armes des faibles.

L'homme passif, distant, est incapable de montrer son affection. Il a beaucoup d'assurance, et se présente comme quelqu'un qui maîtrise ses émotions, ce qui est vrai. Il se méfie des femmes, il a peur qu'elles l'utilisent comme l'a fait sa mère, c'est-à-dire à leurs propres fins. Pour lui, les femmes sont destinées au plaisir sexuel et pourtant il ne prend pas beaucoup de plaisir aux relations sexuelles. En organisant sa vie pour lui, sa mère lui a imposé sa volonté et l'a éloigné de ses désirs. Elle a inhibé sa croissance émotive en lui refusant ses caresses, sa chaleur et son amour. Aujourd'hui, il est incapable de partager tout cela avec une femme.

Mal à l'aise et secret devant les émotions, il a tendance à traverser des périodes de profonde dépression. Il cherche à éviter toute situation émotive. Il est intellectuellement conscient de cette tristesse mais émotivement, il ne l'affronte pas. Bien qu'il soit souvent attiré par des femmes émotivement démonstratives, il a peur qu'elles attendent la même chose de lui. « Je t'aime » est une expression qui ne lui vient pas souvent à la bouche; il croit qu'il peut montrer son amour par sa générosité matérielle ou simplement par sa présence: « Voici cinquante dollars. Achète-toi un beau cadeau d'anniversaire. », « Pourquoi veux-tu que je te dise que tu es jolie. Regarde-toi dans le miroir. » Il semble stable, calme et avoir du contrôle mais ce n'est que le résultat d'une palette émotive monochromatique. La femme qui épouse un tel homme doit l'accepter tel qu'il est et comprendre qu'il n'a pas beaucoup plus à offrir.

Et qu'en est-il de la brute? L'homme que sa mère a abandonné en bas âge, négligé ou maltraité risque éventuellement de devenir un mâle agressif. Il est profiteur avec les femmes aux attitudes garçonnières, il abuse d'elles autant qu'il le peut, tout en obtenant ce qu'il veut par la force. Don Juan, il abandonne souvent les femmes dès qu'elles commencent à s'intéresser à lui. La violence est sa marque de commerce, et elle est sa réaction à l'abandon physique ou émotif de sa mère.

Si son mari la quitte, la mère, pour se prouver qu'elle est toujours désirable, peut consacrer son énergie à de nombreux amants et abandonner son fils émotivement. S'il y a une activité sexuelle intense dans la chambre à coucher de sa mère, le fils risque d'entendre ou de deviner ce qui s'y passe. Privé de l'exemple d'une sexualité vécue dans l'affection et la continuité, le fils, une fois adulte, en vient à utiliser le sexe comme moyen de négociation avec les femmes. Comme il en veut à sa mère d'avoir constamment cherché à se rassurer sur sa sexualité avec les hommes, il a du mal à lui pardonner de l'avoir négligé et d'avoir permis à des inconnus de se servir d'elle. Pourtant il a appris avec sa mère que les partenaires sont interchangeables. Pour lui, les femmes représenteront dans sa vie ce que les hommes représentaient pour sa mère; elles se valent toutes.

Il se peut aussi que sa mère lui ait donné de l'affection, mais de façon inconsistante et parcimonieuse. Si elle se montrait intense et chaleureuse par moments et brutale l'instant d'après, il ne pouvait jamais prévoir ses réactions. Ce genre de femme perd souvent le contrôle d'elle-même et elle est débordée par ses émotions; son fils se retrouve piégé dans cette hystérie. À la fois attiré et rejeté par les femmes, il peut devenir pour elles un ennemi cruel et même mortel. Son plaisir, sexuel ou autre, consiste à blesser les femmes et à dominer les hommes.

Si la mère séductrice dorlote son fils entre ses aventures et ne le brutalise pas, la brute aura une vie similaire à celle du fils maltraité. De façon caractéristique, ses relations émotionnelles resteront superficielles; pour lui aussi, les femmes seront interchangeables. Souvent axé sur la performance sexuelle, il est obsédé par le besoin de donner du plaisir, non pas pour le bien de la femme, mais pour gratifier son égo. L'un de ces hommes m'a déjà dit: « Je veux que la femme ait des orgasmes multiples parce que cela me donne du plaisir de lui en donner. » C'est le credo typique de la brute sexuelle: le monde entier a besoin de *lui* pour bouger.

Comme je l'ai déjà dit, les types de conquérant et d'homme passif n'existent pas à l'état pur. Bien que certaines caractéristiques aient tendance à prédominer, dans certaines circonstances, le mode de comportement opposé peut émerger. Soumis à un grand stress, l'homme brutal peut fondre en larmes, défait, pour réclamer la tendresse dont il a besoin. De même, l'homme effacé et peureux peut, en cas d'urgence, accomplir des actes d'héroïsme. Ces hommes ont des contradictions (comme tous les êtres humains) et leurs relations avec les femmes de leur vie sont donc contradictoires, elles aussi.

Bien des hommes qui n'ont pas été gâtés par leurs mères éprouvent pourtant des sentiments mitigés à son égard. Ils l'aiment et la méprisent à la fois; ils semblent sereins mais ils nagent en pleine confusion; ils souhaitent être plus conformes à ce que les femmes attendent d'eux mais ils ne veulent pas changer. Ils croient savoir comment obtenir l'approbation de leur mère et l'instant d'après, ils se demandent s'ils y réussiront un jour.

L'un de ces hommes, de ma connaissance, avait une mère intelligente et compétente, une femme capable de gagner un excellent salaire. Quand j'ai rencontré la mère de Gary, j'ai d'abord cru qu'il avait d'excellents rapports avec elle. C'est ce que croyait aussi tout leur entourage. Mais ce que m'a confié Gary prouve que ce n'est pas vraiment le cas.

« Il n'y avait aucune chaleur réelle entre nous, raconte Gary. Ma mère m'embrassait et me caressait rarement mais elle jouait son rôle de bonne mère, du moins tel qu'elle le concevait: elle s'occupait de ses fils, s'assurait que nous soyons corrects, intègres et travaillants. Et effectivement, nous le sommes devenus. Je la respecte mais je n'ai pas beaucoup d'affection pour elle. Voilà ce qui en est. »

Sa femme m'a raconté un incident qui révèle l'influence de cette mère sur ses fils et montre jusqu'à quel point elle perturbe la vie de Gary: « Deux semaines après notre mariage, les parents de Gary sont venus nous rendre visite; nous habitions alors dans un autre État. Sa mère nous a dit qu'elle voulait s'installer chez nous et non à l'hôtel. Je lui ai expliqué que nous n'avions qu'une seule chambre à coucher. Elle m'a répondu: « Nous allons nous débrouiller. » Finalement, ma belle-mère a dormi dans notre lit et Gary et moi avons dû coucher séparément pendant trois semaines, moi sur le divan et lui sur un lit de camp que nous avions emprunté!

« Mais ce n'est pas tout. Non seulement elle a envahi notre territoire et notre lit sans que Gary ose protester, mais elle a décidé de décorer notre maison; elle a acheté des tas de ramasse-poussières — des statuettes, des assiettes à accrocher sur les murs, etc. Bref, le genre d'objet que nous détestons tous les deux. Mais notre opinion n'avait aucune importance pour elle; la seule chose qui comptait, c'était qu'elle et son mari s'entendent sur l'emplacement de chacune de ces horreurs.

« Cette expérience m'a beaucoup appris, ajoute Toby, j'avais toujours cru que Gary avait une famille idéale. J'étais hypnotisé par l'incroyable charisme de sa mère et par l'intérêt de son père pour ses fils. Mais avant cette visite, je n'avais jamais remarqué jusqu'à quel point elle traitait Gary, mon mari, comme un petit garçon. »

Gary, encore sous la coupe de sa mère, n'a pas essayé de défendre ses droits et ceux de Toby. Il voulait que sa mère « materne », qu'elle fasse ce qu'elle avait toujours fait: s'occuper de tout. Il lui en voulait mais continuait de se taire. Gary et Toby ont eu une deuxième fois la possibilité de régler le problème, douze ans plus tard. Cette fois, les parents de Gary sont arrivés avec une énorme armoire antique. « J'ai grincé des dents, raconte Toby, et j'ai regardé Gary qui était manifestement contrarié. Finalement je me suis décidée à demander à ma belle-mère pour qui elle avait apporté cette armoire. Certainement pas pour nous? Évidemment, c'était pour nous. Je l'ai remerciée mais je lui ai dit que comme elle n'avait pas réfléchi longtemps avant de l'apporter sans nous demander notre avis, elle n'aurait pas à réfléchir plus longtemps avant de la rapporter. Elle nous a fait payer cette querelle par dix ans de silence. Pendant toute une décennie, elle ne nous a pas adressé la parole. »

Affronter une belle-mère peut être une expérience traumatisante mais ce n'est pas impossible. Il n'est pas nécessaire de vous montrer dure ou cruelle avec la mère de votre mari, mais il est important qu'elle comprenne qu'elle ne peut plus manipuler son fils, ni sa belle-fille à travers lui. Après tout, si vous avez trouvé que cet homme valait la peine que vous l'épousiez, elle doit bien lui avoir donné quelque chose que vous aimez. Quand une belle-mère dépasse les limites, l'épouse a le devoir de l'arrêter avec le consentement et l'approbation de son mari. Il vous sera plus facile d'établir une relation d'adulte à adulte si vous vous affirmez dès que le problème surgit pour la première fois.

Dans le cas que nous venons de voir, la mère a réussi à réduire son fils nouvellement marié et sa belle-fille à l'état d'enfants asexués. Le jeune couple peu expérimenté en matière de sexualité et toujours sous l'influence de l'autorité parentale, a cédé devant la mère toute puissante. Toby a compris que ce processus de désexualisation du fils par sa mère avait commencé alors qu'il n'était encore qu'un enfant et se poursuivait par une tentative de le séparer physiquement de sa femme.

Alors; avant d'épouser un homme...

Si vous vous penchez sur la relation d'un homme avec sa mère avant de l'épouser, cela vous donnera au moins une idée de la façon dont ils se traitent mutuellement. En décrivant ces types d'hommes de façon générale, mon intention est de vous rendre plus consciente de certains comportements caractéristiques et de leur évolution. Alors avant de prendre une décision engageant votre avenir avec un homme, posez-vous les questions suivantes.

Comment décririez-vous sa mère? Quels sentiments éprouve-t-il pour elle? Cherche-t-il à trouver une femme qui ressemble à sa mère? « Ma mère était une femme passive qui n'avait aucune motivation, raconte un homme, mon père était attentionné mais elle était toujours négative. Rien n'était correct, rien ne valait la peine d'être vécu et tout était sujet à critique. Je préfère les femmes qui sont plus vivantes, qui ont des intérêts et des buts dans la vie. J'ai toujours eu l'impression que ma mère ignorait tout de la joie et du bonheur. » Êtes-vous prête à payer le prix pour toutes les choses horribles, réelles ou imaginaires que lui a fait subir sa mère? Son père maltraitait-il sa mère? Croit-il que la violence est un bon moyen d'agir avec une femme? Si vous avez un reproche à lui faire, est-il capable de l'accepter? Vous attaque-t-il impitoyablement dès que vous osez le critiquer? Faut-il toujours qu'il ait raison? Devez-vous lui trouver des excuses pour qu'il n'ait pas l'impression d'avoir tort? Est-il fiable et capable d'une relation d'interdépendance? Une femme disait un jour de son mari: « Il avait l'habitude de dire qu'une bonne relation était l'acte le plus créatif que puisse vivre un homme. Il le pensait peut-être mais il n'est jamais là quand j'ai besoin de lui, il est toujours en retard, il annule nos rendez-vous avec des amis sans me prévenir. Si je me sens déprimée, il a tendance à dire: « Je ne sais pas quoi te répondre. » ou « C'est vraiment un problème. » ou encore « Qu'at-tends-tu de moi? » Alors, pour ce qui est d'une relation créatrice... »

Dans une relation saine, les rôles des amants sont interchangeables. Pouvez-vous changer de rôle avec lui de sorte que vous vous retrouviez à l'avant-scène et lui en coulisse? Aime-t-il vraiment les femmes? Faut-il absolument qu'il flirte avec toutes les femmes qu'il rencontre? Trouve-t-il que ce que vous dites est intéressant ou cesse-t-il d'écouter dès que vous ouvrez la bouche? Qu'est-ce qui l'intéresse en vous, ce que vous êtes ou seulement votre apparence? Vous demande-t-il de porter des vêtements provoquants pour pouvoir vous montrer aux autres hommes? Vous considère-t-il comme sa propriété? Est-il exagérément soucieux de chacune de vos petites rides et du moindre de vos cheveux blancs; vous rappelle-t-il insidieusement que vous vieillissez? Est-il hypocondriaque? Croit-il que le moindre bobo est un symptôme de cancer?

Si vous soulevez une question délicate, souffre-t-il soudainement d'un violent mal de tête? A-t-il l'habitude de dire: « Nous en reparlerons une autre fois. » S'endort-il sous votre nez pour éviter de faire face à certains problèmes?

Si vous lui faites une suggestion pour améliorer vos relations sexuelles, se fâche-t-il sous prétexte qu'il a plus d'expérience que vous? Est-il capable de dire: « Je tiens à toi... je l'aime. » Une femme me disait un jour: « Mon ex-mari a dit « Je t'aime » trois fois dans sa vie; une fois à moi, une fois à sa mère et une fois à notre fille. Il a toujours cru qu'il perdait quelque chose chaque fois qu'il prononçait ces trois mots, comme s'il était né avec une ration limitée de « Je t'aime. » qui risquait de s'épuiser. »

A-t-il l'impression que vos marques d'amour sont autant d'exigences que vous lui adressez? Croit-il qu'il risque de perdre son identité s'il donne de l'amour? Peut-il rire de lui-même? Par exemple, s'il est en colère, lui arrive-t-il de s'arrêter brusquement pour dire: « Qu'est-ce qui me prend? Cela n'a aucune importance. » A-t-il tendance à se plaindre constamment et à penser que tout se ligue contre lui? Devez-vous panser ses blessures? Faut-il toujours que vous lui remontiez le moral pour qu'il puisse à nouveau affronter le monde?

Est-ce le genre de relation que vous devez « endurer »? Est-ce le genre de relation qui permet une multitude de

façons d'exprimer vos émotions et votre plaisir, une relation vraiment satisfaisante?

Vos réponses à ces questions vous indiqueront si
l'homme en cause a suffisamment de maturité pour mériter
votre confiance et votre amour. Sinon, attendez-vous à ce
qu'il ne vous permette pas de prouver votre valeur et à
ce qu'il vous incite à faire de lui votre plat de résistance.
Ne vous étonnez pas s'il considère tous vos gestes comme
une grave menace pour sa survie. Les relations sont
souvent structurées de façon à ne laisser place qu'à un
seul vainqueur, si vous voulez réussir, il pensera que vous
voulez lui enlever de l'importance et il tentera de saboter
vos efforts. Pour qu'il se sente important, il faudra que
vous restiez insignifiante.

Peu de relations sont idéales. Attendre d'un homme
qu'il soit parfait ou qu'il vous offre un support émotif
sans défaillance est irréaliste. L'ambiguité est au coeur de
la plupart des relations, qu'il s'agisse d'une relation entre
une mère et son fils ou entre un mari et son épouse. La
perfection n'est pas de ce monde. Si vous acceptez l'homme
de votre vie tel qu'il est, vous pourrez l'aider en comprenant ses faiblesses et en l'aidant à devenir plus fort.
Mais surtout, admettez que vous avez ce que vous méritez.

Chapitre sept

Images floues

« *Attraper* » *un homme est un art; le garder est un travail, et il est l'un de ceux qui exige les plus grandes compétences.*

Simone de Beauvoir, *Le Deuxième sexe*

Il peut s'avérer nécessaire de se marier ne serait-ce que pour découvrir ce qu'on ne veut pas.

A. Alvarez, *Life After Mariage: An Anatomy of Divorce*

Marie l'homme aujourd'hui
Donne lui ton rire si frais
Donne lui ta main aujourd'hui
Et garde ton poing pour après.

Frank Loesser, "Mary the Man Today", extrait de *Guys and Dolls*

On a dit que la femme célibataire était condamnée à progresser, à évoluer; je crois pour ma part que c'est très certainement une amélioration par rapport à une malédiction beaucoup plus insidieuse: le « coup de foudre ». Le désir d'évoluer a généralement des bases réelles: vous avez un objectif, vous voulez changer votre mode de vie, vous voulez avoir ce que vous n'avez pas. Perspective qui n'est pas au fond si redoutable. Les motivations du coup de foudre, elles, sont moins nettes.

Paré de tout son éclat romantique, ce type de rencontre à haut voltage électrifie tantôt l'une des personnes impliquées, tantôt les deux. Comparés au feu incandescent de l'être adoré dès la première seconde, comparés à sa parésence fulgurante, tous les autres ne sont plus que des ombres pâlottes. Les romans d'amour populaires décrivent le coup de foudre comme un gouffre fascinant: il a un regard hypnotisant, elle a un corps étourdissant, il a un sourire de jeune loup, elle a le cœur palpitant, il est bouleversant, elle sait qu'il est « l'homme de sa vie ». Jusqu'ici, environ trente secondes se sont écoulées, trente secondes de deux vies... Il ne sait pas encore son nom de famille, il n'a pas la moindre idée de ce qu'elle attend de la vie. Elle sait seulement qu'il n'est pas un maniaque prêt à la découper en morceaux, et encore... Mais peut-être est-il son prince charmant, son *salut*?

Vivant des émotions aussi fortes en si peu de temps, les gens frappés par le coup de foudre présument naturellement que le sentiments qu'ils éprouvent sont significatifs, authentiques et définitifs. En fait, il sont significatifs, authentiques, mais ils ne sont pas définitifs. Le coup de foudre est une illusion sur l'amour et non la preuve d'une communication réelle. Malgré la fièvre qu'il suscite, le coup de foudre ne traduit pas nécessairement la vérité de vos sentiments. Il signifie plutôt que vous avez choisi un inconnu (l'être adoré) et que vous l'avez transformé en un proche (vous en avez, croyez-vous, une connaissance intuitive et profonde) sans être passé par le processus de la connaissance (en partageant des expériences réelles avec lui). Sur quoi se fonde en fait ce type d'amour?

Si vous examiniez plus attentivement l'individu avec qui vous êtes tombé en amour, vous découvririez probablement qu'il est l'incarnation d'un de vos fantasmes, qu'il ressemble à un amour que vous avez perdu, que physiquement, ou par son attitude, ses inflexions de voix, il vous rappelle quelqu'un de votre passé. Peut-être représente-t-il le personnage dynamique que vous voulez aimer, sinon pour toujours, du moins pour une nuit: et peut-être qu'après cette nuit, vous voudrez le garder à jamais. Mais ce scénario se fonde lui aussi sur une illusion. L'histoire de Célia illustre bien le piège du coup de foudre.

L'avion avait quitté New York pour Los Angeles tôt le matin; Célia, acheteuse de mode, est en voyage d'affaires. À un moment donné, elle décide de s'installer plus confortablement et de faire une sieste. À son réveil, elle trouve une bouteille de champagne glissée sous son bras; elle fait venir l'hôtesse et lui demande qui est le mystérieux donateur. On lui dit que l'homme se ferait connaître à l'aérogare de Los Angeles.

« J'étais terriblement flattée, raconte Célia, et je n'avais pas le moindre indice sur l'identité de celui qui affichait une générosité aussi flamboyante. Une fois arrivée à l'aérogare, j'étais passablement intriguée. Personne ne m'adressa la parole jusqu'à ce que je prenne ma valise

sur le caroussel. Derrière moi, j'entendis alors une voix:
« Laissez-moi vous aider. » Je me suis retournée et j'ai vu
un homme d'affaires distingué et élégamment vêtu; il
souriait. 'Le champagne...' dit-il en m'entraînant comme s'il n'y avait rien d'autre à ajouter. Je l'ai remercié,
déjà séduite. Il m'a demandé où j'allais et m'a offert de
m'y reconduire. J'ai accepté.

« Je m'attendais à prendre un taxi, mais une limousine
attendait à la porte; c'était la sienne. Nous nous sommes
présentés et il m'a tendu sa carte d'affaires: j'avais souvent
entendu parler de lui. Nous bavardions depuis une quin-
zaine de minutres sur la banquette arrière de la voiture
lorsqu'il proposa brusquement que je l'accompagne à son
hôtel et que j'y laisse ce donc j'avais besoin pour la nuit;
son chauffeur me conduirait ensuite à mon hôtel. Il serra
ma main et m'implora des yeux. Il allait trop vite, il était
trop sûr de lui mais il était persuasif. J'ai mordu à l'hameçon. Sans hésiter, j'acquiesçai.

« Une fois à son hôtel, il me donna un baiser rapide,
et me dit: « Donnons-nous rendez-vous vers sept heures
trente pour aller dîner. Nous déciderons où plus tard. »
Après l'avoir quitté, je me suis demandé dans quel guêpier
je m'étais fourrée et pourquoi je l'avais suivi avec autant
de passivité. Mais je me demandais surtout combien de
temps tout cela allait durer. Une nuit? Deux? Pour le
moment, cela n'avait aucune importance. Pour moi, c'était
la grande aventure, peut-être davantage...

« Vers la fin de l'après-midi, je me rendis à un rendez-
vous d'affaires mais j'avais beaucoup de mal à me concentrer sur mon travail. Cet homme me troublait. En moins
de quelques heures, je me retrouvais dans la peau d'une
adolescente languissante. J'avais suivi sans réfléchir un
parfait étranger, je lui avais fait confiance uniquement à
cause de sa position sociale et j'avais accepté neuf heures
d'avance de passer la nuit avec lui. Il m'avait charmée,

subjuguée, il m'avait dit quoi faire pour lui plaire et, comme j'étais hypnotisée, je m'étais soumise à ses désirs.

« Nous devions dîner à son hôtel; il disait que ce serait plus facile ainsi, que je n'aurais qu'à passer le prendre à sa chambre. Parfait, me suis-je dit, un restaurant en vaut un autre et celui-là est plus proche de son lit. Et tout à coup, j'ai eu peur. En m'habillant, je me suis rendue compte que je n'avais pas peur de faire l'amour avec lui mais que je craignais au contraire qu'après avoir passé la soirée avec moi, il ne me trouve plus désirable.

« Une heure plus tard, se souvient Célia, je frappais à sa porte en tremblant. Il a ouvert et m'a regardée dans les yeux en me souriant comme un petit garçon, une serviette humide enroulée autour des hanches. Allait-il l'enlever et me sauter dessus? Il ne pouvait pas être aussi grossier. Il m'a expliqué qu'il était en retard à cause de son travail et m'a proposé de me servir un verre pendant qu'il s'habillait. Comment avais-je *pu* douter de lui? On frappa à la porte et il me cria de l'autre pièce d'aller ouvrir. C'était le maître d'hôtel. Intéressant, me suis-je dit, il a fait monter le repas à sa chambre. Je commençais à reconstituer le puzzle, à élaborer une hypothèse. Il devait être marié et ne voulait pas qu'on le voit avec une femme dans un endroit public comme un restaurant. C'est du moins ce que j'ai choisi de croire. Cette chambre allait être notre sanctuaire, tant que je ne décrochais pas le téléphone ou que je ne faisais pas une scène. Cela me convenait. Il m'avait choisi, moi, et pas une autre.

« Tu es magnifique, me dit-il en sortant de la salle d'habillage. Il était négligemment vêtu, j'étais trop chic mais cela m'était égal puisqu'il ne semblait pas s'en soucier. La seule chose qui m'intéressait, c'était lui; j'avais l'impression d'être amoureuse. »

Célia eut du mal à avaler le dîner; elle attendait que l'inévitable se produise enfin. Quand il se décida enfin à la toucher, elle perdit la tête même si une partie d'elle-même continuait à résister. « Je me sentais dédoublée. Une partie de moi luttait pour rester saine d'esprit. Je savais que si je m'abandonnais à cet homme, j'aurais très mal lorsqu'il me quitterait. Mais l'autre partie de moi brûlait de désir et finalement je ne voulais pas entendre ce que me prêchait ma raison.

« Au cours des trois jours suivants, poursuit-elle, je me suis tranquillement installée dans sa chambre. Le matin du quatrième jour, il m'a embrassée comme d'habitude en partant et m'a souhaité une bonne journée. J'ai été à un dîner d'affaires et je suis rentrée à sa chambre vers quinze heures. J'ai téléphoné à mon hôtel pour prendre une douche. En ouvrant la penderie pour ranger un vêtement, j'ai vu que tous les siens n'y étaient plus. J'ai couru à la salle de bain. Vide, elle aussi! En tremblant, j'ai appellé la réception: il avait réglé sa note et quitté l'hôtel. Au fait, pouvais-je libérer la chambre pour quatre heures? Avait-il laissé un message pour moi? Non, me répondit l'employé. J'ai cherché partout, mis la chambre sans dessus dessous, défait mes baggages, soulevé les couvertures; il m'avait sûrement laissé un mot... Rien.

« Que pouvais-je faire? j'ai poussé un gémissement de désespoir et je me suis effondrée. J'avais été complètement folle. Je l'avais aimé dès le premier soir et il le savait probablement. J'ai finalement retrouvé mes esprits, rassemblé mes affaires et jeté au panier le bouchon de champagne que j'avais gardé en souvenir. Je me suis dit que je voudrais mourir de honte si jamais je le revoyais, tout en ayant envie de le tuer. »

L'homme était donc disparu aussi mystérieusement qu'il était entré dans la vie de Célia. Elle était « tombée en amour » avec un séducteur expérimenté, comme plusieurs d'entre nous tombent amoureuses de ratés trop charmeurs. Mais alors, qu'est-ce que l'amour?

L'amour ne naît pas le temps d'un regard insistant, d'un échange de compliments agréables, ni le temps d'une soirée ou de deux ou trois nuits. Pour la femme, la pénétration n'est pas l'acte ultime; l'homme pénètre aussi en elle psychologiquement. Une brève rencontre peut sembler plus significative si l'on parle d'amour; mais en fait, il ne s'agit pas vraiment d'amour, seulement d'une performance sexuelle.

Tomber en amour est un processus graduel qui commence quand deux étrangers se rencontrent et apprennent à se connaître. À un moment donné, les deux partenaires décident que chacun enrichit la vie de l'autre; le lien se resserre entre eux et un sentiment d'amour profond s'installe et persiste même en l'absence de l'autre. L'amour véritable implique une sympathie réelle pour l'autre; cette qualité de relation ne peut exister sans la maturité suffisante, c'est-à-dire sans que chacun puisse voir le monde du point de vue de l'autre et constater que les relations sexuelles approfondissent encore leurs rapports. Chacun ressent un désir et une préférence pour l'autre bien que tous deux puissent continuer à vivre seuls. Pour certaines femmes, semble-t-il, l'amour est un rêve, une passion irrépressible depuis l'origine des temps; l'amour peut apporter à la fois la sécurité et l'aventure ou permettre de vivre le but qu'il est censé servir.

Ces représentations floues de l'amour viennent d'une conception imprécise ou fausse de ce qu'est l'intimité. Elles traduisent une profonde ignorance de la suite d'événements qui peuvent nous amener à connaître un homme, à avoir de l'affection pour lui, à partager son intimité et à décider si oui ou non cette relation peut durer. Les romantiques, qui croient que l'image de l'amour est claire et nette — ce qu'elle n'est pas — se précipitent dans les relations. Souvent, ces personnes sont perturbées émotivement; leur vie est désordonnée, ou encore elles mènent une vie très structurée mais sont vulnérables parce qu'elles ont été déséquilibrées par une crise. Dans un effort mal canalisé pour retrouver leur équilibre, ils optent pour le fantasme, le romantisme qui coupe le souffle. Mais envisager l'amour comme un bouche-trou, un remède ou un palliatif n'est ni sain ni raisonnable. « Celui qui se marie par amour vivra dans l'affliction » prétend un vieux proverbe espagnol; cet apparent cynisme fera sourciller bien des femmes portées au romantisme. L'amour est peut-être une image floue, penseront-elles, mais il vaut mieux que pas d'amour du tout.

Tentant de courtiser l'amour, alors qu'il ne les courtise pas, bien des femmes partent à la conquête de l'homme. Les règles de la conquête ont bien changé depuis quinze ans; c'est une bonne chose pour une femme, disent les féministes, de téléphoner à un homme et de l'inviter la première. Je ne suis pas d'accord avec cela. Il est bon que ce soit l'homme qui court après la femme, et ceci pour plusieurs raisons: en prenant l'initiative, l'homme montre qu'il consent à s'engager un peu plus loin. Cela signifie aussi que s'il y a de l'amour, il vous aimera davantage que vous l'aimerez. Quand les femmes font les premiers pas, elle installent une situation où elles ne donnent pas la moindre chance à l'homme. Il ne peut avancer d'un centimètre, puisqu'on ne lui a pas fait confiance au départ. Et si vous épousez l'homme que vous avez poursuivi, il faudra vous attendre à continuer la poursuite pendant le mariage. Il aura les pieds sur la table à café, il vous écoutera d'une oreille distraite, et il sera toujours inaccessible alors que vous chercherez à obtenir de lui des marques d'affection.

Si vous vous donnez beaucoup de mal pour le conquérir, il s'attendra à ce que cela dure tout au long de votre mariage. Laissez-le se donner du mal et il fera de plus grands efforts pour vous plaire. Une fois marié, il ne sera peut-être pas aussi attentif que pendant vos fréquentations mais il conservera le rôle du soupirant. Pendant qu'il vous courtise, il cherche à savoir ce que vous voulez de lui. S'il vous veut suffisamment, il trouvera le moyen de vous avoir.

Deuxièmement, il est bon qu'il vous désire sexuellement. Que son désir soit égal au vôtre ou même un peu plus fort est psychologiquement crucial pour qu'il puisse se sentir rassuré sur ses capacités sexuelles. Il est plus facile pour une femme d'être avec un homme dont le désir est plus grand que le sien que le contraire; dans le deuxième cas, il risque d'avoir du mal à avoir une érection ou à la garder peu importe son désir. N'importe quelle femme peut se sentir très bien étendue aux côtés d'un homme même si — et je ne dis pas cela méchamment — elle a davantage envie de se rapprocher de lui ou de lui plaire que de faire l'amour. Comme le fonctionnement psychologique de l'homme le pousse à rechercher une expérience sexuelle satisfaisante, il ne peut pas se sentir bien lorsqu'il est passif. Quand ils n'éjaculent pas, la plupart des hommes se sentent perdus et ressentent une forte tension physique et psychologique.

La communication: comment le rejoindre

Freud considérait la sexualité et la colère comme les deux pulsions fondamentales chez les êtres humains; la culpabilité, la jalousie, la dépression, la peur et les problèmes sexuels viennent tous d'une façon ou d'une autre de ces deux pulsions de base. La sexualité est souvent utilisée comme une panacée à l'intérieur d'une relation, c'est-à-dire comme une façon de se débarrasser de sentiments désagréables, de les camoufler ou tout simplement de les éviter complètement. La plupart du temps, la sexualité ne peut pas nous aider à aller au fond du problème alors que la colère le peut.

La plupart d'entre nous ne peuvent faire face à la colère. Une crise de colère nous effraye à ce point que nous choisissons plutôt de la réprimer (« Non, je ne suis pas fâchée que Bert m'ait quittée. Je m'y attendais! Qu'elle le garde, cet idiot! »), de reporter la cause de notre malheur sur le sort ou sur les autres et de vivre dans un perpétuel mécontentement (« La vie est tellement dure... »), ou encore d'associer à tort la colère à la violence (« Si je me fâche, je vais perdre la tête et le tuer. ») En fait, la colère est une forme de communication, un moyen de dire à une autre personne ce que vous ressentez. Son but n'est pas de détruire cette personne mais de mettre fin à des actes destructifs qui vous blessent. La colère est une attaque qui vise ces actes et non la personne elle-même.

La colère est une émotion positive lorsqu'elle est utilisée pour régler des problèmes et non pour les aggraver, ou pour en retarder le dénouement. Alors si vous vous demandez jusqu'à quel point ce qui se passe a de l'importance pour vous plutôt que de vous demander jusqu'à quel point vous êtes fâchée, votre colère deviendra productive. Plusieurs d'entre nous se souviennent d'avoir crié inutilement contre leur mari. S'il y a de l'amitié dans un couple, chacun souhaite le bien de l'autre; pour y parvenir, il faut apprendre à user de diplomatie et à faire des compromis. La colère peut aider à dire la vérité.

Si vous exprimez votre colère dès que vous commencez à la ressentir, vous n'aurez pas à craindre ses conséquences. Comme les femmes ont du mal à exprimer leur colère, elles traînent souvent leurs griefs pendant des années: « Pourquoi ne m'as-tu pas dit plus tôt que tu ne venais pas au cinéma? Cela te ressemble bien de me rendre malheureuse... C'est comme la fois où tu as annulé notre voyage au Mexique... et ce manteau de cuir que tu m'as promis il y a trois ans. » Si vous n'exprimez pas votre colère, vous en venez à ne plus supporter de faire l'amour avec l'homme qui vous enrage. Vous vous dites qu'il est insensible, fou, cruel. Vous ne lui voyez plus que des défauts et il vous devient donc impossible d'être gentille avec lui et de l'aimer.

Nous avons du mal à laisser sortir notre colère parce que nous n'y sommes pas habituées. Nous sommes des spécialistes de l'accumulation et des scènes mais nous n'avons aucune expérience des colères productives. Certaines femmes viennent de foyer où aucune question importante n'était résolue ce qui les a rendues agressives et criardes, ou les a amenées à refouler complètement leur colère, paralysées par la terreur. Les femmes se sentent coupables lorsqu'elles expriment leur colère et ne savent pas quoi faire avec. Les hommes peuvent faire face à leur sentiment de colère, mais pour résoudre un problème ils ont besoin de la collaboration d'une femme. Après une confrontation, les hommes veulent souvent la réconciliation; nous n'aimons pas cela. Comme nous ne nous sommes pas complètement vidé le coeur, contrairement à eux, cela nous fâche qu'il proposent ensuite de faire l'amour, comme s'il ne s'était rien passé. Les hommes sont souvent maladroits lorsqu'il s'agit d'exprimer leurs émotions d'une manière que nous puissions apprécier. Pour eux, il est très difficile de dire « Je suis désolé » et encore plus pénible d'avouer « J'avais tort. »

Quand ils nous demandent de faire l'amour après une querelle, les hommes n'ont pas l'impression de nous « utiliser ». Il ne connaissent pas d'autres façons de nous dire « Rapprochons-nous de nouveau. » Encore en colère, nous présumons qu'ils veulent faire de nous le réceptacle de leur passion. Qu'y a-t-il de mal à cela? Sont-ils condamnés s'ils le font et condamnés s'ils ne le font pas? Mais si vous êtes encore en colère et que vous ne voulez pas vous rendre, admettez-le. Sans l'attaquer ni attaquer sa sexualité, sans ressasser vos vieux griefs ni remonter dix ans derrière, dites-lui ce qui vous contrarie. Souvenez-vous que la colère a un but; elle permet de changer les comportements. Si vous injuriez l'homme que vous aimez par de constantes attaques personnelles, votre amour en souffrira. Les querelles sont normales dans une relation mais si vous tenez l'un à l'autre, dites-vous que rien ne pourra être réglé tant que vous ne vous serez pas calmés un peu.

Je voudrais souligner quelque chose sur les hommes et la communication. Nous croyons que les hommes ne pensent jamais à nous et que nous pensons sans cesse à eux. C'est faux. Simplement, ils pensent à nous d'une façon qui ne nous est pas familière. Même si nous parlons la même langue, nous n'utilisons pas forcément le même langage. Les hommes restent vagues quand ils décrivent leurs émotions. Souvent, dans le monde des affaires et avec des amis, les hommes communiquent dans un jargon généralement réservé au combat ou au champ de bataille. Nous demandons aux hommes de se répandre en effusions comme ces héros aux sourires sardoniques des romans ou des films d'amour, mais peu d'entre eux sont à la hauteur du rôle. La vie est ainsi faite. Et comme nous ne savons pas ce qu'ils veulent dire, nous ne pouvons que douter d'eux. Et là encore, ils risquent de ne pas comprendre pourquoi nous prenons des chemins détournés, pourquoi nous utilisons la séduction ou la manipulation.

Vous souhaiteriez qu'il vous inonde de mots doux et il est épuisé quand vous finissez par lui soutirer quelques mots de genre: « Je t'aime beaucoup. » Mais il n'est pas impossible de rétablir la communication entre vous. Une façon d'y parvenir consiste à modérer votre façon de vous exprimer de sorte que vos paroles restent dans une « zone de confort » pour vous deux. Les femmes ont tendance à écraser les hommes et à leur faire peur par leur façon de s'exprimer. Et si nous arrivons à leur remonter le moral, à les flatter et à les rassurer en leur disant ce qu'ils veulent entendre et ce qui les touche, ils ne sont pas nécessairement capables de nous rendre la pareille ou même d'exprimer quoique ce soit d'autre que ce que nous considérons être des compliments faits à contre-coeur.

L'homme qui a du mal à exprimer ses sentiments a besoin qu'on l'aide avec douceur et persuasion. Même s'il sait ce qu'il devrait dire, il risque de ne pas se donner la peine de le formuler à haute voix. Il croit que vous recherchez la flatterie et peut-être a-t-il raison. Il croit que vous voulez qu'il vous remercie de ce que vous avez fait pour lui et c'est certainement vrai. Mais il faut vraiment que vous prêtiez l'oreille pour comprendre ce qu'il essaie de vous dire. Si vous n'obtenez pas le compliment recherché, il se peut que vous passiez à l'attaque avec un commentaire du genre: « Ça te ferait mourir de me dire que je suis belle? » Sans vous regarder, il vous le dira, et puis ajoutera d'un ton sarcastique « Ça n'a pas été facile! » Voilà le dialogue typique de deux personnes qui ne jouent pas le même jeu. En fait, vous le punissez de vous avoir fait un compliment.

Si vous dites clairement et directement à un homme ce que vous voulez entendre, il comprendra: « Cela me ferait plaisir si tu me disais que tu me trouves belle. » Voilà qui attirera son attention. Allons un peu plus loin. Imaginons qu'une femme souhaite voir un homme plus souvent. Comment obtiendra-t-il de lui qu'il téléphone plus régulièrement? Certainement pas en lui répondant quand il appellera: « Tu n'avais rien de mieux à faire que de me téléphoner? Que se passe-t-il? Tu n'as pas de rendez-vous ce soir? »

Examinons un cas particulier. Marcia est amoureuse de Ken et l'épouserait demain matin; quant à lui, il a encore des doutes et ne s'est pas avancé beaucoup sur ses projets d'avenir, bien qu'il allèche Marcia en évoquant certaines possibilités. Ken téléphone à Marcia pour lui fixez un rendez-vous samedi soir. Pour le rendre jaloux, celle-ci a accepté de sortir avec un autre homme. « Désolée, je suis occupée. » lui dit-elle. Elle se tait un instant et ajoute, par réflexe d'auto-destruction, « d'ailleurs, où voudrais-tu m'inviter? » Sans perdre une seconde, Ken rétorque: « Tu n'annulerais même pas un rendez-vous pour moi! ». Marcia, sur la défensive répond: « En effet, je n'en ai pas l'intention. » Tous deux savent qu'elle l'aurait fait, comme cela était déjà arrivé dans le passé. Pourquoi demander ce que Ken avait prévu? Marcia les a mis tous les deux mal à l'aise. Il lui suffisait de dire: « Désolée, ce soir c'est impossible. Mais j'aimerais beaucoup te voir un autre jour. » Mais elle ne s'est pas arrêtée là.« Je ne fais rien dimanche » sussure-t-elle. « Moi, je suis occupé » réplique Ken, laissant Marcia deviner le reste de sa phrase: *et je ne t'invite pas.*

Comme Marcia, plusieurs d'entre nous ont tendance à obéir à des impulsions bizarres, à être trop ou pas accessibles, et à duper les hommes pour qu'ils nous donnent ce que nous voulons. En fait, Marcia souffre davantage en sachant ce qu'elle manque parce qu'elle a accepté l'invitation d'un autre homme, en n'étant pas disponible, qu'en l'étant trop. Alors Ken ne veut plus d'elle. Marcia voudrait tout avoir mais cela est impossible. Elle a choisi. Elle n'a pas encore appris quand parler, quand reculer, quand donner.

L'erreur de Marcia est de penser en termes extrémistes. Si quelqu'un lui répond: « C'est bien. », non seulement ce n'est pas suffisant mais pour elle, cela frise l'insulte. Elle croit avoir droit à bien davantage: « Tu es magnifique... le repas était divin... j'ai passé une soirée extraordinaire. » Marcia recherche les ovations, l'adoration, les mots doux et passionnés. S'ils ne viennent pas, « la soirée était désastreuse », elle a « tout perdu », sa vie est « finie ». Elle ressemble un peu à l'héroïne perturbée et folle des hommes, de Ring Lardner dans la nouvelle « I Can't Breathe », parfaite description de la femme pour qui tout est une catastrophe. Après s'être amusée à jongler avec trois hommes en dissimulant le mépris qu'ils lui inspiraient, l'héroïne de Lardner écrit dans son journal avec une exaspération dégoûtée: « Je sais que je ne pourrai jamais vivre dans cette noirceur (…) Je ne peux pas le supporter, je ne peux plus respirer, la vie est impossible (…) Il ne faut pas que j'y pense sinon je vais mourir (…) Toute une année et (Merle) tient encore à moi et moi à lui. Cela prouve que nous sommes faits l'un pour l'autre et que rien d'autre n'a d'importance. *Lui*, je ne le ferai pas attendre jusqu'en décembre (…) Et quand je vais rentrer dimanche et que Walter et Gordon vont me téléphoner, je vais les inviter tous les deux à dîner et Merle pourra leur dire lui-même (que nous allons nous marier). S'ils sont là tous les deux, la douleur de chacun ne sera que la moitié de ce qu'elle serait s'ils étaient seuls (…) C'est insupportable. »

Marcia changerait sa vie si elle changeait de vocabulaire. Il y a des nuances dans les sentiments positifs; une chose peut être agréable, une autre déplaisante. Il y a des moments de bien-être et d'autres de malaises. La vie n'est pas faite seulement de plaisirs et de douleurs extrêmes. Entre les deux, il y a place pour une existence qui n'est pas caractérisée par les drames, les cataclysmes et les émotions qui vous coupent le souffle. Les femmes comme Marcia n'acceptent rien de moins que l'adoration sans bornes, et croient qu'elles doivent déborder d'enthousiasme ou déprimer gravement pour convaincre les autres de l'authenticité de leurs sentiments. « Bien » est un compliment et non une insulte. Alors si un homme est du genre qui ne peut aller plus loin que « bien », accordez-lui le « merci » qu'il mérite.

Amour et confusion

« Les êtres humains ne sont jamais aussi vulnérables qu'immédiatement après un orgasme. » constate James Ramez dans *Intimate Friendship*. Et, poursuit-il, « C'est une des principales raisons qui font que les gens se servent de l'intimité sexuelle pour établir des amitiés plus intimes. C'est en quelque sorte un « raccourci » pour rendre quelqu'un vulnérable et c'est ce consentement à être vulnérable devant le partenaire qui favorise le partage d'amour et d'intimité. »

Ces raccourcis vers l'intimité et l'amour aboutissent souvent loin de leurs cibles. L'intimité sexuelle n'est pas grand-chose: c'est un jeu qui dure quelques heures, peut-être une nuit. L'homme ne sera plus là le lendemain; il est bien possible que vous vous en réjouissiez et même que vous le pressiez de partir. Ces rencontres d'une nuit deviennent problématiques pour les femmes qui acceptent de jouer ce jeu et qui espèrent y gagner de l'affection. Rien n'est moins sûr.

Pourquoi suivent-elles au lit des hommes qu'elles ne connaissent que depuis une heure ou deux? Suite à un rejet de la part d'un mari ou d'un vieil amant, après l'échec d'une aventure, ou confrontée à la difficulté de se réintégrer au monde des célibataires après un divorce, la femme peut avoir l'impression que sa vie va à la dérive et ressentir le besoin de se prouver qu'elle est désirable. Il se peut aussi que tout aille bien dans sa vie mais qu'elle n'ait personne avec qui la partager. Peut-être aussi qu'un séduisant célibataire lui a fait des avances et qu'elle s'est dit que l'occasion risquait de ne pas se reproduire. Toutes ces raisons prévalent. Mais l'abandon sexuel ne garantit pas l'amour, ni même la promesse de futures rencontres. Si les deux partenaires savent qu'ils se donneront mutuellement quelques heures de contact humain chaleureux, cela pourra être supportable pour la femme de voir son amant la quitter. Et même là, me disent les femmes, elles ressentent une certaine tristesse, un sentiment de vide. L'homme avait peut-être été clair sur ses intentions, la femme se croyait invulnérable parce que consentante. Ce n'était pas le cas. Plusieurs d'entre nous se demandent ensuite pourquoi il n'a pas rappellé même en sachant que, comme je l'ai entendu dire d'une femme: « s'il avait téléphoné, nous n'aurions pas eu grand-chose à nous dire de toutes façons. » Elle ajoute qu'en matière de rencontres d'une nuit, « nous ne pouvons nous en prendre qu'à nous-même. Nous savons instinctivement qu'un homme n'est pas fait pour nous et souvent nous nous demandons comment nous avons pu bavarder si longtemps avant de faire l'amour. Selon moi, je n'avais rien en commun avec les hommes que je ne désirais que sexuellement, à part le fait d'être à la même réception. »

Les moments d'intimité avec un « étranger » peuvent durer plus d'une seule nuit. Les relations stables où l'un des partenaires reste émotivement étranger à l'autre peuvent être tout aussi insatisfaisants et beaucoup plus douloureuses. Laissez-moi vous parler de Patty. Âgée de trente-six ans et divorcée, Patty fréquente un homme pour qui elle est une esclave sexuelle. Leurs relations se passent toujours de la même façon depuis un an. Rob rentre à la maison vers une heure du matin et téléphone à Patty de venir chez lui pour « s'amuser un peu ». Elle accepte. Elle sort du lit, prend sa voiture pour faire les quelques kilomètres qui la sépare de lui, se déshabille, fait l'amour avec lui et se relève vers cinq heures du matin pour rentrer chez elle « parce qu'il n'aime pas trouver quelqu'un dans son lit à son réveil. » Il consacre moins de temps à lui parler qu'à faire l'amour puis ils s'endorment tous les deux.

Patty vous dira qu'elle est « folle » de Rob, qu'elle est obsédée par lui, mais la dernière fois que je l'ai rencontrée, son amour-propre était si profondément atteint qu'elle n'était pas loin du suicide. Comme si les ordres nocturnes de Rob n'étaient pas assez destructifs, Patty se faisait encore souffrir davantage en passant devant l'appartement de Rob pour vérifier s'il y avait de la lumière et si sa voiture était stationnée devant l'édifice, ce qui signifiait généralement qu'une autre femme passait la soirée avec lui. Non seulement Patty ne veut pas rompre avec Rob mais elle veut avoir un enfant de lui. Son raisonnement est tristement infantile: « J'aurai quelque chose de lui qu'il ne pourra jamais posséder, voir, toucher. Peut-être qu'un jour je ne voudrai plus le voir mais je veux cet enfant! »

Rob lui a dit clairement que la sexualité était le seul aspect satisfaisant de leur relation, mais Patty a cru à tort qu'elle pourrait devenir complètement satisfaisante. Rob, trop heureux de lui donner des ordres quand il a envie d'elle, n'a aucun intérêt à mieux la connaître. Il ne se préoccupe pas le moindrement de son bien-être. Il ne va jamais la reconduire jusqu'à sa voiture au milieu de la nuit et il ne lui demande jamais de lui téléphoner une fois à la maison pour s'assurer qu'elle s'est bien rendue. Tant qu'elle accourra au moindre signe, il la rappellera.

Patty n'est pas la première femme à être obsédée par un homme qui se fiche d'elle comme de sa première chemise. Il lui permet de continuer à entretenir non pas des sentiments positifs sur elle-même mais plutôt son insécurité profonde. Patty est « intoxiquée » par lui. Son attitude est celle d'une droguée: aucun autre homme ne peut lui donner cette illusion d'être bonne, désirable, importante. Privée de lui, elle a tous les symptômes de l'état de manque; elle déprime, elle panique, elle est incapable de se concentrer. Chaque tasse de café lui rappelle celle qu'elle a bue avec lui, dans ce lointain passé où il sortait avec elle avant de l'amener au lit. Maintenant, elle n'est plus rien pour lui et en conséquence, il la rejette après avoir pris son plaisir.

Stanton Peel, qui a beaucoup écrit sur les drogues et l'intoxication, explique dans *Love and Addiction*, ouvrage réalisé en collaboration avec Archie Brodsky: « Il y a intoxication lorsque l'attachement d'une personne à une sensation, à un objet ou à une autre personne est tel qu'il amoindrit sa capacité à s'occuper du reste de son environnement ou d'elle-même, de sorte qu'elle devient de plus en plus dépendante de cette expérience comme seule source de gratification. L'amour, poursuit-il plus loin, est le contraire de la dépendance et de l'intoxication entre deux personnes. La relation d'amour est fondée sur un désir d'évoluer et de s'épanouir dans la vie, et sur le désir que son partenaire en fasse autant. »

Dans le mariage, un *acte* peut obséder ou intoxiquer un des partenaires. Mariés depuis treize ans, Arthur et Jeanne nous fournissent un bon exemple de ce type d'intoxication. Ils se sont rencontrés très jeunes et tous deux venaient de foyers extrêmement malheureux. Arthur était le cadet de cinq enfants; sa mère avait abandonné son mari et ses enfants alors qu'il était encore bébé. Jeanne était la dernière-née dans une famille où ses trois frères aînés avaient épuisé toutes les ressources émotives et financières des parents; son tour venu, il n'y avait plus d'amour, ni d'argent pour son instruction. Arthur et Jeanne se sont identifiés l'un à l'autre à cause de leur enfance malheureuse, chacun comprenant la douleur de l'autre. Arthur est un travailleur manuel, intelligent et ambitieux. Pendant plusieurs années, Jeanne est restée à la maison pour élever leurs deux enfants; mais récemment les choses ont changé.

Quand ses deux enfants ont atteint l'âge scolaire, Jeanne a décidé de suivre des cours pour devenir agent immobilier. Mais dès que ses efforts ont commencé à porter fruit, Arthur est devenu nerveux, irritable voire même menaçant. Jeanne tenait à son emploi mais elle avait besoin d'Arthur pour l'aider à élever les enfants; c'était un bon père et elle l'appréciait pour cela. Jeanne ne supportait pas l'idée de se retrouver seule avec les enfants. Paralysée par les insécurités de son passé, Jeanne était incapable de s'engager plus loin dans son mariage et tout aussi incapable de partir. Elle avait besoin de la stabilité que lui donnait son union avec Arthur: il ne sortait pas avec d'autres femmes, il ne buvait pas, il ne jouait pas et il adhérait à toutes ces valeurs traditionnelles qui font un « bon mari ». Mais il y avait un problème entre eux: Arthur ne pouvait se passer de relations sexuelles et exigeait qu'ils fassent l'amour toutes les nuits. Tout aurait été parfait si Jeanne avait eu le même tempérament qu'Arthur, mais ce n'était pas le cas.

Après chaque relation sexuelle, Jeanne fondait en larmes. Arthur avait l'habitude de lui ouvrir les jambes pour pratiquer sur elle le cunnilingus; cet acte offensait Jeanne. Elle ne pouvait supporter les exigences sexuelles de son mari et avec les années, elle avait cessé de l'aimer. Arthur n'admettait jamais qu'à toutes fins pratiques, il la violait; selon lui, il ne faisait qu'exprimer son attachement de la seule façon qu'il connaissait. Jeanne était découragée parce que la sexualité n'était pas un premier moyen de communication pour elle.

Pour Arthur, la sexualité était son seul moyen de lui faire plaisir et, plus important encore, de la garder près de lui. Au fond, la seule idée de perdre sa femme suffisait à le faire paniquer. Il ne voulait pas faire l'amour avec une autre femme que son épouse. Il trouvait que l'infidélité était immorale mais violer sa femme lui semblait acceptable. Arthur savait que Jeanne ne l'aimait plus mais il savait aussi qu'elle hésitait à le quitter. Tant qu'elle restait auprès de lui, il était satisfait.

Quand j'ai rencontré Jeanne et qu'elle m'a raconté son histoire, je lui ai demandé qu'elle était la solution selon elle. Elle désespérait d'en trouver une; elle en était venue à détester la sexualité. Je lui ai demandé combien de fois par semaine elle pourrait supporter d'avoir une relation sexuelle avec son mari. Deux fois, répondit-elle. Je lui ai suggéré de parler à Arthur et de lui demander combien de fois par semaine il avait vraiment besoin de faire l'amour. Deux fois, me dit-elle à la séance suivante. Jeanne choisit alors les deux jours où ils auraient des relations sexuelles et conclut un marché avec lui: ils s'en tiendraient à cet horaire sans s'en écarter. Mais Arthur exigea bientôt davantage. « Nous avons fait une entente et maintenant il ne veut pas la respecter. Il y a un an, je me serais soumise à ses désirs. Mais les choses ont changé et j'ai refusé de céder. Lorsqu'il voulait faire l'amour tous les jours, je croyais qu'il ne pouvait pas s'en passer, qu'il en avait désespérément besoin. Quand il m'a dit que deux fois par semaine lui suffisaient, j'ai été surprise et fâchée. »

Comme Arthur, bien des hommes ne connaissent pas le fonctionnement sexuel des femmes et ne savent pas comment susciter leur désir. Fréquemment, ces hommes ne savent pas reconnaître les avances sexuelles de leur femme — ou des femmes en général. Ils s'aperçoivent qu'une femme est « charmeuse » ou « amicale » mais ils ne pensent pas une minute que cela puisse les concerner. Au fond, ce sont de petits garçons qui ont trop peu d'expérience avec les femmes autres que la leur. Et comme leur femme leur *appartient*, elle est censée les désirer. En fait, *il vaut mieux pour elle* qu'elle ait du désir. D'autres, soucieux d'affirmer leur pouvoir, n'ont jamais *fait l'amour avec* leur femme; ils lui imposent leur désir et leurs besoins. Ces épouses ne savent pas ce que c'est que de faire l'amour;

tout ce qu'elle savent faire, c'est accepter des relations sexuelles forcées. De telles relations sexuelles ne sont que des démonstrations d'agressivité et non de passion, une épreuve de force où le sexe sert à dominer la femme plutôt que d'exprimer par des gestes le désir et l'attirance réciproques.

La question sexuelle

Une amie m'a raconté cette histoire: il y a des années, elle assistait à une soirée donnée par un homme d'affaires riche et célibataire. Lorsqu'elle fut prête à partir, son hôte l'escorta jusqu'à sa voiture et l'embrassa tendrement; elle apprécia le geste mais pensa aussitôt que cela n'était qu'un jeu pour lui. Son air surpris n'échappa pas à cet homme qui avait suffisamment d'expérience pour deviner ses pensées inexprimées: *Faites-vous cela avec toutes les femmes? Suis-je seulement la femme du moment?* Il lui dit immédiatement: « Peu importe ce que nous avons vécu, chaque contact est unique. Nos lèvres ne s'étaient jamais touchées. »

Elle éclata de rire et comprit la vérité: c'était un geste affectueux, innocemment sexuel, marquant son intérêt pour elle même s'il n'avait pas l'intention d'aller plus loin. Comme Andrea, nous avons souvent l'impression qu'on abuse de nous et nous nous inquiétons: *Qu'est-ce qu'il veut? Qu'est-ce que cela signifie?* Malheureusement, nous n'apprécions pas l'attirance uniquement sexuelle, à n'importe quel moment. Enfermée dans son scénario sexuel restrictif, Andréa se préparait à repousser les avances que, selon elle, cet homme ne tarderait pas à lui faire.

Pour pouvoir exprimer pleinement sa sexualité et en tirer du plaisir, il faut d'abord se détendre, être en contact avec son propre corps et oublier ces vieux messages sur les interdits sexuels, sur le fait que faire l'amour est une corvée ou un moyen d'avoir du pouvoir sur son partenaire. Si vous y arrivez, vous vivrez non seulement l'orgasme mais aussi le plaisir de l'exploration sexuelle réciproque. Les femmes qui ont appris que la sexualité était dégoûtante, ou acceptable seulement dans la mesure où l'on voulait procréer, vont devoir passer à un autre niveau. Le mari d'une telle femme risque de ne pas vouloir d'une épouse qui tolère à peine les relations sexuelles; il interprétera peut-être son manque de réaction comme du mépris; ce type d'homme désire une femme qui aime faire l'amour, qui le fait bien et qui peut atteindre l'orgasme. Pour certaines femmes, il peut s'avérer difficile de ressentir de l'enthousiasme pour la sexualité; il leur faudra du temps, des efforts et beaucoup de volonté pour accepter leur sexualité et apprendre à avoir du plaisir en faisant l'amour. Mais n'oubliez pas qu'il est possible de changer notre attitude à l'égard de la sexualité.

La pulsion sexuelle est la seule que l'on refoule dans des circonstances « normales ». Si vous avez faim, vous mangez, si vous avez soif, vous buvez. La sexualité, qui n'est pas essentielle à la survie immédiate (on peut vivre sans sexualité, comme vous l'affirmera n'importe quel moine content de son sort, mais pas sans pain), peut facilement être canalisée vers d'autres activités: travailler, s'occuper des enfants, nettoyer compulsivement la maison et même s'empiffrer de nourriture. La pulsion sexuelle peut être refrénée si l'on cesse d'y prêter attention ou si on l'appelle autrement et qu'on la dirige ailleurs. Comme l'anorexique qui nie sa pulsion de manger, la personne qui réprime sa sexualité reste préoccupée par ce qu'elle nie.

La sexualité risque d'être transformée en mystère (« Je ne sais pas ce que je suis censée sentir ni comment le sentir. »); en projet dirigé par un maître d'oeuvre (« Voyons si tu peux avoir un orgasme aujourd'hui. ») ou en compétition (« Je suis beaucoup plus sexuelle que toi. ») Nous nous créons des complications en ne percevant pas la sexualité comme un type d'intimité chaleureuse, agréable et facile. Au lieu de cela, les hommes — et certaines femmes — forceront leur partenaire à le faire « à ma façon et pas autrement ». L'exemple pourra sembler extrême mais je connais un mari qui giflait sa femme si elle avait le malheur de bouger pendant le coït; on lui avait appris que les femmes n'étaient pas censées aimer les relations sexuelles, y participer ou exprimer le plus petit signe de passion. Selon lui, si sa femme montrait la plus légère excitation ou — ce qui était formellement interdit — se laissait aller au plaisir, cela signifiait que n'importe quel homme pourrait le remplacer. Pour ménager son ego fragile, les femmes devaient s'étendre sans bouger et se contenter de le recevoir; elles ne devaient ni donner ni participer.

L'envers de la médaille, se sont ces femmes qui se montrent réticentes à exprimer leurs besoins sexuels, craignant d'offenser leur mari ou d'être mal jugées si elles disent ce qu'elles veulent. « S'il s'intéressait à moi, il saurait depuis longtemps ce que je veux » C'est dans ces termes que les femmes se plaignent le plus souvent. Mais si la femme n'a jamais dit à son mari ce qui lui plaisait et ne le fait toujours pas, comment pourrait-il le savoir?

Il y a aussi des femmes qui changeraient de place sans hésiter avec une épouse réprimée par son mari; elles s'étendraient sans bouger et ne seraient jamais punies. Ces femmes sont souvent actives sexuellement non pas parce qu'elles aiment l'intimité sexuelle ou parce qu'elles partagent avec leur mari des moments de passion inspirée mais parce qu'elles seront payées en retour si elles consentent à se livrer à cette activité qu'elles trouvent par ailleurs « dégoûtante ». Après une relation sexuelle, elles parleront de ces boucles d'oreilles qu'elles ont vues aujourd'hui, de la voiture qu'elles veulent pour Noël ou s'ex-

clameront comme cette femme à son mari: « Et maintenant, puis-je avoir un nouvel ameublement pour la salle
de séjour? » Comme elles ne peuvent pas ou ne veulent pas
établir une communication émotive avec leur mari, ces
femmes se détachent elles-mêmes du plaisir sexuel et
s'exécutent mécaniquement, l'esprit ailleurs.

Mais alors qu'elles se refusent à leur mari, il n'est
pas rare que ces femmes éprouvent du plaisir avec un
autre homme. L'histoire suivante vous rappellera probablement d'autres cas similaires. Une femmes mariée qui
n'était pas particulièrement à la recherche d'un amant,
rencontre de façon inattendue un homme qui voudrait
avoir une aventure extraconjugale avec elle. Elle évalue
les risques et songe qu'il serait bien agréable de rompre
l'ennui de la routine familiale. Pourquoi pas? se dit-elle.
Son amant éventuel lui téléphone un lundi, certain que le
mari est parti travailler, et propose qu'ils se rencontrent le
jeudi suivant, au motel Des Amoureux, vers deux heures.
Elle vit trois jours délicieux à rêver à ce rendez-vous
excitant. Elle se prépare comme elle se préparait jadis pour
son mari: elle s'achète de la lingerie fine, elle va chez
l'esthéticienne et examine son corps pour voir comment
elle pourrait en améliorer l'apparence en moins de soixante-
douze heures. Lorsqu'elle arrive enfin devant la porte du
motel, elle a du mal à rester habillée deux minutes de plus
tant elle se meurt d'envie pour son amant.

Supposons maintenant que cette femme n'a pas
d'amant, qu'il lui est impossible d'en prendre un ou qu'elle
ne veut pas avoir de relations sexuelles avec quelqu'un
d'autre que son mari. Un après-midi, celui-ci lui téléphone,
lui demande d'envoyer les enfants chez sa mère et de se
préparer pour passer avec lui une soirée « romantico-
érotique ». D'une voix stridente, elle s'écrie: « Tu es fou!
J'ai beaucoup trop de choses à faire! Bobby est enrhumé et
j'ai promis à Rosalie de l'aider à faire ses draperies... Je

n'ai pas la moindre envie de sortir par ce temps infect. Tu ne penses qu'à toi. Comment peux-tu être aussi égoïste? » Le mari repoussé ravale son orgueil blessé et quelques mois plus tard, fait une autre tentative. Il téléphone dans la matinée et dit: « Je n'ai pas grand-chose à faire cet après-midi. Pourquoi n'irions-nous pas déjeuner quelque part? Nous pourrions passer l'après-midi ensemble. » Le message est clair et l'épouse indifférente ne s'y trompe pas: « Comment sais-tu que je suis libre aujourd'hui? Je n'ai pas envie de coucher avec toi en plein après-midi. J'attends des téléphones et... »

Les relations ont tendance à perdre de leur intensité érotique avec le temps, pour un des partenaires ou pour les deux. L'érotisme soutenu qui résiste au temps exige des efforts. La sexualité est imprévisible; nous pouvons être sexuellement actifs pendant une période et totalement inactifs à un autre moment. La plupart des couples ont des hauts et des bas. John Money, sexologue et chercheur, croit que l'amour romantique — cette osmose érotique avec l'autre — ne dure qu'environ deux ans; il semble que la nature ait fixé cette limite de temps à l'érotisme. Au cours de cette période, un lien étroit se crée entre les partenaires et, généralement, un enfant naît de cette union. Après deux ans, l'attirance réciproque diminue et la relation se fonde de plus en plus sur l'amitié et la sécurité. Si les partenaires ont un enfant, le reproduction de l'espèce est assurée.

Bien que nous soyons réglés, selon Money, par une horloge interne, nous sommes également dotés d'une conscience moderne. Comme nous ne vivons pas dans une société primitive où l'homme parti chasser devient à son tour la proie et ne revient jamais, nous ne pouvons pas penser en termes de périodes de deux ans. Sauf exceptions accidentelles, la plupart des hommes sont là pour rester un certain temps. Nous voulons donc que l'érotisme reste toujours présent dans notre couple. Mais ce n'est pas le cas.

Les relations perdent leur érotisme pour bien d'autres raisons que la « théorie des deux ans » de Money. L'une de ces raisons relève davantage de la psychologie que de la biologie: les relations sexuelles rebutent les femmes à cause de leur statut inférieur au foyer. La femme qui n'a aucun pouvoir dans sa relation avec son mari cherchera à retrouver du pouvoir à un autre niveau. Cette quête de pouvoir ajoutée à sa colère réprimée fait de la chambre à coucher sa forteresse. Si son mari a le contrôle sur leur argent, sur leurs amitiés, sur l'éducation de leurs enfants et sur la fréquence de leurs relations sexuelles, tout ce qu'elle peut encore contrôler, c'est son corps et ses pensées. Dans un mariage où il n'y a pas d'intimité réelle, la femme acceptera peut-être d'avoir des relations sexuelles avec son mari mais elle n'y prendra jamais plaisir et elle n'aura jamais d'orgasme. Elle préfère se priver de plaisir, se détacher de son corps pendant qu'elle fait l'amour en pensant à autre chose, et ainsi priver son mari de ce qu'il désire: la faire jouir.

La peur de l'intimité peut être utilisée par l'un des partenaires comme un moyen de « désexualiser » l'autre. Même si cette peur affecte principalement les hommes, les femmes aussi chercheront parfois à éviter ces moments de vulnérabilité. Généralement, après l'orgasme, les hommes comme les femmes éprouvent un profond désir d'être serrés et caressés. Les personnes qui craignent l'intimité seront portées à se retirer immédiatement, à se lever, à bavarder comme s'il ne s'était rien passé, ou à créer d'une manière ou d'une autre des circonstances qui mettront une distance entre elles et leur partenaire. La sympathie et même l'amour que leur inspire l'autre ne changera pas grand-chose à ce comportement. Les sentiments peuvent être intenses mais ils sont déviés ou niés. Plus la peur de l'intimité est forte, plus la présence de l'autre devient indispensable; la personne qui a à ce point peur, risque de trouver une façon de gâcher la relation. Le constat « Je t'aime mais je ne te désire plus. » est une pilule difficile à avaler. La sexualité est le dernier acte d'intimité à disparaître.

Certains couples prétendent avoir eu des relations sexuelles extraordinaires avant leur mariage; à partir de là, les choses se sont gâchées. Ces personnes qui avaient appris que la sexualité en dehors du mariage étaient un péché ou un interdit, trouvaient beaucoup d'excitation à briser le tabou jusqu'à ce que leur union soit institutionnalisée. Les hommes souffrant du « complexe de la maman et de la putain » sont les plus touchés. Quand une femme devient, par le mariage, une « femme honnête », et à plus forte raison une « maman », elle devient trop « pure » pour être souillée par la sexualité. L'homme ira chercher ailleurs, auprès de femmes « dégradées », une partenaire pour assouvir ses besoins sexuels. Généralement, cet homme associe inconsciemment son épouse à sa mère et, paralysé par le tabou de l'inceste, il est incapable de vivre concrètement son attirance sexuelle pour sa femme.

Les femmes mariées avec des hommes trop critiques, rigides et répressifs perdent souvent tout intérêt sexuel pour leur mari. Elles perçoivent leur mari comme une figure paternelle autoritaire et ne peuvent assumer leurs désirs sexuels avec eux.

Dans son livre *Les enfants du rêve*, Bruno Bettelheim décrit un phénomène fascinant observé chez des gens élevés dans un kibboutz en Israël. Même s'il y avait pendant l'enfance des jeux sexuels entre les filles et les garçons, une fois adultes, il n'y avait aucun mariage entre eux. Selon la théorie de Bettelheim, les membres de cette communauté restreinte se soumettaient volontairement au tabou de l'inceste qui les empêchaient de se considérer comme des partenaires sexuels possibles... Cette théorie peut s'appliquer à nous. Comme il est fréquent que les gens se marient alors qu'ils ne sont encore que des enfants et qu'ils grandissent ensemble, à toutes fins pratiques, le lien fraternel qui s'établit entre eux favorise la « dé-sexualisation » de leurs rapports. Le tabou de l'inceste remonte à la surface; personne ne doit coucher avec son frère ou sa soeur. Cependant, si les deux partenaires ont atteint la maturité psychologique quand ils se marient, ils courent moins de risques d'avoir ce problème.

Attendre pour se marier

Examinons un peu le mythe du mariage parfait. Vous grandissez ensemble, vous devenez des adultes, puis des parents, puis des grand-parents. Au début du siècle, alors que l'espérance de vie moyenne était d'environ quarante-sept ans, le simple bon sens amenait les gens à se marier vers l'âge de dix-sept ans, d'avoir des enfants — beaucoup d'enfants — presque immédiatement et de vivre ensemble jusqu'à la mort. Aujourd'hui, notre espérance de vie atteint presque soixante-dix-sept ans et cela devient de plus en plus un acte de foi aveugle que de croire que l'on puisse respecter les voeux du mariage. Ceux-ci devraient être reformulés en ces termes: « ... jusqu'à ce que la mort émotionnelle nous sépare. »

Comme le constataient Sar A. Levitan et Richard S. Belous dans leur livre *What's Happening to the American Family?*: « Si les voeux étaient dictés par les statistiques (les taux de divorce), au moins le tiers des couples mariés devraient dire non plus « jusqu'à ce que la mort nous sépare » mais plutôt « jusqu'à ce que nous changions de partenaire. » Mais la préférence de la plupart des adultes américains semble encore aller vers la vie de famille; ils jouent encore pour gagner et tiennent encore à affirmer la

218

légalité de ce jeu. Malgré la permissivité et la tolérance de la société pour l'expérimentation, la plupart des gens semblent préférer la relation contractuelle traditionnelle avec toutes ses obligations et ses contraintes. » Le problème n'est pas que nous choisissions le système de valeur traditionnel de la famille mais que nous nous y précipitions beaucoup trop jeunes.

Nos parents voulaient que nous restions des enfants ignorants de la vie. À seize ans, nous devions avoir la bague de fiançailles au doigt; à vingt et un ans si nous n'étions pas mariées, nous étions déjà considérées comme des vieilles filles. Nous n'étions que des enfants quand nous nous sommes mariées, des enfants ignorantes et surprotégées. Nous passions directement des genoux de nos parents aux genoux d'une autre personne de la même origine sociale. À deux, jeunes et sans expérience, nous cherchions à tâtons pour essayer de trouver le secret de cette « merveille » qui s'appelait la sexualité. Un an et demi plus tard, les enfants avaient leurs propres enfants.

Le mariage était censé être un rite de passage à l'âge adulte: il devait nous conférer la sagesse, la force émotive, la capacité de créer une famille en évitant les erreurs de nos parents, erreurs jamais analysées mais plutôt réduites à d'amusantes anecdotes: « Te souviens-tu... des scènes que nous faisait ta mère si la vaisselle n'était pas lavée immédiatement après le repas?... que ton père voulait que je lui rende des comptes sur le moindre sou que je dépensais? » Par le mariage, nous échappions aux liens familiaux, du moins physiquement, et nous tentions de vivre notre vie du mieux que nous pouvions. Et soudain, deux décennies avaient passé et nous nous retrouvions insatisfaites et malheureuses, en pleine confusion, à quarante ans; comme si ces vingt années n'avaient été qu'une vaste parenthèse entre l'enfance et la vieillesse. Plusieurs d'entre nous ont vécu cette parenthèse sans savoir qui elles étaient.

« J'ai rencontré mon futur époux à la fin de mon cours secondaire. Je ne le connaissais pas quand je l'ai épousé mais cela n'avait aucune importance, me raconte Debbie, je voulais seulement quitter mes parents et me donner de l'importance. Certains amis de Lou s'étaient mariés très jeunes, à dix-neuf ou vingt ans. Pourquoi pas nous? J'ai décidé de faire des pressions. Lou n'aurait jamais été le premier du groupe à se marier mais je savais qu'il ne voulait pas être le dernier. Nous nous sommes donc mariés. J'avais dix-neuf ans, Lou avait eu vingt et un la veille.

« Nous avons fait des projets, poursuit-elle, ce mariage serait stable et nous apporterait à tous deux la sécurité que nous recherchions. J'ai accepté de travailler jusqu'à ce que Lou ait une promotion intéressante. Ma vie sexuelle fut une véritable catastrophe la première année; je ne comprenais pas ce qui se passait et j'avais peur de poser des questions. Mais il y avait quelque chose de merveilleux: Lou était un homme raffiné, prêt à discuter et nous évitions les crises et les scènes. Je venais d'un foyer où régnait le même genre d'atmosphère et j'appréciais le calme de Lou. »

L'histoire de Debbie ressembla bientôt à celle de tant d'autres femmes. Elle se mit à demander la permission à son mari avant de faire quelque chose: « Puis-je aller chez Roz?... Est-ce que je peux prendre la voiture? Est-ce que je peux m'acheter une robe? » Les objectifs de Lou devinrent les siens et il se transforma peu à peu en père protecteur pour elle. Comme bien des femmes pourtant intelligentes et capables d'introspection, Debbie n'arriva pas à mettre le doigt sur la cause de son insatisfaction croissante avant l'âge de trente-neuf ans, après vingt ans de mariage. « Heureusement, j'avais bien choisi mon partenaire. Lou avait du succès sur le plan professionnel et il était un assez bon mari, me raconte-t-elle, plus il s'élevait dans l'échelle sociale, plus j'essayais de devenir la sorte de femme qu'il souhaitait que je sois. Je n'y parvenais pas toujours. Je n'étais pas assez sophistiquée dans certaines circonstances, trop ignorante dans d'autres. Je voulais par dessus tout qu'il soit heureux avec moi et je faisais tout ce que je pouvais pour cela; je ne voulais pas lui faire honte par ma façon de parler ou de me conduire. Ce n'est qu'après quinze ans de mariage que j'ai compris à quel point j'étais seule. Ce n'était pas la faute de Lou; c'est moi qui avait insisté pour qu'il m'épouse. Je ne reculais devant aucun sacrifice mais je devenais amère. Je pleurais tous les jours, je me sentais en colère et privée de quelque chose, exactement le même sentiment que j'avais éprouvé dans mon enfance. Je m'étais mariée jeune parce que c'était la seule chose à faire. Je voulais surtout me libérer de mes parents et voilà que je m'étais précipitée dans une autre prison. Je n'étais pas du tout préparée à affronter la vie conjugale. »

Donc, la plupart d'entre nous ont vécu l'enfance et un pseudo-âge adulte dans le mariage. Nous n'avons jamais eu la possibilité d'acquérir une expérience sexuelle, de poursuivre une carrière, de voyager et même d'avoir une vie spirituelle. Ne pas connaître grand-chose est supportable tant que la société reste la même, mais si elle change sous vos yeux, il est normal que l'on aspire à profiter de ces changements. Les femmes ont commencé à parler de l'impasse où elles se trouvent: « Je ne sais pas qui je suis. Je sais seulement que je suis la fille de quelqu'un, la femme de quelqu'un, la mère de quelqu'un. Y a-t-il dans le monde une place qui puisse vraiment être la mienne? » Cette place, la plupart des femmes ne la trouvent pas avant d'approcher la soixantaine. Le problème n'est pas d'avoir une « place », mais de savoir quoi faire une fois qu'on y est.

Habituellement, nous vivons dans l'ordre l'enfance, le mariage, la maternité, le départ des enfants puis la découverte de notre identité (en retournant à l'école ou sur le marché du travail). Il serait plus logique de vivre chronologiquement l'enfance, la découverte de notre identité, des expériences sexuelles satisfaisantes, le mariage, l'introspection plus poussée, la maternité, la maturité émotive, le départ des enfants, et enfin la poursuite d'autres objectifs enrichissants.

« Garde tes vingt ans pour toi! » conseilla un jour à sa fille le père d'une de mes amies; son expérience de la vie lui faisait dire qu'on ne devrait pas se marier avant l'âge de trente ans. « Je croyais qu'il exagérait parce qu'il s'était lui-même marié à vingt-deux ans avec une femme de son âge. J'ai vécu mon enfance dans les années cinquante, époque où non seulement les femmes se mariaient jeunes mais, levaient le nez sur celles qui préféraient habiter seules et travailler. J'ai suivi le conseil de mon père, sachant que si je voulais absolument me marier, rien ne m'en empêcherait. Il y aurait toujours quelqu'un à épouser si le mariage devenait mon principal but dans la vie. J'ai attendu jusqu'à trente-huit ans avant de me raviser et malgré tout ce fut à la fois un choc et une blessure. Je savais qui j'étais et ce que j'attendais d'un homme mais c'est quand même moi qui ai dû renoncer à mes habitudes et changer ma façon de vivre pour répondre aux besoins de mon mari. »

Le magazine *Ms.* a publié une série d'articles très révélateurs à cet égard: il s'agissait de plusieurs interviews avec des femmes qui s'étaient mariées, pour la première fois, passé trente-cinq ans. La série s'intitulait « Pourquoi je me marie à mon âge. » Marlo Thomas, qui a attendu d'être dans la fleur de l'âge pour se marier, dit de son union avec Phil Donahue: « D'abord il fallait que je vois le mariage non pas comme quelque chose qui vous *arrive*,

222

mais comme un acte que deux personnes *décident* de poser. Deuxièmement, il fallait que la société change, que les vieilles règles du mariage s'assouplissent pour que ni l'homme ni la femme ne se sentent coupables de rompre. Troisièment, il fallait que je rencontre un homme qui avait suivi un itinéraire différent du mien pour parvenir aux mêmes conclusions... » Quant à Esther Mongolis, présidente de sa propre compagnie de publicité, elle dit, en parlant du choix de son mari: « Je crois que deux ans plus tôt, je serais passée à côté de Stan sans le remarquer parce qu'il n'était pas comme les autres hommes que j'avais fréquentés. J'ai déjà repoussé des hommes comme Stan. Je ne savais pas comment ils étaient forts; j'interprétais la qualité de leur présence auprès d'une femme comme un signe de faiblesse. » Mlle Mongolis s'est marié à quarante-deux ans et raconte de son mari qu'elle l'avait d'abord trouvé « trop gentil ».

Si vous savez qui vous êtes, il est probable que vous choisirez un homme qui a lui aussi défini son identité. L'homme qui rencontre une femme de trente ans a de bonnes raisons de croire qu'elle sait administrer un budget. De même, il sait que nous n'en sommes pas à nos premières expériences sexuelles. Il sait que c'est par choix que nous acceptons de partager son lit. La sexualité prend alors sa juste valeur dans la relation; elle n'est pas le seul motif qui nous pousse au mariage. Si l'homme de notre vie adore le sushi et que nous trouvons le poisson cru dégoûtant, nous n'avons pas à craindre qu'il nous harcèle pour nous initier à ce plaisir délectable; nous pouvons le regarder avaler ses horreurs favorites en toute tranquillité. Fondamentalement, notre partenaire respectera nos préférences, et nous les siennes, aussi différentes qu'elles puisent être. Si vous vous mariez jeune et que vous vous ajustez à un homme, vous découvrirez bientôt que peu de choses vous appartiennent en propre.

Nous nous plaisons à imaginer la famille comme un sanctuaire de paix et d'amour où chaque membre peut se reposer du stress de la vie à l'extérieur; dans les faits, la famille peut aussi être un lieu de violence et ceci pour deux raisons. La première est l'inégalité entre les hommes et les femmes et la deuxième, une certaine image de la virilité qui sanctionne la violence physique. Les études montrent que la violence est beaucoup plus fréquente dans les foyers où une seule personne détient le pouvoir et prend toutes les décisions. Les foyers plus démocratiques sont beaucoup plus paisibles.

Si votre mariage est égalitaire, il sera moins violent. Par contre, s'il s'agit d'une relation de type parent-enfant — avec le mari dans le rôle du parent et la femme dans celui de l'enfant, et que vous faites une tentative d'indépendance avant que votre mari soit prêt à l'accepter, vous courez de plus grands risques de subir sa brutalité. Pour de nombreux hommes, la violence est le seul moyen de dire: « J'ai beaucoup investi dans cette relation et j'ai peur de te perdre, peur que tu me quittes pour un autre homme, pour un emploi ou pour autre chose qui te tente. » Si la femme perturbe l'équilibre d'une relation, son mari risque d'avoir peur de perdre le pouvoir. Rares sont ceux qui y consentent de bonne grâce.

Les mariages entre deux adultes ont beaucoup plus de chances de succès parce qu'ils reposent moins sur une lutte de pouvoir et que les partenaires éprouvent moins le besoin de régler les problèmes par la violence. Les mariages entre adultes laissent place au changement continuel. En vous laissant la possibilité de vivre d'autres expériences avant de vous marier, vous entamez cette relation en sachant davantage qui vous êtes et ce que vous voulez de votre partenaire. Comme vous pouvez subvenir à vos besoins matériels, vous pourrez contribuer aux frais et vous soulagerez votre partenaire (et vous-même) d'un problème qui peut être la source de bien des tensions dans un couple. Attendez pour vous marier d'être certaine d'être le plat de résistance, vos chances de vous épanouir émotivement et sexuellement sont beaucoup plus grandes. En attendant pour vous marier, vous devenez *prête* à le faire.

Chapitre huit

S'il vous traite de garce, dites: « Merci »

Autrefois, les hommes cultivaient l'idée que les femmes étaient des espèces de tigresses n'attendant que les rares occasions où leurs dompteurs les laissaient sortir seules — pour une partie de bridge, par exemple — pour s'entre-déchirer sans pitié. Leur stratégie était simple: diviser pour règner. Tant que les filles s'arrachent les yeux, elles ne voient pas qui referme la cage sur elles...

Ann Beats, « Women Friendship and Bitcheness ». dans un article publié par *Vogue*.

Ce qui inquiète les hommes, c'est la possibilité que les femmes soient trop perspicaces. Ils sont à peu près assurés du respect de leurs collègues mâles et de leurs patrons; ceux-ci les voient à peine comme des êtres humains, après tout, et peuvent donc accepter ou ignorer leurs particularités physiques ou émotives. Mais une femme ne risque-t-elle pas de les juger avec plus de jus-tesse?

Michael Korda, *Power! How to Get It, How to Use it.*

Les femmes qui sont sur le marché du travail ou celles qui songent à réorienter leur carrière sont pleines de bonnes intentions, mais si elles ne définissent pas clairement leurs objectifs, elles peuvent s'attirer des ennuis. Parmi ces femmes, il y a les fatalistes, qui se fient au hasard et acceptent le premier emploi venu même s'il ne leur convient pas, sans y réfléchir. Il y a aussi les grandes rêveuses, celles qui entendent déjà les applaudissements mais qui n'ont pas la moindre idée de ce qu'il faut faire pour réussir. L'exemple suivant montre bien ce qu'*il ne faut pas faire* quand on entreprend une nouvelle carrière.

Sarah avait eu l'idée d'ouvrir un comptoir d'aliments naturels dans un centre commercial très fréquenté. Les clients s'assoyeraient au comptoir, il n'y aurait ni serveur, ni serveuse. On n'y servirait que des salades faciles à faire, des boissons et des glaces au yaourt, il n'y aurait pas de cuisinier (ni cuisine). Une ou deux personnes prépareraient les plats et s'occuperaient de la caisse. Sarah avait décidé de garder son emploi de travailleuse sociale tant qu'elle ne serait pas assurée du succès de son entreprise. Elle pourrait alors s'en occuper à temps plein, ou investir une partie de ses profits en ouvrant un autre commerce du même genre. Comme elle avait besoin d'une partenaire, elle en parla à Louise, diététicienne dans une clinique. Celle-ci se montra enthousiaste et proposa même quelques « améliorations » à l'idée originale.

S'installer dans un centre commercial ne convenait plus. Pourquoi ne pas choisir plutôt un club de tennis à la mode? Mais la clientèle d'un club de tennis n'est pas du genre à s'asseoir à un comptoir alors selon le raisonnement de Louise, il faudrait prévoir des tables et donc embaucher des serveuses. Enfin, les clients, surtout les hommes, une fois installés confortablement, ne se satisferaient plus de salades et de yaourts et réclameraient des plats plus nourrissants. Bref, la formule modeste du début, promise au succès, s'était transformée en un projet beaucoup plus élaboré de restaurant de luxe. Sarah, avait prévu financer l'affaire mais elle avait un emploi à temps plein . Louise, très prise par sa clinique, ne pouvait davantage veiller au grain. Il fallait trouver une gérante. Joanna accepta de s'associer avec elles.

Joanna avait de grandes prétentions gastronomiques, et un faible pour la cuisine hongroise: elle était spécialiste de la goulasch et des gâteaux à la crème. Sa seule théorie sur la restauration: les portions devaient être généreuses. Comme Joanna était responsable de la cuisine, et de la gestion, Sarah et Louise s'inquiétèrent de ses compétences administratives. Joanna ne connaissait pas la comptabilité mais elle prétendait pouvoir mémoriser toutes les factures. Ce système comptable n'était pas très orthodoxe et plutôt risqué mais Sarah et Louise s'en contentèrent. Ayant trouvé un club de tennis convenable, elles conclurent une entente avec le propriétaire et pour prévenir d'éventuelles hausses de loyer, elles invitèrent Liz, l'épouse du propriétaire, à devenir la quatrième associée. Sarah avait oublié depuis longtemps le gâteau aux carottes et la glace au yaourt!

Chacune avait investi 6 000 $, soit au total 24 000 $; dès le début, 20 000 $ furent engloutis dans l'achat d'équipement. Fin août, elles ouvraient le restaurant. Fin octobre, Liz annonça qu'elle se préparait à ses vacances annuelles de quatre mois en Floride. « Ce commerce ne m'empêchera pas de partir. Je passerai l'hiver en Floride comme d'habitude. » À peu près au même moment, les trois autres partenaires cherchaient les profits: il n'y en avait pas! Pourtant, l'endroit était fréquenté et la clientèle semblait apprécier les plats offerts au menu: normalement, il aurait dû y avoir des profits. Joanna, en tant que chef et administratrice, était la plus consternée. Son système fonctionnait, pourtant, même si parfois elle retrouvait difficilement les factures des fournisseurs. Louise, qui travaillait toujours dans sa clinique, était la plus irritée. Elle réagit à ces mauvaises nouvelles en engueulant Joanna, en la traitant d'irresponsable et elle quitta le restaurant en claquant la porte. Sarah, plus modérée, essaya d'aider Joanna à classer la paperasse... quand elle pouvait la trouver.

D'une certaine façon, ce quatuor donne une bonne idée des bons et mauvais aspects d'une association de femmes en affaires. Elles avaient investi 24 000 $ et, huit mois plus tard, leur déficit s'élevait à 48 000 $. En moins d'un an, elles avaient perdu 72 000 $, perte essentiellement attribuable à une mauvaise administration, à la compétition individuelle et à des objectifs trop divergents. Chacune avait sa vision des choses et ce manque d'esprit d'équipe ne pouvait que conduire à la faillite.

En novembre, Joanna, écrasée sous les responsabilités, fit une dépression nerveuse. En décembre, les deux dernières associées cherchaient désespérément une personne capable de gérer leur commerce. En avril suivant, la dette avait augmenté de 48 000 $.

« Maintenant, quand j'y réfléchis, dit Sarah, je m'aperçois que nous ne nous sentions aucune responsabilité les unes envers les autres, même si nous partagions un but commun: ouvrir un restaurant. Nous ignorions toutes comment atteindre cet objectif, et nous n'avons pas su nous arrêter à temps et mettre la clé sur la porte, sans remords. Notre pire erreur a été de nous aventurer, les yeux fermés, dans une entreprise où nous n'avions pas la moindre expérience. »

Dans son livre *Women and Work*, Carole Hyatt parle de l'inexpérience: « Les gens volent vers la catastrophe quand ils décollent à l'aveuglette. Vous devez passer par les phases indispensables de l'apprentissage avant de voler tout seul (...) Les meilleurs idées peuvent tourner au cauchemar si vous négligez de vous assurer de la rentabilité de votre entreprise. Ne laissez pas l'enthousiasme l'emporter sur le simple bon sens. Les gens courent à l'échec parce qu'il connaissent ni leurs motivations ni l'ouverture du marché. » Des partenaires, elle dit: « Sous plusieurs aspects, l'association commerciale ressemble à l'association matrimoniale. Vous devez pouvoir vivre une intimité quotidienne... Les habitudes agaçantes de votre associée ne vous regardent pas, elles ne devront pas, en plus, affecter la conduite de votre entreprise, comme dans le mariage. »

Les femmes collaborent difficilement entre elles. Cette évidence se vérifie par l'incursion de Sarah — et de bien d'autres femmes — dans le monde des affaires. Ce manque de solidarité, ajouté à leur inexpérience, les vouaient à l'échec. Il y a vingt ans, beaucoup de femmes se seraient fait raser la tête plutôt que de s'associer à une entreprise administrée par des femmes. Bien que la méfiance et la rivalité envers notre sexe aient évolué vers la compréhension et l'entraide mutuelles, Sarah et ses associées ont succombé aux vieux clichés sur les femmes qui travaillent ensemble. Leur restaurant n'était plus un commerce mais un panier de crabes. Toutes en ont souffert.

La rivalité existe même entre des femmes impliquées à parts égales dans une entreprise commune. La compétition est souvent encore plus féroce entre celles dont les efforts sont couronnés de succès, et celles qui se battent encore pour réussir. Les femmes arrivées n'ont pas tendance à prêter main-forte aux nouvelles venues et celles-ci manquent souvent de loyauté envers celles qui les ont précédées.

Sandy occupait un poste important dans une agence de publicité. L'an dernier, des agences concurrentes lui avaient fait des propositions intéressantes qu'elle n'avait pas repoussées. Habituellement, l'employeur choisit de négocier avec le cadre supérieur qui ne cache pas son attrait pour les meilleures conditions de travail offertes par une entreprise compétitrice. Le problème est abordé directement: « Nous avons entendu dire que votre compétence a trop bonne réputation et nous voudrions vous garder avec nous. Dites-nous ce qui ne vous plait pas ici et ce que vous souhaiteriez améliorer. » Mais dans le cas de Sandy, on procéda autrement. La compagnie choisit plutôt d'entraîner une nouvelle recrue. « Ils essaient de me couper l'herbe sous les pieds » se dit Sandy. Ce n'est que par les commérages du bureau qu'elle apprit que la « nouvelle », Iris, avait été embauchée pour la remplacer. « Naturellement, je suis allée voir mon patron et je lui ai demandé pourquoi il me poussait vers la porte. Il a nié le fait. Mais j'ai été dans la boîte depuis assez longtemps pour ne pas être dupe. Je vois bien quel type de formation on lui donne. En plus, cela crève les yeux: Iris ne m'adresse pas la parole, elle m'ignore délibérément sauf pour obtenir des renseignements sur un dossier. Pourquoi agit-elle ainsi, sinon parce qu'elle est de mèche avec la direction? Elle n'ose pas me regarder en face parce qu'elle sait qu'elle prendra ma place dès mon départ. Elle joue le jeu de la compagnie, certaine d'être promue à mon poste à l'échéance de mon contrat, c'est-à-dire d'ici un an. »

Sandy et son employeur n'ont pas les mêmes intérêts: « Mon patron m'a demandé une appréciation critique du travail *d'assistante*, d'Iris. Qu'il n'y compte pas. Il voudrait que je fasse preuve d'esprit d'équipe en laissant Iris jouer les meilleurs coups! Mais en l'aidant à s'améliorer, je m'enfonce moi-même. Même si elle ne l'exprime pas ouvertement, la compagnie me dit en fait: « Vous faites partie d'une équipe, non? Alors pourquoi ne vous écartez-vous pas pour laisser passer Iris? Les nouveaux talents profitent à la compagnie. Ne voulez-vous pas que la compagnie prospère? » Bien sûr que je le veux, mais pas sans moi, pas plus qu'avec Iris à ma place. »

Sandy n'est pas aveugle: « Ils jouent un vieux numéro; monter une femme contre une autre. C'est une erreur fatale. Il espère peut-être me montrer que je me suis enflé la tête et que je ne suis pas indispensable en entraînant une éventuelle remplaçante. Leur façon d'agir ne me donne pas du tout envie de participer à sa formation ou de l'aider. Quand les gens me demandent mon opinion au sujet d'Iris, je réponds toujours. « Elle est sensationnelle. » Mais je ne lèverais pas le petit doitgt pour réparer ses erreurs. »

La plus grosse gaffe d'Iris a été de croire au départ de Sandy et de ne pas avoir cherché à s'en faire une amie et une complice. Iris aurait pu s'en tirer beaucoup mieux. « Si elle avait été plus astucieuse, ajoute Sandy avec perspicacité, elle aurait joué un double jeu avec moi et avec la compagnie. Elle aurait pu venir me parler; comme ancienne, je lui aurais expliqué les politiques de la compagnie. Elle aurait fait son apprentissage protégée par son statut de nouvelle. Je lui aurais montré ce qu'elle devait savoir. Aujourd'hui, elle est aveuglée par les promesses de la compagnie mais, je vous le jure, un jour elle comprendra qu'ils l'ont eue. »

Iris a commis une autre erreur typiquement féminine. Les femmes ont tendance à se fier aux hommes commes les hommes se font confiance entre eux. Si elle avait eu confiance en elle, elle aurait suivi son instinct; elle se serait d'abord fait une alliée, de Sandy. Elle a préféré se fier à la compagnie. La jeune femme de dix-neuf ans n'agit pas autrement quand elle croit que son mari s'occupera d'elle pour le reste de ses jours.

Mary Cunningham, vice-présidente de la Joseph E. Seagram and Sons, disait en s'adressant au Commomwealth Club de San Franscisco: « Entrer dans une compagnie, c'est comme entrer dans une famille ou obtenir la citoyenneté. Cela vous donne de nouvelles obligations dont la principale est de travailler à l'avancement de la compagnie. Cela ne vous oblige ni à renier vos principes ni à abandonner vos droits individuels. Vous devez seulement les modifier un peu. Je suis convaincue que plus nous comprendrons la notion de communauté d'intérêts, plus nous découvrirons l'importance d'établir un nouveau type de coopération. L'entreprise en ressortira plus humaine, plus familiale. Dans ces conditions, nous pourrons renverser la tendance actuelle à l'indifférence pour établir un climat de productivité accrue.

« Cette référence à la famille est dangereuse pour la femme; les stéréotypes sentimentaux n'ont rien à voir avec les affaires. Mais durant toute l'évolution de notre espèce, la famille a fonctionné comme entité économique. Les membres de la cellule familiale devaient se serrer les coudes pour survivre. La coopération était indispensable et aucun talent n'était gaspillé. »

Si Iris s'était montrée plus astucieuse et plus humaine, elle ne se serait pas laissée leurrer par son employeur. Elle aurait compris que son intérêt personnel n'était pas d'évincer Sandy mais, plutôt, de chercher à s'en faire une complice et une conseillère hors pair. L'employeur n'y a pas gagné davantage: les connaissances de Sandy risquent de se perdre. Si, avec la bénédiction de la compagnie, elle conserve finalement son poste, c'est Iris qui se retrouvera sur le trottoir. « En effet, qu'arriverait-il si je posais comme condition pour rester le renvoi d'Iris? » se demandait Sandy. « Ils seraient peut-être embarassés mais il est très possible qu'ils accepteraient pour ne pas me perdre. Je ne sais pas si je peux la faire renvoyer mais j'avoue que l'idée m'est passée par la tête. J'ai toujours cru jusqu'à maintenant que la vie récompensait la gentillesse. J'en suis de moins en moins sûre. »

Le patron de Sandy et probablement Iris elle-même considèrent Sandy comme une garce: elle n'a pas voulu coopérer ni abdiquer. Ce qui fait de Sandy une garce, à leurs yeux, c'est la fermeté de ses positions, l'aspect égoïste de ses motivations et le peu de considération accordée aux intérêts de la compagnie. Selon eux, elle aurait dû se comporter avec « élégance » devant l'intruse. Comment Sandy réagirait-elle si on la traitait de garce? « Je serais très contrariée, dit-elle, je n'ai fait que me protéger. Mais s'ils le voient ainsi, tant pis... »

Je voudrais m'étendre un peu sur la portée du mot « garce ». La prochaine fois qu'un collègue de bureau vous le crachera à la figure ou le marmonnera juste assez fort pour que vous ne soyez pas certaine d'avoir bien entendu, réjouissez-vous! Prenez-le comme un compliment. Ce sale type vient de confirmer votre compétence, votre efficacité, votre assurance; il se sent coincé dans sa médiocrité. Il n'est pas préparé à affronter une femme qui sait de quoi elle parle et qui, en plus, lui prouve qu'il a tort. Il se sent troublé et menacé parce que son pouvoir est en cause. Pour lui, la femme qui revendique le pouvoir et le prend est une garce. Dans *Power! How to Get It, How to Use It* Michael Korda affirme: « Acculés au pied du mur, les hommes renonceront à l'argent, aux titres, au bureau luxueux, à la note de frais, à tout, mais jamais au pouvoir. Tant que l'homme a le dernier mot, il peut consentir à laisser tomber le reste, non sans se battre, bien sûr. »

Certaines femmes, pour mieux arriver au sommet, deviennent volontairement vicieuses: elles mordent, émasculent, déprécient les autres femmes, se répandent en commérages, conspirent à l'occasion et n'hésitent pas à saboter, par de propos délibéré, les carrières de leurs consoeurs. Ces femmes méritent vraiment d'être traitées de « garces ». Mais ce n'est pas à elles que je pense. Ces femmes assoiffées de pouvoir doivent examiner leur conscience et comprendre ce que leur « réussite » leur coûte à elles et à leur entourage. Non, je pense à la femme compétente, rationnelle, qui détient un certain pouvoir et l'utilise à bon escient. Je pense à la femme efficace et bien renseignée sur les pratiques commerciales.

On admire les hommes qui ont le sens des affaires. Les hommes ont longtemps expliqué le succès d'une grande entreprise, par leurs talents de négociateurs « impitoyables », par leur « main de fer », par leur capacité à garder « la tête froide » et de « ne pas y aller par quatre chemins ». Mais que pensent les hommes d'une femme qui possèdent ces qualités? Qu'elle est une garce! Selon les hommes, l'assurance et la logique sont des caractéristiques biologiques exclusivement réservées au mâle. La femme qui défie cette règle « de la nature » se fait traiter de garce. « Elle croit tout savoir » dira-t-on d'elle. En fait, du point de vue mâle, elle en sait peut-être trop, même si c'est juste assez pour décrocher un boulot. Un homme a-t-il assez de pouvoir pour susciter un sentiment de médiocrité chez un congénère? On lui pardonnera. Si c'est une femme, elle devient la pire des créatures: une garce.

Un homme risque d'éprouver de la frustration quand il rencontre une femme aussi efficace que lui dans son propre domaine; la plupart du temps, il ne cachera pas sa colère. Mais les femmes ne doivent pas pour autant hésiter à prouver leur compétence. Il n'est pas prudent de tenter de l'emporter sur un homme pour le simple plaisir de l'humilier. Mais une femme se doit de croire en elle-même.

Et si, d'aventure, un homme a alors l'impression qu'on lui marche sur les pieds, c'est son problème.

Faire la preuve d'une compétence réelle, cela ne signifie pas s'engager dans une compétition infernale. Écraser un homme dans le seul but de le rabaisser n'est pas un jeu digne d'intérêt.

Idéalement, les qualités les plus valorisées dans le monde des affaires devraient être redéfinies pour tenir compte à la fois des hommes et des femmes. Ainsi, féminité et compétitivité ne s'opposent pas nécessairement. En effet, personne ne fait de remarques désobligeantes au sujet du cadre « dur à cuire » au bureau mais tendre et affectueux à la maison; l'observateur de passage n'y verra aucune aberration. Mais d'une femme se comportant de la même manière, on dira: « Elle est frustrée sexuellement. C'est une anormale. Elle cherche à prouver quelque chose: une garce, quoi! » En fait, un jugement impartial démontrerait qu'elle accomplit un travail intelligent et productif. Si on la traite de garce, dans les circonstances elle devrait répondre: « Merci ».

Quitter le nid

La femme au foyer qui s'aventure dans le monde des affaires doit soumettre sa démarche à trois impératifs. Elle doit d'abord diriger ses énergies vers un objectif précis. Elle doit ensuite être prête à affronter les difficultés émotives inhérentes à son entrée sur le marché du travail. Enfin, elle doit comprendre la différence entre un emploi et une carrière.

Vous êtes debout derrière un comptoir, ou assise à un bureau et vous comptez les heures et les minutes qui vous séparent de vendredi-cinq-heures; un commis se dirige vers vous, un chèque de paie à la main: vous avez un emploi. Si votre intérêt dans les affaires de la compagnie ne va pas au delà du salaire qui vous permettra de sourire tous les vendredis, vous avez un emploi. Si vous n'avez pas le moindre espoir de promotion, si vos aspirations s'arrêtent là et que vous ne cherchez ni à vous affirmer ni à être appréciée, vous avez encore et toujours, un emploi.

Par contre, si vous poursuivez une carrière, vous vous réveillez tous les jours avec le goût de progresser et d'exceller dans ce que vous faites. Votre profession fait partie de votre identité au même titre que votre voix ou votre coiffure. Mais, (il y a toujours un mais...) même si votre profession comble vos aspirations, même si vous êtes heureuse de l'exercer et que vous adorez apprendre et vous perfectionner, elle entraîne souvent une grande dépense de temps et d'énergie. La carrière a des inconvénients: heures irrégulières, soirées agréables à annuler, etc. mais elle vous donne la possibilité de gagner votre vie avec un travail que vous auriez été heureuse de faire gratuitement. Vous ne pouvez vous débarrasser de votre profession et la mettant dans un tiroir à cinq heures pour la reprendre là où vous l'aviez laissée, le lendemain matin. Elle vous suit partout: dans le métro, à la maison, au restaurant et même parfois durant le week-end.

Trouver sa voie, c'est-à-dire découvrir ce qu'on a vraiment envie de faire, est parfois problématique. Plusieurs femmes s'en remettent au hasard: elles acceptent tous les emplois offerts tant qu'elles n'ont pas trouvé celui qui les séduira. C'est la loi du moindre effort: une société d'assurances annonce l'ouverture d'un poste? Vous vous présentez même si vous n'avez pas le moindre intérêt pour les assurances. D'autres s'inscrivent à des cours du genre: « Comment se connaître soi-même. » Ces cours peuvent être utiles aux femmes perplexes et désorientées; ils offrent souvent des tests d'aptitude qui valent le prix d'inscription et révèlent des intérêts insoupçonnés et des talents inexploités. Prévoyez aussi une rencontre avec un conseiller en orientation qui vous aidera à vous poser les bonnes questions. Honnêtement, que puis-je faire à mon âge? Quelle est ma situation au foyer? L'état de mes finances? Mes engagements envers mes enfants et mon mari? Une fois mon choix arrêté, puis-je m'y mettre immédiatement ou dois-je prévoir une période de préparation et de planification?

Une femme dans la trentaine me faisait part de sa décision de s'inscrire à un cours de droit. Mariée à vingt-deux ans, elle n'avait jamais travaillé depuis. « Je ne savais pas comment annoncer la nouvelle à ma famille, me disait-elle, devais-je les préparer dès maintenant à cette éventualité pour faciliter les choses lorsque je commencerais mes cours dans six mois, ou attendre et leur apprendre la nouvelle seulement quelques semaines avant? Chose certaine, j'avais besoin de l'appui financier de mon mari. Mon père m'avait laissé un petit héritage mais c'était à peine suffisant pour une année d'études. J'ai décidé de foncer tout de suite. Mon projet a fait sourire mon mari. « Tu ne peux même pas t'en sortir quand il est question d'une contravention pour excès de vitesse; comment peux-tu imaginer que tu pourras un jour sortir tes clients de prison? » me dit-il. En essayant de garder mon calme, je lui ai répondu: « Peut-être as-tu raison, si j'échoue, j'admettrai mon erreur et il n'en sera plus question. Mais si je complète ma première année avec succès, m'aideras-tu pour les deux suivantes? Et il m'a donné son accord. Je termine ma deuxième année et jusqu'à maintenant je n'ai pas à me plaindre de la collaboration de mon mari et de mes deux enfants. »

Les femmes ont longtemps considéré le travail comme une punition plutôt que comme une récompense, comme une source de honte plutôt que de dignité. Elles ont le sentiment de vendre leur substance vitale à un prix dérisoire et non d'offrir leur compétence en échange d'un salaire convenable; la seule évocation du mot « travail » les bouleverse. Virginia Valian ne se trompe pas lorsqu'elle en parle dans *Working it Out*, ouvrage écrit avec la colloaration de Sara Ruddick et Pamela Daniels, où elle raconte son histoire de femme au travail, ses difficultés pour atteindre la réussite et les solutions qu'elle a trouvées: « Mes sentiments face au travail étaient ambigus, dit-elle. D'une part, il y avait la colère et la frustration d'être obligé de travailler. D'autre part, la peur d'entrer dans cette compétition, cette lutte pour la survie. Ou j'éliminais les autres ou ils m'éliminaient. Gagner signifiait nier l'existence de celles et de ceux qui avaient échoué aux yeux de tous. La jalousie et l'envie dont je serais l'objet m'effrayaient. Les autres n'auraient qu'un but: me détruire. Par contre, perdre me condamnait à l'insignifiance, à l'échec. Pendant une grande partie de ma vie, j'ai réussi à m'en tirer en naviguant entre deux eaux, à rester perspicace et astucieuse en prenant soin de ne rien accomplir. En d'autres mots, je ne pouvais pas davantage renoncer à la réussite qu'en supporter les contradictions. »

Au delà des peurs, des contradictions et du ressentiment, le travail finira quand même, par vous apparaître comme une des richesses de la vie. La satisfaction du travail bien fait, d'une journée bien remplie vous fera avancer petit à petit et vous donneront l'impression de grandir et de vous épanouir, de gagner quelque chose.

Où vous situerez-vous dans le monde des affaires le jour où vous vous sentirez prête à l'affronter? Deux personnalités de base se démarquent: celle de « l'entrepreneuse » et celle de « l'administratrice ». La femme entrepreneuse aura parfois de la difficulté à fonctionner à l'intérieur d'une corporation dont les modes de fonctionnement lui sembleront trop paternalistes. La corporation, caractérisée par sa structure hiérarchique, impose à ses

241

employés une ligne de conduite. On leur impose une heure d'arrivée et de départ, on les avise de leurs espoirs de promotion et on leur dicte tous leurs gestes. L'« entrepreneuse » s'accorde mal à cette rigidité qu'elle trouve trop contraignante. Elle peut s'y faire à la longue mais risque de toujours s'y sentir à l'étroit et d'en souffrir. L'« administratrice », au contraire, n'y voit que des avantages: la sécurité, la continuité et la familiarité lui plaisent. « L'entrepreneuse » prend des risques pour son propre bénéfice alors que « l'administratrice » ne les prendra que s'ils profitent d'abord à la compagnie qui représente son avenir.

Avant de quitter leur nid, plusieurs femmes ne savant pas où elles seront le plus à l'aise dans leur vie professionnelle. Doivent-elles entrer dans une compagnie ou fonder la leur? D'autres, promises d'avance au succès, s'élancent audacieusement et en sortent gagnantes. Heidi Stein nous donne l'exemple remarquable d'une femme qui a eu raison de se fier à sa bonne étoile.

Née au Liban, Heidi fut forcée d'immigrer aux États-Unis à l'âge de quinze ans pour épouser un homme choisi par ses parents. « Dans ma culture d'origine, l'éducation vous préparait au mariage et non au travail. J'ai été élevée avec mes trois frères qui étaient libres de faire tout ce qui leur plaisait. Je voulais être comme eux, moi aussi et ma venue aux États-Unis n'y changea pas grand-chose. Mon mari avait voulu une femme élevée à l'ancienne manière, mais moi, j'étais plus intéressée à me libérer pour entreprendre une carrière. L'espoir et l'ambition m'ont gardée en vie: je tenais à réussir ma vie. J'ai donc suivi un cours de coiffure et ma vie a changé: j'avais une profession.

« À l'âge de dix-neuf ans, j'ai décidé d'ouvrir mon propre salon de coiffure. J'avais déjà épargné l'argent nécessaire en travaillant dans un autre salon. Mon mari, toujours partisan du rôle traditionnel de la femme, n'était pas d'accord et ne voulait pas endosser un emprunt à mon nom. Mais rien ne pouvait m'arrêter. Je m'étais liée d'amitié avec le propriétaire de la station-service près de chez-moi. Je lui ai demandé de m'endosser, il a dit oui et j'ai ouvert mon salon. Mais six mois plus tard, il a été incendié pendant les émeutes de Détroit.

« Il me fallait un autre local. Donc un autre prêt. Je suis retournée à la banque, seule. Le gérant du crédit refusa ma demande d'emprunt. J'ai exigé une rencontre avec le président de la banque et je lui ai démontré que je pouvais rentabiliser un commerce et rembourser mes dettes, celles du premier emprunt et du deuxième. J'ai réussi à le convaincre. Trois mois plus tard, je ne devais plus rien et, peu de temps après, j'ouvrais un autre salon. J'en ai maintenant sept dans le Michigan et sept autres dans le reste du pays. »

Heidi se décrit comme une personne entêtée, comme une femme qui, par tempérament et par prédisposition, a choisi d'établir ses propres règles et d'éviter celles des autres. Ses innombrables ressources et son assurance en font un modèle de la mentalité de l'« entrepreneuse. »

Si c'est l'ambition qui poussait Heidi, dans le cas de Zena, une femme de la côte Ouest, c'était le désir d'avoir de l'argent. Née dans une famille ouvrière, où les coupures de services pour factures non-acquittées n'étaient pas rares, elle s'est mariée à l'âge de dix-sept ans avec un homme qui, croyait-elle, lui apporterait la sécurité. La malchance fit qu'il se retrouva avec un emploi mal payé. À vingt ans, mère de deux enfants, elle dût se trouver un emploi pour joindre les deux bouts.

« Je ne voulais pas travailler, dit-elle, mais je m'étais juré de ne plus connaître la pauvreté. Je ne savais pas faire grand-chose alors je me suis regardée attentivement: j'avais au moins une belle apparence. Je me suis mise à poser comme mannequin. Je n'étais pas le genre haute-couture et on ne me proposa pas une fortune, mais c'était un début. Je n'avais pas renoncé à trouver un travail plus intéressant et mieux payé et j'ai pris un cours dans une école de radio et j'ai décroché un emploi d'annonceur, puis je suis passée à la télévision. Par hasard, le réalisateur d'une émission donna sa démission et on me proposa son poste. Je faisais de l'argent et j'aimais mon travail.

« Après quelques années à la télévision, j'ai rencontré un homme qui était cadre dans une agence de publicité; j'ai commencé à travailler avec lui et à vendre des commerciaux à la télévision tout en gardant mon emploi de réalisatrice. En six ans, je suis passée de cent dollars la semaine à quelques millions par année en commission. J'ai laissé mon emploi et nous avons créé notre propre agence de publicité. C'est stupéfiant! Jamais je n'aurais pensé faire une telle carrière. Les occasions se sont présentées d'elles-mêmes et j'en ai profité pour avancer chaque fois. Je voyais chaque situation nouvelle comme un défi. J'aime travailler, résoudre des problèmes et faire mon profit. »

Je lui ai demandé son opinion sur le pouvoir: « Chose certaine, je ne me sens pas puissante même si je suis en position de pouvoir. La réalité du pouvoir, pour moi, c'est la possibilité de prendre mes propres décisions; l'argent que je fais me permet d'organiser ma vie à mon goût. Les gens de la profession m'appelle « le marteau de velours » parce que je sais être à la fois douce et ferme. Mais je ne me sens pas terriblement puissante. Sinon, j'arrêterais de forcer et je me laisserais porter par la vague. Ce que je sais, c'est que derrière ma réussite, je retrouve toujours ma vieille peur de la pauvreté. Elle me fait avancer. »

Toutes les femmes à la recherche d'une occupation n'ont pas nécessairement l'intention de se hisser jusqu'au dernier échelon. Pour plusieurs, les postes intermédiaires sont parfaitement satisfaisants pourvu qu'ils soient suffisamment rénumérateurs. Pour elles, le prestige d'un titre ne remplacera jamais la douceur de leur foyer. D'autres partent de zéro et doivent encore discuter avec leur mari de la possibilité d'aller travailler. C'est le cas de Ruth.

« Il y a un an, la seule pensée de travailler me faisait trembler. Maintenant je travaille et c'est le contraire: le mariage me rend folle » dit Ruth. Elle s'est mise à rire pour diminuer le sérieux de son affirmation. Affirmation que beaucoup de femmes pourraient endosser. Et elle continua: « D'abord mon mari a pris sa voix grave pour m'annoncer que l'économie se portait mal et ses affaires aussi: « Si nous voulons garder notre train de vie, il faudra que tu mettes la main à la pâte » m'a-t-il dit. J'ai d'abord résisté sans savoir pourquoi. J'avais travaillé seulement un an avant de me marier et je n'arrivais pas à imaginer un travail plaisant ou attirant. Je m'étais habituée à vivre à la maison avec mon fils de six ans et à organiser ma vie autour de lui. Les dîners et les soirées avec les amis, les courses et le tennis prenaient le reste de mon temps. L'idée de sortir dans la *jungle* me terrifiait. Mais finalement je me suis ressaisie et je me suis dit qu'il était temps de m'occuper de moi et de plus faire tourner ma vie uniquement autour de Tim.

« J'ai regardé à gauche et à droite parce qu'après tout, personne n'allait me bombarder vice-président de la General Motors. J'ai enfin déniché un emploi dans une boutique de mode dans un centre commercial près de chez-moi. C'était parfait. Je pouvais y aller seulement trois jours par semaine. Des heures souples me permettaient de commencer après le départ de mon fils pour l'école et de revenir à temps pour son retour. D'accord, on me donnait le salaire minimum. Mais, au fond, ce n'était que ma deuxième expérience de travail et on semblait réellement satisfait de mes services. »

Au bout de trois mois, on demanda à Ruth d'être étalagiste et de servir de mannequin à l'occasion. Elle s'était mise à aimer son travail et ses nouvelles responsabilités.

« Voilà où j'en étais, dit-elle, je jouais à la superfemme! Je travaillais à temps partiel, je gagnais un peu d'argent, je payais quelques factures et je m'en mettais de côté à la banque. Je continuais à tenir la maison même si tout n'était pas aussi organisé, aussi propre, aussi ponctuel qu'avant. Au début, Tim a été renversé: il n'en revenait pas de savoir que son « petit lapin » avait son propre boulot. Juste au moment où je pensais que les choses allaient pour le mieux, le côté « macho » de Tim a repris le dessus.Je travaillais et je gagnais de l'argent. L'argent faisait son affaire mais pas le fait que je travaille, que j'aime cela et que j'avance alors que lui restait sur place. Tout à coup, il s'est mis à avoir des exigences. Ce même homme autrefois trop pressé pour prendre son petit déjeuner à la maison insistait maintenant pour que je le lui prépare, comme par hasard, juste au momnet où je mettais mon manteau pour aller travailler. Tout à coup, il ne me trouvait plus« drôle ». Tout à coup j'étais « une partenaire sexuelle plutôt moche ». Aujourd'hui, ce qu'il veut, c'est une épouse à temps plein et non une partenaire égale. Dans un moment de frustration et de désespoir, je lui ai demandé s'il voulait divorcer. Il m'a répondu: « Si c'est ce que tu veux, n'attends pas et fais-le tout de suite. J'aimerais mieux en finir immédiatement et ne pas être surpris quand tu me balanceras la nouvelle. »

Tim, le mari de Ruth, était un homme pratique (« Nous avons besoin d'argent et tu pourrais en gagner »). Mais l'indépendance nouvelle a déclenché chez lui une réaction émotive et négative; il a transformé cette réaction en accusation de négligence. (« Pourquoi n'es-tu pas là quand j'ai besoin de toi? L'argent, ce n'est pas tout. ») Tim se sentait menacé, Ruth se sentait frustrée; Tim se sentait dépossédé, Ruth se sentait minée. Tim aurait aimé voir le salaire de Ruth rentrer sans qu'elle ait à sortir pour le gagner. Ruth voulait travailler mais souhaitait que Tim cesse de la « rendre folle ». Évidemment, le manque de communication mettait leur mariage en péril. Il incombait à Ruth de faire le point sur leurs objectifs et leurs besoins respectifs de manière à ce qu'aucun d'eux n'ait l'impression d'y perdre. Il est évident qu'ils auraient souffert tous les deux de de l'absence de ce deuxième revenu qui palliait les difficultés financières de Tim mais que c'est Ruth qui aurait perdu le plus en se sacrifiant et en abandonnant son travail pour « sauver » leur mariage. Elle serait redevenue le « petit lapin » de Tim, c'est-à-dire une femme incapable.

Par réflexe, Ruth, comme beaucoup de femmes qui se sentent prises au piège, a réagi en passant à l'offensive. En accusant Tim de lui rendre la vie infernale ou en brandissant la menace du divorce — menace qu'elle aurait eu du mal à exécuter — elle l'irritait encore davantage, alors qu'il se sentait déjà négligé et abandonné. Ruth avait prouvé qu'elle pouvait faire sa part mais Tim, lui, attendait toujours la preuve qu'elle avait encore besoin de lui. L'indépendance économique doit mettre les conjoints sur un pied d'égalité. Comment Tim aurait-il pu percevoir Ruth comme une alliée et non comme l'usurpatrice de son pouvoir mâle? Avec ce genre d'homme, il faut parler un langage qu'il peut comprendre.

Voici quelques arguments qui auraient pu aider Ruth à défendre — à ses yeux et aux yeux de son mari — son droit de travailler: 1) Il est important pour elle d'être perçue comme une femme capable et compétente par son mari; 2) Tim a moins à craindre un revers de fortune ou de santé en sachant Ruth capable de prendre la relève; 3) Si c'est à elle qu'il arrivait quelque chose, les inconvénients pour Tim seraient de courte durée (Ruth se croyait beaucoup moins indispensable comme épouse, mère et ménagère que Tim comme père, époux, et pourvoyeur); 4) Plutôt que d'espérer pouvoir encore se tailler une place sur le marché du travail à quarante, cinquante ou soixante ans (alors que les occasions de travail pour une femme sans expérience risquent d'être moins nombreuses) elle doit saisir maintenant la chance d'acquérir une compétence sans trop sacrifier le bien-être de sa famille; 5) Elle voudrait que Tim admette qu'il est plus agréable d'avoir une partenaire autonome, qu'une femme dépendante de lui.

La témérité peut parfois nuire à l'emploi d'une femme qui ignore comment se valoriser. Le mari de Norma l'encourageait à poursuivre une carrière, mais elle a voulu aller trop vite et à contribué ainsi à sa propre déconfiture.

Norma a travaillé quinze ans à temps partiel avant de se marier. À l'âge de quarante ans, elle a décidé de travailler bénévolement à la sation de radio locale. Impressionnée par son talent d'organisatrice et son enthousiasme, la direction n'hésita pas à lui demander de remplacer un réalisateur malade. Son apprentissage fut très rapide et, suite au départ d'un autre réalisateur, quelques mois plus tard, on lui offrit le poste à temps plein.

Puis elle entendit parler de l'ouverture d'un autre poste à une station de télévision. Même si elle n'avait aucune expérience dans la réalisation à la télévision, Norma décida de tenter sa chance. On recherchait un coordinateur pour les émissions en direct. Elle a obtenu une entrevue mais pas l'emploi. Je lui ai demandé comment elle s'y était prise.

Norma m'a expliqué qu'elle s'intéressait à la réalisation et non à la coordination, et qu'elle n'avait pas hésité à le dire lors de l'entrevue. Comment s'était-elle exprimée? « Je leur ai dit que s'ils m'embauchaient comme coordinateur, j'étais prête à travailler gratuitement pendant mes heures de loisirs à la réalisation d'émission pour apprendre le métier! » me répondit-elle, convaincue que c'était une approche habile. En fait, c'était une erreur.

Une compagnie peut être intéressée à connaître vos ambitions mais elle ne veut pas que vous profitiez de l'ouverture d'un poste uniquement pour vous mettre un pied dans la porte. L'employeur ne cherchait pas à réaliser une aubaine. D'ailleurs, engager Norma pour qu'elle puisse faire un apprentissage en vue d'une fonction supérieure n'était pas nécessairement une bonne affaire. Quelle aurait été son efficacité comme coordinateur? N'aurait-elle pas été portée à négliger ce travail, à le bâcler à l'occasion, pour être plus disponible pour faire de la réalisation? Norma a parié que la compagnie serait enchantée par sa proposition et elle a perdu.

Norma se serait montrée plus adroite si elle avait chercher à vendre ses compétences réelles, celles qui lui avaient valu un poste à la radio; son aptitude et son efficacité à la *coordination*. Elle aurait dû, à l'entrevue, se soucier davantage de l'emploi offert au lieu de marchander une promotion. Une fois sur place, quelques mois lui auraient suffi pour se familiariser avec les rouages de la télévision. Elle en aurait profité pour se rapprocher des réalisateurs qui lui auraient permis de faire son apprentissage à temps perdu. Jane Adams, dans son livre *Women at Top*, nous indique la bonne manière d'établir un objectif personnel: « Les femmes qui ont réussi décrivent leur carrière en termes d'objectifs atteints plutôt qu'en termes de rêves réalisés. » Norma pensait différemment: elle mettait l'accent sur ses aspirations et comptait pour négligeables ses acquis dans le domaine de la radio.

Quelques mots sur l'échec

Le poète John Keats a écrit dans une lettre: « Je préfère échouer plutôt que renoncer à être parmi les plus grands. » Cette réflexion vaut pour Keats qui, on le sait, *était* parmi les plus grands. Keats pensait dans l'absolu: être grand ou n'être rien du tout. Il a été chanceux.

Certes, l'échec est désagréable. La perspective d'un échec déplaît tellement à certaines femmes qu'elles n'entreprennent rien et préfèrent ne rien changer à leur vie plutôt que de prendre un risque. Elles sont toujours prêtes à dire « J'ai échoué, je suis une ratée, la preuve est faite. Je n'essayerai plus. »

Les histoires de réussite ne vont jamais sans quelques épisodes d'échec: l'emploi perdu, l'occasion manquée, le revers financier, la démarche inopportune, la mauvaise administration, la promotion retardée ou annulée, le manque de qualifications pour un poste vacant. Par contre il n'est pas question dans les histoires d'échec, de réussite. Les femmes, qui échouent, ne savent pas tirer profit d'une expérience pour faire mieux à la prochaine occasion, elles ne font pas l'inventaire de leurs capacités et de leurs limites, elles ne cultivent pas ce flair si utile pour choisir s'il est temps d'avancer ou de marquer le pas.

Les histoires de réussite inspirent à la fois l'envie et l'admiration. Les anecdoctes les plus édifiantes sont souvent celles d'handicapés physiques ou mentaux qui ont surmonté courageusement leurs handicaps. Virginia Valian, dans *Working it Out*, raconte qu'elle aimait parfois s'imaginer diminuée physiquement et mentalement, et arriver au succès malgré tout. « En y pensant bien, dit-elle, qui pourrait m'envier si j'étais paralysée à partir du cou? » D'une certaine façon, ce « syndrome de l'obstacle insurmontable », produit de ses fantasmes, lui a permis de poursuivre un travail qui devait contribuer à sa réussite.

Les histoires de réussite — celles qui mettent en vedette des personnes plus heureuses que nous — portent à l'envie. Et c'est bien ainsi. L'erreur, c'est de se comparer, dans l'échec, à celles qui ont réussi. Plusieurs femmes sont psychologiquement paralysées par la crainte d'échouer. Et elles n'essaient même pas de la vaincre. En ne tentant rien, plusieurs femmes pensent se mettre à l'abri de l'échec — mais aussi du succès. Elles marchent sur la clôture et avancent imperceptiblement de peur de connaître une réussite trop fracassante ou un échec trop cuisant. En ne bougeant pas, elles n'ont pas à éprouver leurs talents ni à affronter cette peur constante de se mesurer aux exigences des autres. Cet immobilisme les condamne à toujours ignorer leurs capacités.

À l'origine de cette peur de l'échec, on trouve souvent cette petite phrase: « Je ne mérite pas de réussir », exprimée sous diverses formes.

« Quand ils découvriront que je ne peux pas le faire, je serai cuit », « Je ne vois pas comment j'ai pu mériter cette distinction... Le jury est tombé sur la tête », « J'ai eu cette promotion par hasard ». Les vieux messages négatifs sur ce que nous sommes et sur ce que nous pouvons faire n'ont pas fini de résonner en nous. Notre profond sentiment d'insécurité, parfois camouflé sous une audace de façade, influence notre rapport avec la réussite. Des théoriciens suggèrent même que la peur du succès et la peur de l'échec sont interchangeables. En effet, le succès implique des responsabilités, des pressions, des défis et des décisions difficiles ou urgentes. Si l'individu ne peut y faire face, l'échec suit. Les personnes qui ont du succès portent en elles un dynamisme qui les pousse à réussir; elles sont motivées par le prestige social, par la richesse, par le besoin d'exceller, par l'amour d'un travail gratifiant ou même par la vengeance. Si leur motivation est assez forte, une défaite temporaire ne les abattra pas; elles se prépareront aussitôt pour la prochaine bataille. Par contre, celles qui se croient vouées à l'échec sont incapables de faire face à la réussite éventuelle et se font inconsciemment trébucher: « Je n'ai jamais pu respecter les délais », « Je serais parvenu au sommet si j'avais eu le sens de la ponctualité », « Personne ne m'a dit quoi faire. Je ne pouvais pas le découvrir toute seule! », « Je n'accepte pas de surcharge de travail même si on me fait de vagues promesses d'augmentation ou de promotion. Ils cherchent seulement à m'exploiter. »

J'ai retenu une leçon de la vie; on ne se taille pas une place au soleil sans se brûler un peu la peau. Si vous voulez atteindre un but, vous apprendrez que ces petites ampoules guérissent rapidement.

Le choix le plus difficile à faire pour les femmes, c'est celui de l'autonomie. Mais c'est le prix de la réussite. On ne peut dire à une femme indépendante qui elle est: elle le *sait*. Elle l'a appris courageusement. Susan B. Anthony le dit: « Les gens trop prudents, trop préoccupés de leur réputation, ne changeront jamais rien. Les gens sérieux ne s'inquiètent pas de ce qu'on pense d'eux; en public comme en privé, ils affichent leurs opinions les plus profondes et en supportent les conséquences. »

Provoquer les événements et changer sa vie exigent toujours une bonne dose de courage. Mais si vous avez confiance en vous personne ne peut vous arrêter. Vous êtes capable de vous dépasser et personne ne le sait mieux que vous!

Chapitre neuf

Rester saines
dans un monde malsain

En résumé, les gens qui ont de l'amour-propre font preuve d'une certaine fermeté, d'une sorte de détermination; autrefois, on disait qu'ils avaient du caractère. *En théorie c'est une qualité, mais en fait on lui en préfère souvent d'autres, plus immédiatement négociables. La preuve que cette vertu a perdu du terrain, c'est qu'on ne s'y réfère plus qu'au sujet d'un enfant obstiné, ou de quelque sénateur américain qui vient d'essuyer une défaite électorale, de préférence aux primaires. Et pourtant, c'est de ce* caractère, *c'est-à-dire de cette disposition à assumer la responsabilité de sa vie, que jaillit l'estime de soi.*

Joan Didion, « On self-respect », extrait de
Slouching Towards Bethlehem

Demeurer saines dans un monde malsain est un défi pour nous toutes. Nous vivons une époque troublée où tout semble instable. Les vieilles valeurs ont toutes été remises en cause, et souvent jetées par-dessus bord dans un mouvement de pure folie. On dit que le monde a changé davantage dans la dernière moitié de ce siècle que dans tout le reste de l'histoire.

Que s'est-il passé? Vivons-nous une époque où les valeurs s'effritent, où la morale n'a plus sa place, où personne ne prend plus la responsabilité de ses actes, un monde tellement fragmenté par le changement que plus rien ne se tient? Avons-nous bridé les barrières, à la recherche de la liberté, pour nous retrouver en plein chaos? Notre plus grande erreur n'aurait-elle pas été d'associer la liberté humaine à l'isolement et à la complaisance narcissique plutôt qu'à la solidarité avec les autres?

Autour de moi, les gens sont écrasés par l'anxiété, l'insécurité et le manque de confiance en soi; ils se sentent étrangers à eux-même et aux autres. L'ancien code social a été balayé et avec lui les règles qui commandaient de faire passer le devoir avant le plaisir, qui voulaient que la réussite ne vienne que d'un dur labeur, qui limitaient la sexualité aux relations stables (de préférence au mariage et qui insistaient pour que l'on achève d'abord le plat de résistance avant de passer au dessert). Et certaines d'entre nous ont été victimes de cette guerre entre les vieilles valeurs et les nouvelles: certaines ont perdu la tête et pour fuir le sentiment de vide, courent dans tous les sens « à la recherche d'elle-même ».

Et où trouve-t-on la liberté dans tout cela? À dire vrai, on ne la trouve nulle part et le bonheur non plus. Nous avons toutes des fantaisies qui resteront toujours lettre morte. Nous voudrions que notre corps garde toujours sa souplesse, que la célébrité frappe à notre porte, qu'on nous aime inconditionnellement; ce ne sont là que des fantasmes d'adolescentes. Pourtant, ils nous empêchent souvent de mûrir et de saisir toutes les occasions d'améliorer nos vies et celles des autres.

Nous laisserons-nous emporter dans ce tourbillon de folie ou reviendrons-nous à une façon de vivre un peu plus saine? Un choix s'impose. Pouvons-nous nous réapproprier les notions traditionnelles sur l'amour, le travail, la famille et redonner ainsi un sens à notre vie?

Tout le monde a besoin de repères dans la vie, de cet équilibre que donne une définition de notre intégrité assez large pour inclure le travail, la famille et la collectivité.

Je voudrais m'arrêter un instant sur cette notion d'intégrité. Je sais que beaucoup d'aspects de notre vie sont difficiles, voire même impossibles à maîtriser. Mais je sais aussi que nous avons plus de maîtrise que nous voulons bien l'admettre. Si nous voulons accéder à notre autonomie, il est important d'apprendre à identifier les aspects de notre vie qui relèvent de nous.

Mon but dans la vie était de devenir une femme autonome, une femme qui avait peu de besoins et beaucoup de désirs. La femme esclave de ses besoins dépendra des autres pour lui donner ce qui lui manque ou ce qu'elle pense lui manquer. La femme mue par ses désirs peut fixer ses propres objectifs, faire des plans pour y parvenir et les mettre à exécution. Voilà pourquoi je prône l'autonomie. Si vous dépassez vos besoins pour atteindre vos désirs, vous consolidez votre intégrité et vous resserrez en même temps vos liens avec les autres.

Il y a environ trois ans, j'ai eu une discussion avec mon avocat et ami, Michael Stein, sur le fait que les femmes perçoivent l'argent davantage comme un cadeau que comme la rémunération de leur travail. Je suis convaincue qu'en plus d'une carrière ou d'un emploi intéressant, une planification financière judicieuse assure à la femme une bonne marge de sécurité et d'autonomie. Très concrètement, toute femme devrait s'inscrire à un régime d'épargne-retraite individuel; ce sera pour elle un genre de sécurité sociale, une protection contre les revers économiques. Si vous êtes mariée, cela devrait vous sembler encore plus indispensable. Envisagez la possibilité de déposer 2 000 $ par année dans un régime d'épargne-retraite à votre nom et auquel votre mari n'a pas accès. Si votre mariage devait tourner à l'échec après vingt-trois ans, il vous resterait au moins des économies; avec les intérêts, vos 2 000 $ annuels totaliseraient maintenant un demi million. Cet argent qui vous appartient en propre vous offrira quelque consolation!

Michael et moi avons aussi discuté de la solidarité entre les femmes: « Ce que les femmes ne comprennent pas, disait Michael, c'est que les hommes ont toujours eu une équipe derrière eux. Les hommes ont toujours eu leurs avocats, leurs comptables et leurs relations. Ils savent à qui s'adresser pour obtenir ce qu'ils veulent, et comment conclure une affaire, personnelle ou professionnelle, autour d'un verre. Il faut absolument que les femmes apprennent à travailler ensemble sinon, elles seront éliminées. » C'est l'un des meilleurs conseils qu'on m'ait jamais donné.

Mais trouver des partenaires de notre sexe n'est pas facile et vous devrez développer votre flair. Les femmes à qui vous pensez sont-elles dignes de confiance? Vous appuient-elles vraiment? Resteront-elles à vos côtés si avez des problèmes et seront-elles capables de se réjouir sans arrière-pensée de vos succès? Depuis notre enfance, on nous a appris à nous faire des amies mais on nous a également prévenues contre elles: les circonstances s'y prêtant, nos meilleures amies n'hésiteraient pas à nous enlever notre emploi, à partir avec l'homme de notre vie ou à nous lasser tomber en cas de coup dur. Les femmes changent, elle deviennent plus attentionnées et plus généreuses les unes pour les autres mais le vieil esprit de compétition continue à faire des ravages. La plupart des femmes opèrent en agents libres sans se préoccuper de solidarité ou d'esprit d'équipe; c'est ce qu'elles ont appris sur les genoux de leur mère. Nous rivalisons avec nos semblables parce qu'on nous a enfoncé dans la tête qu'il ne pouvait y avoir qu'une seule gagnante, qu'il s'agisse de séduire le prince charmant ou de décrocher un bon emploi.

Aujourd'hui, nous devons travailler en équipe, apprendre à donner et à recevoir. Si nous adoptions cette règle de conduite, nous prendrions le pouvoir puisque nous représentons 52 pour cent de la population. Connaissez-vous une autre majorité qui se laisse traiter en minorité? C'est pourtant notre cas. Il est malheureux d'avoir à le constater mais il y a encore des femmes pour inciter les hommes à s'opposer à l'ERA. Si nous sommes encore des citoyennes de seconde zone, c'est à nous-mêmes qu'il faut nous en prendre, bien plus qu'aux hommes. Les femmes se mettent des bâtons dans les roues, se déprécient et s'abaissent en refusant qu'une petite phrase soit ajoutée à la Constitution pour garantir l'égalité de nos droits. C'est de la folie pure! Il est évident que l'ERA ne changerait pas tout du jour au lendemain mais tant qu'il n'est pas ratifié, nous devons nous rendre à l'évidence: nous n'avons pas encore confiance en nous, ni en nos semblables. Cette attitude, caractéristique de toutes les minorités, est la racine profonde de l'image négative que nous avons de nous. En continuant à nous identifier à ces messages négatifs, nous alimentons notre insécurité et notre sentiment d'être quantité négligeable. Et pourtant rien ne justifie cette attitude. Si nous désamorçons ces messages négatifs et si nous apprenons à nous estimer à notre juste valeur, nous cesserons enfin de miner notre propre terrain et *nous obtiendrons ce que nous voulons*.

Mon éducation européenne m'a appris que les femmes devaient se conformer au moule de la tradition comme des générations de femmes l'ont fait avant elles. J'ai refusé la leçon. J'étais mariée depuis dix-sept ans, ma fille avait seize ans et mon fils, douze, lors de ma première apparition à la télévision; les cinq dernières minutes du *Mike Douglas Show* étaient consacrées ce soir-là à un débat m'opposant à Otto Preminger. J'ai regardé la retransmission chez moi, à Détroit, et ma mère dans son salon, à New York. À la fin de l'émission, je lui ai téléphoné pour savoir ce qu'elle en pensait. Sa réaction était mitigée. « J'ai aimé ton émission, commença-t-elle par dire (comme si Mike Douglas avait été éclipsé par ma présence), et puis elle ajouta, mais quand te décideras-tu à rester à la maison et à t'occuper de tes enfants? »

Je ne suis pas la première femme à affronter la perplexité (sinon la désapprobation) de ses proches devant la réussite dans un domaine extérieur au foyer. Il y a longtemps que ma décision est prise: ma vie n'aura de valeur que si je pose des actes significatifs pour moi et j'ai choisi d'agir en conséquence, de vivre comme je l'entends et de poursuivre mes propres objectifs. J'ai toujours veillé au bien-être de mon foyer et si ma famille m'appuie dans ce que je fais, ce n'est pas à la chance que je le dois. J'ai consacré des années à me faire comprendre de mes proches et à construire cette solidarité dont je profite maintenant. Mes enfants n'ont jamais eu une mère à temps plein et mon mari a dû manger seul trop souvent mais malgré cela, notre famille est unie. Chacun de nous respecte les aspirations personnelles des autres. Récemment, mon fils Scott, maintenant âgé de vingt-deux ans, m'a confié qu'il souhaitait épouser une femme sûre d'elle, qui a une carrière et des intérêts propres: « Je ne veux pas être seul à aller vers l'extérieur et à ramener la vie dans mon foyer. » En entendant cela, j'ai eu le sentiment d'avoir bien rempli mon rôle de parent, de mère, d'amie.

Comme je l'ai dit, au début de mon mariage, j'étais soutien de la famille; je ne souhaitais pas confier mes enfants à des mains étrangères pour aller travailler mais je n'avais pas le choix: notre survie en dépendait. Je repense parfois à toutes ces gardiennes que j'engageais à l'aveuglette, à tous ces gens que le hasard amenait chez nous. Je regrette de n'avoir pas été plus souvent avec mes enfants quand ils étaient petits et, pour être honnête, cette culpabilité m'a fait souffrir et, avec moi, le reste de la famille. Je n'ai pas été pas « bonne » mère. J'ai vécu des journées folles, complètement frustrantes et des périodes où les mauvais jours se suivaient en enfilades, interminables.

Parfois, on a l'impression que ces périodes sombres n'auront jamais de fin, qu'après la pluie ce sera encore la pluie. Ces jours-là, les « mauvais jours », nous sommes inefficaces, mal à l'aise, craintives, négligentes, distraites. Nous avons l'impression que nous ne nous en sortirons jamais. Et pourtant, il le faut. Et nous le pouvons. Voici comment.

Traverser les mauvais jours

Résignez-vous: les mauvais jours sont inévitables. Si nous vivons soixante-quinze ans, nous connaîtrons 27 393 journées dont certaines seront forcément déprimantes. Ces mauvais jours peuvent avoir des causes universelles: un deuil, une rupture amoureuse, des problèmes financiers, des périodes d'isolement et d'ennui, des conflits insolubles avec notre mari ou nos enfants. Ils peuvent aussi venir de désagréments plus passagers, que la compréhension et la sympathie de nos proches nous aideront à surmonter: petites engueulades conjugales qui nous empêchent de dormir, pertes de temps inutiles dans les magasins, reproches de la part de personnes que nous estimons et autres déceptions qui sont notre lot quotidien. Comme le disait l'héroïne de Grace Paley dans *An Interest in Life*, avec une irritation compréhensible: « Mon mari m'a offert un balai à Noël. Ce n'est pas juste... et personne ne pourra me convaincre que c'était pour être gentil. » De toute évidence, c'était un mauvais jour pour cette femme; personne ne peut le nier.

Quand les mauvais jours se suivent, le temps semble suspendu et chaque journée, une éternité. Les enfants finiront-ils pas se calmer? Pourquoi les verres nous glissent-ils soudainement des mains? Pourquoi tombons-nous dans l'escalier, précisément ce jour-là? Pourquoi faut-il que le repas soit immangeable? Pourquoi faut-il que notre travail soit aussi fastidieux? Les choses s'arrangeront-elles un jour?

Personne ne peut éliminer la malchance. Ni vous ni moi. Et même si nous allions au bout du monde rencontrer un vieux mystique qui a trouvé le Sens de la Vie, je vous parierais qu'il avouerait lui aussi avoir des jours de doute, d'ennui et d'insatisfaction spirituelle. Personne ne passe toute sa vie dans la béatitude. L'important, c'est de savoir affronter les mauvais jours.

Voyons quelle est votre perception de vous-même et des autres les mauvais jours. Ces jours-là, il y a trois pièges à éviter: le perfectionnisme, l'irrationnalité et la victimisation.

Êtes-vous perfectionniste? La politique du tout ou rien vous oblige à porter un fardeau insupportable, dont les autres sentent aussi le poids. La lutteuse se propose des objectifs réalistes et travaille dur pour les atteindre. Elle veut s'améliorer, aller plus loin. Elle accomplit une tâche, en tire une satisfaction puis passe à autre chose. La perfectionniste, elle, veut être tout à la fois. Paralysée par les détails, elle prend toutes les erreurs à son compte et ainsi elle se prouve qu'elle n'est pas à la hauteur. Comme ses attentes étaient au départ irréalistes, elle est toujours insatisfaite d'elle et essaie de dissimuler ses erreurs aux autres. Et comme elle se sent toujours en faute, imaginez les problèmes qu'elle cause à son entourage « imparfait »...

Les « autres » chambardent inévitablement le petit univers bien rangé de la perfectionniste: « Ne marche pas sur le tapis, je viens de le nettoyer. » La perfectionniste tombe en panne quand la vie n'est pas impeccablement ordonnée. Obsédée par le souci du détail, elle a du mal à terminer quoique ce soit: « Il faut que je défasse cet édredon. Les coutures sont mal faites. » Si vous passez tout votre temps à vous énerver sur des détails, si vous êtes trop exigeante pour vous-même et pour les autres, comprenez qu'aucun partenaire n'est parfait, que la vie rêvée n'existe pas, qu'il n'y a pas d'endroits où le soleil brille toujours. Les erreurs font partie de la vie. Apprenez à les accepter pour ce qu'elles sont et non comme la preuve que vous ne faites « jamais rien de bon ». Si vous arrivez à passer par-dessus vos erreurs et celles des autres, les mauvais jours s'estomperont et le beau temps reviendra. Voyez la réalité telle qu'elle est. Une tarte aux pommes un peu trop cuite, ce n'est pas aussi grave qu'une fournaise qui explose! La perfectionniste manque de recul. Comme l'irrationnelle, d'ailleurs.

Êtes-vous irrationnelle? Pouvez-vous départager ce qui se passe dans les faits de ce que vous ressentez? Vos émotions déforment-elles toutes vos perceptions? Si l'émotivité prend le dessus, il est difficile de rester rationnelle. Quand nous sommes choquées, blessées, fâchées ou déçues, nous avons les nerfs en boule. Mais nous devons apprendre à analyser la situation, ce qui sera plus facile si nous gardons notre calme et toute notre raison.

Prenez l'exemple d'Al et de Betty. Ils rentrent chez eux tard dans la nuit, sous la neige. Al est au volant de la voiture et Betty rage en silence parce que Al a passé une partie de la soirée à jaser avec une de ses anciennes petites amies qu'il n'avait pas revue depuis des années. Il est d'excellente humeur même s'il déteste conduire dans la neige qui tombe de plus en plus drue. Betty reste silencieuse. Al commence à s'énerver et finit par lui demander pourquoi elle boude. Betty explose. Dans un virage, la voiture dérape et heurte un arbre. Tous deux ne sont qu'un peu secoués et la voiture n'a que quelques égratignures mais Betty perd la tête. Elle accuse Al de vouloir la « tuer ». Al lui répond qu'elle est jalouse et paranoïaque. En larmes, Betty s'écrie: « Tu ne m'aimes pas. » Al ne proteste pas et l'accuse de l'avoir distrait pendant qu'il conduisait sur une route dangereuse. Finalement, ils rentrent chez eux très en colère et tristes.

Essayons d'analyser ce qui s'est vraiment passé. Que serait-il arrivé si Al avait complètement ignoré son ancienne amie? Qu'aurait pensé Betty? (Pourquoi Al fait-il semblant de ne pas connaître Marcia? Essaie-t-il de sauver les apparences par sa nonchalance?) Si Betty avait été une *observatrice* un peu plus impartiale, elle n'aurait vu là que deux anciens amoureux qui font un brin de causette pour savoir ce qu'ils deviennent depuis leur dernière rencontre. Al n'avait jamais donné à Betty de raisons de douter de sa fidélité. Pourquoi Betty a-t-elle été aussi blessée? Est-ce parce qu'elle et Al ne sont pas aussi proches qu'elle le voudrait? Son insécurité et sa peur qu'il manque quelque chose à leur relation ne seraient-elles pas pour quelque chose dans sa réaction? Si elle avait observé calmement la scène, Betty aurait compris que cette rencontre avec Marcia ne menaçait pas sa relation avec Al;

c'était une bonne occasion de se rappeller que toute relation a constamment besoin de se renouveller. La journée n'aurait pas été si mauvaise après tout...

Si Betty avait été capable de recul, si elle avait pu garder une certaine distance entre sa réaction émotive et les faits, si elle n'avait pas tout personnalisé, elle n'aurait pas éprouvé un tel sentiment d'impuissance. Bref, elle ne se serait pas perçue comme une victime. Toutes les victimes se croient impuissantes.

Êtes-vous une éternelle victime? Vous arrive-t-il sans cesse des « malheurs »? La caissière de l'épicerie ne vous rend pas toute la monnaie; votre frère, votre soeur ou votre mari se déchargent sur vous de leurs problèmes et vous rendent pratiquement responsable de ce qui leur arrive; vous recevez les confidences de tout le monde mais quand vient le temps de vous consoler, il n'y a plus personne pour vous proposer une épaule chaleureuse, etc...

Les victimes hésitent à parler, à s'affirmer et à se défendre. Elles ont peur de déplaire. Au lieu d'admettre qu'elles manquent d'assurance, elle reprochent aux autres de trop exiger d'elles. « Si seulement... » répète la victime. « Si seulement j'avais été là quand... », « Si seulement je n'étais pas trop vieille... », « Si seulement les autres me respectaient... », « Si seulement j'avais plus de chance dans la vie... »

Jouer à la victime n'est pas agréable. Les victimes sont souvent paralysées psychologiquement et se sentent incapables de se débrouiller seules. Chose certaine, personne ne peut arrêter le temps. S'apitoyer sur soi ne mène nulle part. Si vous vous en tenez aux voeux pieux et que vous croyez que la vie arrangera les choses, rien ne changera jamais. « Si seulement... » ne vous conduira qu'à temporiser et vous ne ferez jamais rien. Vous devez changer votre vie à votre avantage et vous donner ce que vous désirez. Pas demain. Aujourd'hui.

Les mauvais jours, après tout, on les traverse comme les autres. Ne soyez pas fataliste. Ne vous y arrêtez pas, sinon vous finirez par vous prendre à leurs pièges. Vous ferez les erreurs de la perfectionniste enfermée dans son obsession, de l'irrationnelle débordée par son émotivité, de la victime paralysée par sa passivité.

Ne transformez pas vos frustrations en catastrophes. La plupart d'entre elles méritent à peine une légère irritation; souvenez-vous en et même vos journées les plus sombres s'éclaireront.

L'une des principales raisons qui m'a poussée à écrire *Un homme au dessert*, c'est ma conviction profonde que ce qui arrive dans la vie de chaque femme, dans son mariage et dans sa famille, se répercute sur toute la société. Pour atteindre le bonheur, les femmes doivent prendre le chemin de la solidarité, de la tolérance et de l'engagement. Pour parvenir à l'épanouissement et à l'estime de soi, nous devons d'abord nous placer au centre de notre vie. Nous devons acquérir l'indépendance émotive, financière et professionnelle; nous n'y arriverons qu'en fixant nos propres règles de vie et nos propres objectifs. Voilà pourquoi j'insiste tant sur l'autonomie.

Vivre de façon autonome tout en restant solidaire des autres nous permet de rester saine et équilibrée dans un monde de plus en plus fou. Le magazine *Ms.* a déclaré que les années 80 seraient la décade des femmes. À plusieurs égards, les femmes ont dépassé les hommes au niveau social et émotif mais nous nous sommes ainsi aliéné un grand nombre d'entre eux. La division ne mène nulle part. Nous ne gagnerons rien à prouver aux hommes que nous pouvons les battre avec ces mêmes armes qu'ils utilisent contre nous depuis des siècles. Nous devons plutôt travailler avec eux si nous voulons construire un monde un tant soit peu sain et sécurisant. Je sais que les femmes sont capables de le faire.

Le sociologue Ashley Montagua dit que nous devrions « mourir jeune, le plus tard possible. » Pour cela, nous devons rester ouvertes à la vie et rajeunies en esprit à mesure que nous vieillissons en âge. Nous devons prendre des risques, ne jamais perdre notre goût de l'aventure. N'est-ce pas cela être une femme? N'est-ce pas à cela que vous aspirez?

Je suis de tout coeur avec vous!

ANIMAUX

Vous et votre boxer, Herriot, Sylvain
Vous et votre braque allemand,
  Eylat, Martin
Vous et votre caniche, Shira, Sav
Vous et votre chat de gouttière,
  Mamzer, Annie
Vous et votre chat tigré, Eylat, Odette
Vous et votre chihuahua, Eylat, Martin
Vous et votre chow-chow,
  Pierre Boistel
Vous et votre cocker américain,
  Eylat, Martin
Vous et votre collie, Éthier, Léon
Vous et votre dalmatien, Eylat, Martin
Vous et votre danois, Eylat, Martin
Vous et votre doberman, Denis, Paula
Vous et votre fox-terrier, Eylat, Martin
Vous et votre golden retriever,
  Denis, Paula
Vous et votre husky, Eylat, Martin

Vous et votre labrador,
  Van Der Heyden, Pierre
Vous et votre lévrier afghan,
  Eylat, Martin
Vous et votre lhassa apso,
  Van Der Heyden, Pierre
Vous et votre persan, Gadi, Sol
Vous et votre petit rongeur,
  Eylat, Martin
Vous et votre schnauzer, Eylat, Martin
Vous et votre serpent, Deland, Guy
Vous et votre setter anglais,
  Eylat, Martin
Vous et votre shih-tzu, Eylat, Martin
Vous et votre siamois, Eylat, Odette
Vous et votre teckel, Boistel, Pierre
Vous et votre terre-neuve,
  Pacreau, Marie-Edmée
Vous et votre yorkshire,
  Larochelle, Sandra

ARTISANAT/BRICOLAGE

Art du pliage du papier, L',
  Harbin, Robert
* Artisanat québécois, T.1, Simard, Cyril
* Artisanat québécois, T.2, Simard, Cyril
* Artisanat québécois, T.3, Simard, Cyril
* Artisanat québécois, T.4, Simard, Cyril
  et Bouchard, Jean-Louis
* Construire des cabanes d'oiseaux,
  Dion, André

* Encyclopédie de la maison québécoise,
  Lessard, Michel et Villandré, Gilles
* Encyclopédie des antiquités,
  Lessard, Michel et Marquis, Huguette
* J'apprends à dessiner, Nassh, Joanna
  Taxidermie moderne, La, Labrie, Jean
* Tissage, Le, Grisé-Allard, Jeanne et
  Galarneau, Germaine
  Vitrail, Le, Bettinger, Claude

BIOGRAPHIES

* Brian Orser - Maître du triple axel,
  Orser, Brian et Milton, Steve
* Dans la fosse aux lions, Chrétien, Jean
* Dans la tempête, Lachance, Micheline
* Duplessis, T.1 - L'ascension,
  Black, Conrad
* Duplessis, T.2 - Le pouvoir,
  Black, Conrad
* Ed Broadbent - La conquête obstinée
  du pouvoir, Steed, Judy
* Establishment canadien, L',
  Newman, Peter C.
* Larry Robinson, Robinson, Larry et
  Goyens, Chrystian
* Michel Robichaud - Monsieur Mode,
  Charest, Nicole

* Monopole, Le, Francis, Diane
* Nouveaux riches, Les,
  Newman, Peter C.
* Paul Desmarais - Un homme et son em-
  pire, Greber, Dave
* Plamondon - Un cœur de rockeur,
  Godbout, Jacques
* Prince de l'Église, Le, Lachance, Micheline
* Québec Inc., Fraser, M.
* Rick Hansen - Vivre sans frontières,
  Hansen, Rick et Taylor, Jim
* Saga des Molson, La, Woods, Shirley
* Sous les arches de McDonald's,
  Love, John F.
* Trétiak, entre Moscou et Montréal,
  Trétiak, Vladislav

BIOGRAPHIES

* Une femme au sommet - Son
  excellence Jeanne Sauvé,
  Woods, Shirley E.

CARRIÈRE/VIE PROFESSIONNELLE

* Choix de carrières, T.1, Milot, Guy
* Choix de carrières, T.2, Milot, Guy
* Choix de carrières, T.3, Milot, Guy
  Comment rédiger son curriculum vitae,
  Brazeau, Julie
  Guide du succès, Le, Hopkins, Tom
* Je cherche un emploi, Brazeau, Julie
  Parlez pour qu'on vous écoute,
  Brien, Michèle

Relations publiques, Les, Doin, Richard
  et Lamarre, Daniel
Techniques de vente par téléphone,
  Porterfield, J.-D.
* Test d'aptitude pour choisir sa carrière,
  Barry, Linda et Gale
Une carrière sur mesure,
  Lemyre-Desautels, Denise
Vente, La, Hopkins, Tom

CUISINE

* À table avec Sœur Angèle,
  Sœur Angèle
* Art d'apprêter les restes, L',
  Lapointe, Suzanne
  Barbecue, Le, Dard, Patrice
* Biscuits, brioches et beignes,
  Saint-Pierre, A.
* Boîte à lunch, La,
  Lambert-Lagacé, Louise
  Brunches et petits déjeuners en fête,
  Bergeron, Yolande
  100 recettes de pain faciles à réaliser,
  Saint-Pierre, Angéline
* Confitures, Les, Godard, Misette
  Congélation de A à Z, La, Hood, Joan
  Congélation des aliments, La,
  Lapointe, Suzanne
  Conserves, Les, Sœur Berthe
  Crème glacée et sorbets, Lebuis, Yves
  et Pauzé, Gilbert
  Crêpes, Les, Letellier, Julien
  Cuisine au wok, Solomon, Charmaine
  Cuisine aux micro-ondes 1 et
  2 portions, Marchand, Marie-Paul
* Cuisine chinoise traditionnelle, La,
  Chen, Jean
* Cuisine créative Campbell, La,
  Cie Campbell
  Cuisine facile aux micro-ondes,
  Saint-Amour, Pauline
* Cuisine joyeuse de Sœur Angèle, La,
  Sœur Angèle
  Cuisine micro-ondes, La, Benoît, Jehane

* Cuisine santé pour les aînés,
  Hunter, Denyse
  Cuisiner avec le four à convection,
  Benoît, Jehane
* Cuisiner avec les champignons sau-
  vages du Québec, Leclerc, Claire L.
  Faire son pain soi-même,
  Murray Gill, Janice
* Faire son vin soi-même,
  Beaucage, André
  Fine cuisine aux micro-ondes, La,
  Dard, Patrice
  Fondues et flambées de maman
  Lapointe, Lapointe, Suzanne
  Fondues, Les, Dard, Patrice
  Je me débrouille en cuisine,
  Richard, Diane
  Livre du café, Le, Letellier, Julien
  Menus pour recevoir, Letellier, Julien
  Muffins, Les, Clubb, Angela
  Nouvelle cuisine micro-ondes I, La,
  Marchand, Marie-Paul et
  Grenier, Nicole
  Nouvelles cuisine micro-ondes II, La,
  Marchand, Marie-Paul et
  Grenier, Nicole
  Omelettes, Les, Letellier, Julien
  Pâtes, Les, Letellier, Julien
* Pâtisserie, La, Bellot, Maurice-Marie
* Recettes au blender, Huot, Juliette
* Recettes de gibier, Lapointe, Suzanne
* Robot culinaire, Le, Martin, Pol

DIÉTÉTIQUE

Combler ses besoins en calcium,
Hunter, Denyse
* Compte-calories, Le, Brault-Dubuc, M.
et Caron Lahaie, L.
* Cuisine du monde entier avec Weight
Watchers, Weight Watchers
Cuisine sage, Une, Lambert-Lagacé,
Louise
Défi alimentaire de la femme, Le,
Lambert-Lagacé, Louise
* Diète Rotation, La, Katahn, Dr Martin
* Diététique dans la vie quotidienne,
Lambert-Lagacé, Louise
Livre des vitamines, Le, Mervyn, Leonard
Menu de santé, Lambert-Lagacé, Louise
Oubliez vos allergies, et... bon appétit,
Association de l'information sur les
allergies

* Petite et grande cuisine végétarienne,
Bédard, Manon
* Plan d'attaque Weight Watchers, Le,
Nidetch, Jean
* Plan d'attaque Plus Weight Watchers,
Le, Nidetch, Jean
* Régimes pour maigrir,
Beaudoin, Marie-Josée
Sage bouffe de 2 à 6 ans, La,
Lambert-Lagacé, Louise
* Weight Watchers - Cuisine rapide et
savoureuse, Weight Watchers
* Weight Watchers - Agenda 85 -
Français, Weight Watchers
* Weight Watchers - Agenda 85 -
Anglais, Weight Watchers
* Weight Watchers - Programme -
Succès Rapide, Weight Watchers

ENFANCE

* Aider son enfant en maternelle,
Pedneault-Pontbriand, Louise
Années clés de mon enfant, Les,
Caplan, Frank et Thérèsa
Art de l'allaitement maternel, L',
Ligue internationale La Leche
Avoir un enfant après 35 ans,
Robert, Isabelle
Bientôt maman, Whalley, J., Simkin, P.
et Keppler, A.
Comment nourrir son enfant,
Lambert-Lagacé, Louise
Deuxième année de mon enfant, La,
Caplan, Frank et Thérèsa
Développement psychomoteur du
bébé, Calvet, Didier
Douze premiers mois de mon enfant,
Les, Caplan, Frank
* En attendant notre enfant,
Pratte-Marchessault, Yvette
* Enfant unique, L', Peck, Ellen
Évoluer avec ses enfants,
Gagné, Pierre-Paul
Exercices aquatiques pour les futures
mamans, Dussault, J. et Demers, C.
* Femme enceinte, La,
Bradley, Robert A.

* Futur père, Pratte-Marchessault, Yvette
Jouons avec les lettres,
Doyon-Richard, Louise
Langage de votre enfant, Le,
Langevin, Claude
Mal des mots, Le, Thériault, Denise
Manuel Johnson et Johnson des
premiers soins, Le, Rosenberg,
Dr Stephen N.
Massage des bébés, Le,
Auckette, Amédia D.
Mon enfant naîtra-t-il en bonne santé?
Scher, Jonathan et Dix, Carol
* Pour bébé, le sein ou le biberon?
Pratte-Marchessault, Yvette
* Pour vous future maman, Sekely, Trude
Préparez votre enfant à l'école,
Doyon-Richard, Louise
Psychologie de l'enfant de 0 à 10 ans,
Cholette-Pérusse, Françoise
Respirations et positions
d'accouchement, Dussault, Joanne
Soins de la première année de bébé,
Les, Kelly, Paula
Tout se joue avant la maternelle,
Ibuka, Masaru

ÉSOTÉRISME

Avenir dans les feuilles de thé, L,
   Fenton, Sasha
Graphologie, La, Santoy, Claude
Interprétez vos rêves, Stanké, Louis
Lignes de la main, Stanké, Louis

Lire dans les lignes de la main,
   Morin, Michel
Vos rêves sont des miroirs, Cayla, Henri
Votre avenir par les cartes,
   Stanké, Louis

HISTOIRE

* Arrivants, Les, Collectif
* Civilisation chinoise, La, Guay, Michel
* Or des cavaliers thraces, L',
   Palais de la civilisation

* Samuel de Champlain,
   Armstrong, Joe C.W.

JARDINAGE

* Chasse-insectes pour jardins, Le,
   Michaud, O.
* Comment cultiver un jardin potager,
   Trait, J.-C.
* Encyclopédie du jardinier,
   Perron, W. H.
* Guide complet du jardinage,
   Wilson, Charles
J'aime les azalées, Deschênes, Josée
J'aime les cactées, Lamarche, Claude
J'aime les rosiers, Pronovost, René
J'aime les tomates, Berti, Victor

J'aime les violettes africaines,
   Davidson, Robert
Jardin d'herbes, Le, Prenis, John
* Je me débrouille en aménagement
   extérieur, Bouillon, Daniel et
   Boisvert, Claude
* Petite ferme, T.2- Jardin potager,
   Trait, Jean-Claude
* Plantes d'intérieur, Les, Pouliot, Paul
* Techniques de jardinage, Les,
   Pouliot, Paul
Terrariums, Les, Kayatta, Ken

JEUX/DIVERTISSEMENTS

* Améliorons notre bridge,
   Durand, Charles
* Bridge, Le, Beaulieu, Viviane
* Clés du scrabble, Les, Sigal, Pierre A.
Dictionnaire des mots croisés, noms
   communs, Lasnier, Paul
Dictionnaire des mots croisés, noms
   propres, Piquette, Robert
Dictionnaire raisonné des mots croisés,
   Charron, Jacqueline

* Jouons ensemble, Provost, Pierre
Livre des patiences, Le, Bezanovska, M.
   et Kitchevats, P.
Monopoly, Orbanes, Philip
* Ouverture aux échecs, Coudari, Camille
* Scrabble, Le, Gallez, Daniel
Techniques du billard, Morin, Pierre

LINGUISTIQUE

Anglais par la méthode choc, L',
   Morgan, Jean-Louis
J'apprends l'anglais, Sillicani, Gino et
   Grisé-Allard, Jeanne

* Secrétaire bilingue, La, Lebel, Wilfrid

LIVRES PRATIQUES

* **Acheter ou vendre sa maison,**
  Brisebois, Lucille
* **Assemblées délibérantes, Les,**
  Girard, Francine
  Chasse-insectes dans la maison, Le,
  Michaud, O.
  Chasse-taches, Le, Cassimatis, Jack
* **Comment réduire votre impôt,**
  Leduc-Dallaire, Johanne
* **Guide de la haute-fidélité, Le,**
  Prin, Michel
  Je me débrouille en aménagement
  intérieur, Bouillon, Daniel et
  Boisvert, Claude
  Livre de l'étiquette, Le, du Coffre,
  Marguerite
* **Loi et vos droits, La,**
  Marchand, Me Paul-Émile
* **Maîtriser son doigté sur un clavier,**
  Lemire, Jean-Paul
* **Mécanique de mon auto, La,** Time-Life
* **Mon automobile,** Collège Marie-Victorin
  et Gouv. du Québec

Notre mariage (étiquette et
planification),
du Coffre, Marguerite
* **Petits appareils électriques,**
  Collaboration
  Petit guide des grands vins, Le,
  Orhon, Jacques
* **Piscines, barbecues et patio,**
  Collaboration
* **Roulez sans vous faire rouler, T.3,**
  Edmonston, Philippe
  Séjour dans les auberges du Québec,
  Cazelais, Normand et
  Coulon, Jacques
  Se protéger contre le vol,
  Kabundi, Marcel et
  Normandeau, André
* **Tout ce que vous devez savoir sur le**
  condominium, Dubois, Robert
  Univers de l'astronomie, L',
  Tocquet, Robert
  Week-end à New York, Tavernier-
  Cartier, Lise

MUSIQUE

Chant sans professeur, Le,
Hewitt, Graham
Guitare, La, Collins, Peter
Guitare sans professeur, La,
Evans, Roger

Piano sans professeur, Le, Evans, Roger
Solfège sans professeur, Le,
Evans, Roger

NOTRE TRADITION

* **Encyclopédie du Québec, T.2,**
  Landry, Louis
  Généalogie, La, Faribeault-Beauregard,
  M. et Beauregard Malak, E.
* **Maison traditionnelle au Québec, La,**
  Lessard, Michel

* **Moulins à eau de la vallée du Saint-**
  Laurent, Les, Villeneuve, Adam
* **Sculpture ancienne au Québec, La,**
  Porter, John R. et Bélisle, Jean
* **Temps des fêtes au Québec, Le,**
  Montpetit, Raymond

PHOTOGRAPHIE

Apprenez la photographie avec
Antoine Désilets, Désilets, Antoine
8/Super 8/16, Lafrance, André
Fabuleuse lumière canadienne,
Hines, Sherman
* **Initiation à la photographie,**
  London, Barbara

* **Initiation à la photographie-Canon,**
  London, Barbara
* **Initiation à la photographie-Minolta,**
  London, Barbara
* **Initiation à la photographie-Nikon,**
  London, Barbara

PHOTOGRAPHIE

* Initiation à la photographie-Olympus,
London, Barbara
* Initiation à la photographie-Pentax,
London, Barbara

Photo à la portée de tous, La,
Désilets, Antoine

PSYCHOLOGIE

Aider mon patron à m'aider,
Houde, Eugène
* Amour de l'exigence à la préférence,
L', Auger, Lucien
Apprivoiser l'ennemi intérieur,
Bach, Dr G. et Torbet, L.
Art d'aider, L', Carkhuff, Robert R.
Auto-développement, L', Garneau, Jean
* Bonheur au travail, Le, Houde, Eugène
Bonheur possible, Le, Blondin, Robert
Ces hommes qui méprisent les
femmes... et les femmes qui les
aiment, Forward, Dr S. et
Torres, J.
Changer ensemble, les étapes du
couple, Campbell, Suzan M.
Chimie de l'amour, La,
Liebowitz, Michael
Comment animer un groupe,
Office Catéchèse
Comment déborder d'énergie,
Simard, Jean-Paul
Communication dans le couple, La,
Granger, Luc
Communication et épanouissement
personnel, Auger, Lucien
Contact, Zunin, L. et N.
Découvrir un sens à sa vie avec la logo-
thérapie, Frankl, D[r] V.
* Dynamique des groupes, Aubry, J.-M.
et Saint-Arnaud, Y.
Élever des enfants sans perdre la
boule, Auger, Lucien
Enfants de l'autre, Les, Paris, Erna
Être soi-même, Corkille Briggs, D.
Facteur chance, Le, Gunther, Max
Infidélité, L', Leigh, Wendy
Intuition, L', Goldberg, Philip
* J'aime, Saint-Arnaud, Yves
Journal intime intensif, Le, Progoff, Ira
Mensonge amoureux, Le,
Blondin, Robert
Parce que je crois aux enfants,
Ruffo, Andrée

Parle-moi... j'ai des choses à te dire,
Salomé, Jacques
Perdant / Gagnant - Réussissez vos
échecs, Hyatt, Carole et
Gottlieb, Linda
* Personne humaine, La ,
Saint-Arnaud, Yves
* Plaisirs du stress, Les,
Hanson, Dr Peter, G.
Pourquoi l'autre et pas moi? - Le droit
à la jalousie, Auger, Dr Louise
Prévenir et surmonter la déprime,
Auger, Lucien
* Prévoir les belles années de la retraite,
D. Gordon, Michael
* Psychologie de l'amour romantique,
Branden, D[r] N.
Puissance de l'intention, La,
Leider, R.-J.
S'affirmer et communiquer, Beaudry,
Madeleine et Boisvert, J.R.
S'aider soi-même, Auger, Lucien
S'aider soi-même d'avantage,
Auger, Lucien
* S'aimer pour la vie, Wanderer, Dr Zev
Savoir organiser, savoir décider,
Lefebvre, Gérald
Savoir relaxer pour combattre le
stress, Jacobson, Dr Edmund
Se changer, Mahoney, Michael
Se comprendre soi-même par les tests,
Collectif
Se connaître soi-même, Artaud, Gérard
Se créer par la Gestalt, Zinker, Joseph
* Se guérir de la sottise, Auger, Lucien
Si seulement je pouvais changer!
Lynes, P.
Tendresse, La, Wolfl, N.
Vaincre ses peurs, Auger, Lucien
Vivre avec sa tête ou avec son cœur,
Auger, Lucien

ROMANS/ESSAIS/DOCUMENTS

* **Baie d'Hudson, La,** Newman, Peter, C.
* **Conquérants des grands espaces, Les,**
  Newman, Peter, C.
* **Des Canadiens dans l'espace,**
  Dotto, Lydia
* **Dieu ne joue pas aux dés,** Laborit, Henri
* **Frères divorcés, Les**, Godin, Pierre
* **Insolences du Frère Untel, Les,**
  Desbiens, Jean-Paul
* **J'parle tout seul,** Coderre, Émile

Option Québec, Lévesque, René
* **Oui,** Lévesque, René
* **Provigo,** Provost, René et
  Chartrand, Maurice
Sur les ailes du temps (Air Canada),
  Smith, Philip
* **Telle est ma position,** Mulroney, Brian
* **Trois semaines dans le hall du Sénat,**
  Hébert, Jacques
* **Un second souffle,** Hébert, Diane

SANTÉ/BEAUTÉ

* **Ablation de la vésicule biliaire, L',**
  Paquet, Jean-Claude
* **Ablation des calculs urinaires, L',**
  Paquet, Jean-Claude
* **Ablation du sein, L',** Paquet, Jean-claude
* **Allergies, Les,** Delorme, Dr Pierre
  Bien vivre sa ménopause,
  Gendron, Dr Lionel
  Charme et sex-appeal au masculin,
  Lemelin, Mireille
  Chasse-rides, Leprince, C.
* **Chirurgie vasculaire, La,**
  Paquet, Jean-Claude
  Comment devenir et rester mince,
  Mirkin, Dr Gabe
  De belles jambes à tout âge,
  Lanctôt, D^r G.
* **Dialyse et la greffe du rein, La**,
  Paquet, Jean-Claude
  Être belle pour la vie, Bronwen, Meredith
  Glaucomes et les cataractes, Les,
  Paquet, Jean-Claude
* **Grandir en 100 exercices,**
  Berthelet, Pierre
* **Hernies discales, Les,**
  Paquet, Jean-Claude
  Hystérectomie, L', Alix, Suzanne
  Maigrir: La fin de l'obsession,
  Orbach, Susie
* **Malformations cardiaques**
  congénitales, Les,
  Paquet, Jean-Claude
  Maux de tête et migraines,
  Meloche, Dr J. , Dorion, J.
  Perdre son ventre en 30 jours H-F, Burstein, Nancy et Roy, Matthews

* **Pontage coronarien, Le,**
  Paquet, Jean-Claude
* **Prothèses d'articulation,**
  Paquet, Jean-Claude
* **Redressements de la colonne,**
  Paquet, Jean-Claude
* **Remplacements valvulaires, Les,**
  Paquet, Jean-Claude
  Ronfleurs, réveillez-vous, Piché, D^r J.
  et Delage, J.
  Syndrome prémenstruel, Le,
  Shreeve, Dr Caroline
  Travailler devant un écran,
  Feeley, Dr Helen
  30 jours pour avoir de beaux cheveux,
  Davis, Julie
  30 jours pour avoir de beaux ongles,
  Bozic, Patricia
  30 jours pour avoir de beaux seins,
  Larkin, Régina
  30 jours pour avoir de belles fesses,
  Cox, D. et Davis, Julie
  30 jours pour avoir un beau teint,
  Zizmon, Dr Jonathan
  30 jours pour cesser de fumer,
  Holland, Gary et Weiss, Herman
  30 jours pour mieux s'organiser,
  Holland, Gary
  30 jours pour redevenir un couple
  amoureux, Nida, Patricia et
  Cooney, Kevin
  30 jours pour un plus grand épanouissement sexuel, Schneider, A.
  Vos dents, Kandelman, Dr Daniel
  Vos yeux, Chartrand, Marie et
  Lepage-Durand, Micheline

SEXUALITÉ

Contacts sexuels sans risques,
  I.A.S.H.S.
* Guide illustré du plaisir sexuel,
  Corey, Dr Robert et Helg, E.
Ma sexualité de 0 à 6 ans,
  Robert, Jocelyne
Ma sexualité de 6 à 9 ans,
  Robert, Jocelyne
Ma sexualité de 9 à 12 ans,
  Robert, Jocelyne
Mille et une bonnes raisons pour le
  convaincre d'enfiler un condom et
  pourquoi c'est important pour
  vous..., Bretman, Patti,
  Knutson, Kim et Reed, Paul

* Nous on en parle, Lamarche, M. et
  Danheux, P.
Pour jeunes seulement, photoroman
  d'éducation à la sexualité,
  Robert, Jocelyne
Sexe au féminin, Le, Kerr, Carmen
Sexualité du jeune adolescent, La,
  Gendron, Lionel
Shiatsu et sensualité, Rioux, Yuki
* 100 trucs de billard, Morin, Pierre

SPORTS

Apprenez à patiner, Marcotte, Gaston
Arc et la chasse, L', Guardo, Greg
Armes de chasse, Les,
  Petit-Martinon, Charles
Badminton, Le, Corbeil, Jean
* Canadiens de 1910 à nos jours, Les,
  Turowetz, Allan et Goyens, C.
Carte et boussole, Kjellstrom, Bjorn
Comment se sortir du trou au golf,
  Brien, Luc
Comment vivre dans la nature,
  Rivière, Bill
Corrigez vos défauts au golf,
  Bergeron, Yves
* Curling, Le, Lukowich, E.
De la hanche aux doigts de pieds,
  Schneider, Myles J. et
  Sussman, Mark D.
Devenir gardien de but au hockey,
  Allaire, François
Golf au féminin, Le, Bergeron, Yves
Grand livre des sports, Le,
  Groupe Diagram
Guide complet de la pêche à la
  mouche, Le, Blais, J.-Y.
Guide complet du judo, Le, Arpin, Louis
Guide complet du self-defense, Le,
  Arpin, Louis
Guide de l'alpinisme, Le,
  Cappon, Massimo
Guide de la survie de l'armée
  américaine, Le, Collectif
Guide des jeux scouts, Association des
  scouts
Guide du trappeur, Le, Provencher, Paul
Initiation à la planche à voile, Wulff, D.
  et Morch, K.

J'apprends à nager, Lacoursière, Réjean
Je me débrouille à la chasse,
  Richard, Gilles et Vincent, Serge
Je me débrouille à la pêche,
  Vincent, Serge
Je me débrouille à vélo,
  Labrecque, Michel et Boivin, Robert
Je me débrouille dans une
  embarcation, Choquette, Robert
Jogging, Le, Chevalier, Richard
* Jouez gagnant au golf, Brien, Luc
* Larry Robinson, le jeu défensif,
  Robinson, Larry
Manuel de pilotage, Transport Canada
Marathon pour tous, Le, Anctil, Pierre
Maxi-performance, Garfield, Charles A.
  et Bennett, Hal Zina
Mon coup de patin, Wild, John
Musculation pour tous, La,
  Laferrière, Serge
* Partons en camping, Satterfield, Archie
  et Bauer, Eddie
Partons sac au dos, Satterfield, Archie
  et Bauer, Eddie
Passes au hockey, Chapleau, Claude
Pêche à la mouche, La, Marleau, Serge
Pêche à la mouche, Vincent, Serge
Planche à voile, La, Maillefer, Gérard
Programme XBX, Aviation Royale du
  Canada
Racquetball, Corbeil, Jean
Racquetball plus, Corbeil, Jean
Rivières et lacs canotables, Fédération
  québécoise du canot-camping
S'améliorer au tennis, Chevalier Richard
Saumon, Le, Dubé, J.-P.

SPORTS

Secrets du baseball, Les,
Raymond, Claude
Ski de randonnée, Le, Corbeil, Jean
Taxidermie, La, Labrie, Jean
Taxidermie moderne, La, Labrie, Jean
Techniques du billard, Morin, Pierre
Techniques du golf, Brien, Luc
Techniques du hockey en URSS,
Dyotte, Guy

Techniques du ski alpin, Campbell, S.,
Lundberg, M.
Techniques du tennis, Ellwanger
Tennis, Le, Roch, Denis
* **Viens jouer,** Villeneuve, Michel José
Vivre en forêt, Provencher, Paul
Volley-ball, Le, Fédération de volley-ball

le jour,
éditeur

ÉSOTÉRISME

Astrologie pratique, L',
Reinicke, Wolfgang
Grand livre de la cartomancie, Le,
Von Lentner, G.
Grand livre des horoscopes chinois, Le,
Lau, Theodora

* **Horoscope chinois,** Del Sol, Paula
Lu dans les cartes, Jones, Marthy
Synastrie, La, Thornton, Penny
Traité d'astrologie, Hirsig, H.

GUIDES PRATIQUES/JEUX/LOISIRS

* **1,500 prénoms et significations,**
Grisé-Allard, J.

* **Backgammon,** Lesage, D.

NOTRE TRADITION

* **Lettre à un Français qui veut émigrer
au Québec,** Dubuc, Carl

PSYCHOLOGIE/VIE AFFECTIVE ET PROFESSIONNELLE

Adieu, Halpern, Dr Howard
Adieu Tarzan, Franks, Helen
Aimer son prochain comme soi-même,
Murphy, Dr Joseph
* **Anti-stress, L'**, Eylat, Odette
Apprendre à vivre et à aimer,
Buscaglia, L.
**Art d'engager la conversation et de se
faire des amis, L'**, Gabor, Don
Art de convaincre, L', Heinz, Ryborz
* **Art d'être égoïste, L'**, Kirschner, Joseph
Autre femme, L', Sévigny, Hélène
Bains flottants, Les, Hutchison, Michael
**Ces hommes qui ne communiquent
pas,** Naifeh S. et White, S.G.
Ces vérités vont changer votre vie,
Murphy, Dr Joseph
Comment aimer vivre seul,
Shanon, Lynn
**Comment dominer et influencer les
autres,** Gabriel, H.W.
**Comment faire l'amour à la même per-
sonne pour le reste de votre vie!,**
O'Connor, D.
Comment faire l'amour à une femme,
Morgenstern, M.
Comment faire l'amour à un homme,
Penney, A.
Comment faire l'amour ensemble,
Penney, A.

Contacts en or avec votre clientèle,
Sapin Gold, Carol
Contrôle de soi par la relaxation, Le,
Marcotte, Claude
Dire oui à l'amour, Buscaglia, Léo
* **Famille moderne et son avenir, La,**
Richards, Lyn
Femme de demain, Keeton, K.
Gestalt, La, Polster, Erving
Homme au dessert, Un,
Friedman, Sonya
Homme nouveau, L',
Bodymind, Dychtwald Ken
Influence de la couleur, L',
Wood, Betty
Jeux de nuit, Bruchez, C.
Maigrir sans obsession, Orbach, Susie
Maîtriser son destin, Kirschner, Joseph
Massage en profondeur, Le, Painter, J.,
Bélair, M.
Mémoire, La, Loftus, Élizabeth
* **Mémoire à tout âge, La,**
Dereskey, Ladislaus
Miracle de votre esprit, Le,
Murphy, Dr Joseph
Négocier entre vaincre et convaincre,
Warschaw, Dr Tessa
On n'a rien pour rien, Vincent, Raymond
Oracle de votre subconscient, L',
Murphy, Dr Joseph

PSYCHOLOGIE/VIE AFFECTIVE ET PROFESSIONNELLE

Passion du succès, La, Vincent, R.
Pensée constructive et bon sens, La,
   Vincent, Raymond
* **Personnalité, La,** Buscaglia, Léo
Petit répertoire des excuses, Le,
   Charbonneau, C., Caron, N.
Pourquoi remettre à plus tard?,
   Burka, Jane B., Yuen, L.M.
Pouvoir de votre cerveau, Le,
   Brown, Barbara
Puissance de votre subconscient, La,
   Murphy, Dr Joseph
Réfléchissez et devenez riche,
   Hill, Napoleon
S'aimer ou le défi des relations
   humaines, Buscaglia, Léo

Sexualité expliquée aux adolescents,
   La, Boudreau, Y.
Succès par la pensée constructive, Le,
   Hill, Napoleon et Stone, W.-C.
Transformez vos faiblesses en force,
   Bloomfield, Dr Harold
Triomphez de vous-même et des
   autres, Murphy, Dr Joseph
Univers de mon subconscient, L',
   Vincent, Raymond
Vaincre la dépression par la volonté et
   l'action, Marcotte, Claude
Vieillir en beauté, Oberleder, Muriel
Vivre avec les imperfections de
   l'autre, Janda, Dr Louis H.
Vivre c'est vendre, Chaput, Jean-Marc

ROMANS/ESSAIS

* **Affrontement, L',** Lamoureux, Henri
* **C't'a ton tour Laura Cadieux,**
   Tremblay, Michel
* **Cœur de la baleine bleue, Le,**
   Poulin, Jacques
* **Coffret petit jour,** Martucci, Abbé Jean
* **Contes pour buveurs attardés,**
   Tremblay, Michel
* **De Z à A,** Losique, Serge
* **Femmes et politique,** Cohen, Yolande

* **Il est par là le soleil,** Carrier, Roch
* **Jean-Paul ou les hasards de la vie,**
   Bellier, Marcel
* **Neige et le feu, La,** Baillargeon, Pierre
* **Objectif camouflé,** Porter, Anna
* **Oslovik fait la bombe,** Oslovik
* **Train de Maxwell, Le,** Hyde, Christopher
* **Vatican -Le trésor de St-Pierre,**
   Malachi, Martin

SANTÉ

Tao de longue vie, Le,
   Soo, Chee

Vaincre l'insomnie, Filion, Michel et
   Boisvert, Jean-Marie

SPORT

* **Guide des rivières du Québec,**
   Fédération cano-kayac

* **Ski nordique de randonnée,**
   Brady, Michael

TÉMOIGNAGES

Merci pour mon cancer,
   De Villemarie, Michelle

Quinze

COLLECTIFS DE NOUVELLES

DIVERS